2017年广东省"创新强校"人文社科重大项目
"岭南地区当代音乐创作研究"（2017WZDXM015）成果

岭南乐韵

岭南当代作曲家访谈录

LINGNAN YUEYUN

LINGNAN DANGDAI ZUOQUJIA

FANGTANLU

杨正君　编著

暨南大学出版社
JINAN UNIVERSITY PRESS

中国·广州

图书在版编目（CIP）数据

岭南乐韵：岭南当代作曲家访谈录/杨正君编著. —广州：暨南大学出版社，2022.3
ISBN 978 - 7 - 5668 - 3268 - 9

Ⅰ.①岭… Ⅱ.①杨… Ⅲ.①作曲家—访问记—广东—现代 Ⅳ.①K825.76

中国版本图书馆 CIP 数据核字（2022）第 017014 号

岭南乐韵：岭南当代作曲家访谈录
LINGNAN YUEYUN：LINGNAN DANGDAI ZUOQUJIA FANGTANLU
编著者：杨正君

出 版 人：张晋升
策划编辑：武艳飞
责任编辑：王辰月
责任校对：张学颖 王燕丽 林玉翠
责任印制：周一丹 郑玉婷

出版发行：暨南大学出版社（510630）
电　　话：总编室（8620）85221601
　　　　　营销部（8620）85225284 85228291 85228292 85226712
传　　真：（8620）85221583（办公室）　85223774（营销部）
网　　址：http://www.jnupress.com
排　　版：广州市天河星辰文化发展部照排中心
印　　刷：佛山市浩文彩色印刷有限公司
开　　本：787mm×960mm　1/16
印　　张：13.25
字　　数：282 千
版　　次：2022 年 3 月第 1 版
印　　次：2022 年 3 月第 1 次
定　　价：56.00 元

广东省教育厅（基础研究及应用研究）重大项目（人文社科）2017 年度项目"岭南地区当代音乐创作研究"（项目编号：2017WZDXM015）项目信息：

项目负责人：相西源博士

项目介绍：以广州为中心的岭南地区有着深厚的岭南文化积淀，自 20 世纪初以来，该地区的专业音乐创作就已发端，曾涌现一批优秀的音乐家，他们在中国近现代音乐史上具有突出的地位。改革开放后，在岭南文化的滋养下，大量优秀的作曲家持续活跃在岭南大地，创作了众多音乐作品。而截至目前，尚无针对岭南地区专业音乐创作进行的系统化研究，同时也缺乏对岭南地区当代作曲家群体的广泛关注与深入研究。因此该项目是以岭南地区当代作曲家为研究对象，通过访谈、作品分析、创作实践等方式，并结合口述史、人类学等音乐学研究方法，对岭南地区专业音乐创作发展历程予以梳理，对重要的岭南当代作曲家与作品进行系统研究，不仅对岭南地区专业音乐创作的持续繁荣和广东省文化艺术事业的不断发展意义重大，对整个中国当代音乐创作与研究同样具有积极的促进意义。

"岭南地区当代音乐创作研究" 项目团队成员

相西源　博士
星海音乐学院督学、
作曲系教授

郑良文
星海音乐学院发展规
划办主任

杨正君　博士
《星海音乐学院学报》
副主编

汪胜付　博士
广东技术师范大学音
乐学院副教授

王颖　博士
广州大学音乐舞蹈学
院副教授

赖海忠
广州工商学院音乐系
副教授

陈蔓琳
星海音乐学院科研
处教师

冯俊豪
广东第二师范学
院音乐系教师

高玉翔
星海音乐学院硕士研究生

序一

    "岭南"并非行政区划范围，因其所属区域在地理环境上具有相似性，经过长期的积淀，形成了在文化与审美上不同于中国其他区域的岭南文化。以广东音乐、潮州音乐、客家音乐等为主体的岭南传统音乐也具有"兼容并蓄、勇于创新"的岭南文化特征。香港、广州两座城市在中国近现代史上一直是对外交流的桥头堡和中转站，西方音乐文化及专业音乐创作技术等最早在这里和岭南音乐文化碰撞、交汇，萧友梅、任光、廖辅叔、陈洪、马思聪等一批批音乐家在这里成长，并影响20世纪上半叶中国音乐历史的发展方向。

    20世纪80年代以来，在岭南文化开放与包容的背景下，除本地音乐家外，大量国内其他地区的音乐家们也来到这片土地上，为岭南地区当代音乐的发展贡献了各自的力量。其中，就有施咏康、陈述刘、曹光平等作曲家们。近些年，仍有青年作曲家们在不断加入，岭南作曲家群体仍在不断壮大，他们创作的当代音乐作品数量也越来越多。我于1984年从北京来到广州，和好几位作曲家都共事过，并亲眼见证了近40年来岭南当代音乐的发展。

    "岭南地区当代音乐创作研究"是几位星海音乐学院中青年教师负责的研究项目，他们通过采访等方式，对近40年来在广东、广西、海南和香港地区从事音乐创作的17位作曲家的音乐创作进行整理和记录，并以访谈录的形式结集出版。这在我看来很有意义。随着音乐学科和研究方向的不断细化，对区域音乐创作和作曲家群体进行研究尤有价值，对推动音乐创作实践和理论研究的不断深入也十分有益。

    是为序！

于广州大学城寓所

2021年5月

赵宋光（1931—　），我国著名音乐理论家、教育家，曾任星海音乐学院院长，在哲学、美学、律学、民族音乐学、音乐教育等领域颇有建树。

序二

　　以广州、香港为中心城市的岭南地区有着深厚的文化积淀，自 20 世纪初期以来，该地区的专业音乐创作就已发端，曾涌现一批优秀的音乐家，他们在中国近现代乐坛上具有突出的地位。改革开放后，在岭南文化的滋养下，大量优秀的作曲家持续活跃在岭南大地，这当中既有施咏康、廖胜京、李自立等老一辈作曲家，也有陈永华、房晓敏等和我同时代的作曲家，还有很多更年轻的作曲家，他们创作了众多交响曲、协奏曲、艺术歌曲、歌剧、电影配乐等各类体裁的音乐作品，其中不乏艺术性颇高的作品。

　　我出生在广州，并曾在此地学习与工作。虽然我后来到北京和纽约求学，然后留在美国工作至今，但近些年也时常回国参加各类音乐创作、学术交流活动，深刻感受到广州、香港在音乐创作上的发展——作品数量越来越多，演出活动愈发频繁。不过到目前为止，在业界尚未看到系统的、针对岭南地区的、对当代作曲家群体的广泛关注和对专业音乐创作进行的梳理与研究。"岭南地区当代音乐创作研究"项目以岭南地区当代音乐创作为关注点，通过对施咏康、曹光平、陈永华等 17 位具有代表性的岭南当代作曲家进行访谈，对他们的音乐创作历程、观念、思考等进行记录，并对岭南地区专业音乐创作的发展历史及岭南当代音乐创作的现状、特点等进行梳理和归纳。这显然是一项工程浩大，但又非常有必要和有意义的基础性研究工作，共有 30 多位中青年学者参与其中。这不仅对促进岭南地区专业音乐创作和当代音乐研究有所裨益，也对推动整个中国当代音乐创作与研究的持续发展具有积极意义。

　　我曾在北京中央音乐学院和广州星海音乐学院的讲学活动和学术会议中与杨正君博士有过交流，知道他对中国当代音乐创作一直抱有研究热情。欣闻他编著的《岭南乐韵：岭南当代作曲家访谈录》即将付梓，看到新的研究成果不断问世，而且是以岭南地区当代音乐创作作为主题，深感欣慰。正君博士作为非岭南籍的青年学者，其在广州工作生活多年，对岭南文化较为熟悉，能够关注岭南地区当代音乐创作，或许也可以看作是开放包容的岭南文化特征在音乐研究领域的一种体现吧。

希望未来正君博士有更多的研究成果问世，也希望岭南作曲家们创作出更多优秀的音乐作品，有更多的学者关注中国当代音乐创作，积极推动中国当代音乐创作的繁荣与发展！

祝贺《岭南乐韵：岭南当代作曲家访谈录》出版！祝愿祖国繁荣昌盛！

陳怡

2021 年 6 月

陈怡（1953—　），出生于中国广州，作曲家，美国国家艺术与科学院院士。

目　录
CONTENTS

岭南地区当代音乐创作概况

随着时代和社会的发展，中国当代音乐事业空前繁荣，专业作曲家群体不断壮大，他们创作了数量十分庞大的当代音乐作品，并频繁被各大乐队、剧团演出。以广州、香港为中心的岭南地区，经过数十年的经济高速发展，助推了音乐创作的持续繁荣，涌现了一大批成长或生活于岭南大地的作曲家和优秀的音乐作品，他们成为推动岭南社会文化和精神文明建设的重要组成部分。在岭南文化的滋养下，岭南地区的作曲家群体和当代音乐创作表现出了具有一定共性的区域特征。在区域文化研究趋热的大背景下，对岭南地区当代音乐创作进行系统性梳理研究就显得颇为必要。

一、当代音乐与区域音乐研究

随着我国改革开放后经济的快速发展和物质文明的不断繁荣，精神文化生活空前丰富，"音乐艺术"作为精神文明的重要组成部分，亦获得了极大的发展。

"当代艺术"体现的是艺术家基于当下社会生活感受的当代性，当代艺术作品的创作者置身的文化环境和面对的现实均为当下，其作品自然而然地会反映出当前的时代特征。作为当代音乐的创作者，即生活于当下的作曲家，也就必然会将自己对当今社会生活的感受融入其音乐创作当中，从而使其音乐作品表现出鲜明的时代特征。作为当代的音乐研究者，关注当代音乐文化的方方面面，尤其是从音乐创作层面对当代音乐进行研究，对专业音乐创作实践和音乐发展潮流趋势的研判与引领等都将具有重要的理论价值与现实意义。

与此同时，中华文明源远流长，传统文化积淀深厚，且随着民族、地域的不同，文化类型不仅丰富多样，而且千差万别。岭南当代音乐正是在这一特定时代背景下形成的、具有代表性的中国区域音乐文化类别之一。

所谓"岭南"是指"五岭"①之南，原是唐代行政区岭南道之名，指中国南岭之南的地区，相当于现在的广东、广西、海南全境及曾经属于中国统治的现越南红河三角洲一带。现今的岭南则主要涵盖广东、广西、海南三省区和香港、澳门两个特别行政区，这些地区不仅地理环境相近，而且人民生活习惯也有很多相同之处，从而在长期的繁衍积淀中孕育出独特的岭南文化。

岭南文化作为中华文化的重要组成支系之一，具有兼容性、开放性、多元性、务实性以及创新性等特征。其以本土地域文化为根基，充分吸收了中原文化、外来文化、海洋文化，兼具开放与包容、传统与创新的多元化特征。

一般而言，在岭南地区流传的传统音乐都属于岭南音乐的范畴，岭南音乐作为岭南文化的重要组成部分，与岭南画派一样，具有丰富的文化内涵与审美价值。岭南音乐产生于岭南文化土壤之中，具有浓郁的区域文化特色，音乐中蕴涵着极为丰富的人文信息。

---

① 五岭由越城岭、都庞岭、萌渚岭、骑田岭、大庾岭五座山组成，大体分布在广西东部至广东东部和湖南、江西四省区的交界处。

"岭南音乐文化，以其精短的体裁、通俗的形式，传达了人民的喜怒哀乐，反映出南方新兴市民阶层的生活风采。"① 同时，岭南文化包罗万象、兼收并蓄的特点，也使其对各民族、各类型音乐秉持开放态度，最终形成岭南音乐灵活多变、不拘一格的表现形式，以及融汇古今、勇于创新的文化品格。

岭南当代音乐作为岭南音乐文化的当代载体，正是在特定的岭南文化浸润下孕育而成的，其鲜明的时代性与区域性风格特征，使之成为岭南文化的重要组成部分。自西乐东渐以来，随着专业音乐创作的发展与繁荣，一大批生长或长期生活于岭南地区的作曲家们，创作了数量极为可观的音乐作品，这其中有很大比例的作品在不同程度上体现出岭南文化潜移默化的影响，甚至很多作品明显具有岭南文化特征与气质。将岭南当代音乐在审美、形态等方面表现出的共性特征、趋势等进行梳理研究，对岭南地区当代音乐的创作、表演、研究和进一步发展与繁荣，以及对包括岭南文化在内的中华传统文化的继承与传播等都具有明显的积极意义。

二、岭南地区音乐创作的肇始与发展

以广州、香港为中心的岭南地区以其独特的地理位置，在近代中西方文化的碰撞与交融过程中产生了非常广泛而深远的影响。这种文化的碰撞与交融充分地体现在包括音乐创作在内的各艺术领域。萧友梅（1884—1940）、何氏三杰②、吕文成（1898—1981）、青主（廖尚果，1893—1959）、郑志声（1903—1941）、廖辅叔（1907—2002）、陈洪（1907—2002）、李凌（1913—2003）、黄飞立（1917—2017）等早期的岭南籍音乐家在中国近现代音乐史上曾书写了浓墨重彩的一笔。尤其是在音乐创作方面，任光（1900—1941）、冼星海（1905—1945）、马思聪（1912—1987）、黄友棣（1912—2010）、林声翕（1914—1991）、陆华柏（1914—1994）、陈培勋（1922—2006）、周书绅（1925—　）、林乐培（1926—　）等更是成为中国专业音乐创作的先行者和开拓者，为中国当代音乐事业的繁荣奠定了坚实的基础，做出过卓越的贡献。

一方面，由于地理位置靠海，伴随着经济全球化和文化交流，岭南地区成了中国专业音乐创作最早的萌芽地之一。20 世纪 30 年代前后就已有作曲家创作的专业音乐作品诞生，且在 40 年代快速发展。一方面，香港、广州等岭南中心地区是最早接触到西方专业音乐等西方文化对华传播的区域。随西方传教活动而建设的教堂、教会学校、剧院等都是西方音乐文化早期在中国的重要实践与传播场

---

① 余其伟：《广东音乐述要》，《中国音乐》，1998 年第 2 期，第 25－29 页。
② 何氏三杰：何柳堂（1872—1933）、何与年（1880—1962）与何少霞（1894—1942）三位广东音乐演奏家与作曲家。

所，意大利籍声乐教授拉西欧·戈尔迪（Elisio Gualdi）①、夏里柯②等一些外籍作曲家和音乐家对岭南专业音乐的发展就曾起到过积极的推动作用。夏里柯自20世纪20年代起就长期定居香港和澳门，还使用岭南音乐素材创作过《粤调》《两首中国南方曲调》《五首中国南方民歌》《澳门摇篮曲》等音乐作品。

另一方面，岭南地区也是最早主动到欧美等西方国家留学的重要生源地之一。萧友梅、冼星海、马思聪等一大批岭南籍青年学子都曾奔赴欧洲学习音乐，并回国后从事音乐创作、教育工作。随着中西文化交流的不断推进，早期的音乐创作和专业音乐教育也开始在岭南地区逐渐发展。除了前面所提三人外，青主、陈培勋、林乐培等岭南籍作曲家也均从早期专业音乐教育的肇始中受益。私立广州音乐院在1933年就已经开设了"声乐""钢琴""乐理""小提琴""视唱""合唱""音乐史""音乐欣赏"等课程，为广东乐坛培养了一批优秀的专业音乐人才，这也是岭南地区早期音乐创作的发端之一。1947年在香港成立的"中华音乐院"则是香港最早的专业音乐教育机构，马思聪、李凌、赵沨（1916—2001）、谢功成（1921—2019）、严良堃（1923—2017）等音乐家均曾在此任教，一定程度上促进了香港的音乐创作，也培养了叶纯之（1926—1997）、许仪曘、陈以炳等一批音乐家。③马思聪在香港躲避战乱期间创作了《第二弦乐四重奏》（1938）、《第一交响曲——山林之歌》（1941）和小提琴组曲《西藏音诗》等在中国音乐史上具有重要影响的作品。④

囿于当时的历史条件，在二十世纪三四十年代，岭南地区的早期音乐活动仍以广东音乐等民间音乐为主体，器乐音乐创作，尤其是钢琴、小提琴等西洋乐器作品的创作处于起步阶段，而"广州民众歌咏团"等群众性歌咏活动的活跃则一定程度上催生了歌曲与合唱等声乐作品创作的相对繁荣。何安东（1907—1994）、何士德（1910—2000）、黄友棣等成为最早创作革命歌曲等群众歌曲与合唱作品的重要作曲家。如，何安东创作的混声合唱《烽火恋歌》（1936）、男声合唱《卢沟桥歌》（1937）、《前程万里》（1941）等，何士德创作的《新四军军歌》（1939），林声翕创作的《白云故乡》《野火》（1938），黄友棣创作的《杜鹃花》（1941）等声乐作品，在当时影响相当广泛。

20世纪50年代后，香港和广州间的文化交流急转直下，音乐创作开始呈现出各自不同的发展方向。前者由于经济快速发展，专业音乐创作方面，除歌曲外，合唱、钢琴曲、民乐重（合）奏等体裁的作品也快速发展，表现个人情感、思乡等题材内容的抒情艺术歌曲与艺术性较高的器乐作品开始大量涌现，中西结

① 拉西欧·戈尔迪（Elisio Gualdi），意大利籍声乐教授，曾于20世纪20年代在香港讲授声乐和钢琴课程，并从事作曲工作，除了宗教音乐以外，其首创了改编中国民歌的先例。

② 夏里柯，也作夏理柯、夏利柯，均为粤语译名，即哈里·奥尔（Harry Ore，1885—1972），俄籍拉脱维亚犹太人音乐家，从20世纪20年代起长年定居港澳地区，逝世并葬于香港。对中国近现代音乐有较重要的影响。

③ 汪毓和：《对香港中华音乐院的调查和研究》，《中央音乐学院学报》，2007年第3期，第36-40页。

④ 高洪波：《移居香港的大陆作曲家研究（20世纪30—80年代）》，中央音乐学院博士学位论文，2009年。

合的器乐作品也随之出现。如黄友棣的艺术歌曲《轻笑》（1955）、音诗《琵琶行》（1962），施金波（1933—1997）的合唱《对花》（1970）、钢琴曲《欢乐的时光》（1971），周书绅的古筝与钢琴重奏《中国幻想曲》（1977）等。叶惠康（1930—　）、关迺忠（1939—　）、陈能济（1940—　）、屈文中（1942—1992）等一些 1950 年前后移居香港的内地作曲家，也开始在香港崭露头角，从而为日后香港及其他岭南地区当代音乐的发展与繁荣奠定了基础。60 年代后，随着香港电影的发展，大量使用中国民族乐器的电影音乐也开始快速发展。而以广州为中心的其他岭南地区，此时则涌现了更多创作颂扬爱国和鼓舞生产的抒情歌曲与革命歌曲等声乐作品，如刘长安于 70 年代初创作的《我爱五指山，我爱万泉河》（郑南作词）。器乐音乐创作则发展相对缓慢，主要是一些以广东音乐、客家汉乐传统乐曲为基础改编的合奏、重奏等，为钢琴、小提琴等西洋乐器创作的作品数量明显偏少。

此外，萧友梅、冼星海、马思聪等岭南籍作曲家们虽未长期在岭南地区生活，其音乐创作大部分也并非在岭南地区完成，但岭南文化的影响始终体现在其音乐创作之中，冼星海最早的粤语混声合唱《顶硬上》，萧友梅的合唱《春江花月夜》，谭小麟的《正气歌》，马思聪的《F 大调小提琴协奏曲》等作品均具有清晰的岭南文化印记。这些不同年代的岭南籍作曲家在不同时期创作的音乐作品，很多都使用了岭南音乐素材，音乐中具有明显的岭南风格，与同时期的其他作曲家及作品共同开创了中国近现代音乐史上的辉煌篇章。

三、岭南地区当代音乐创作概览

随着社会经济的长足发展与人民群众文化生活的日益繁荣，岭南当代音乐文化，尤其是专业音乐的创作者（即作曲家）的构成十分多元。就作曲家的背景而言，对当代岭南专业音乐发展做出过贡献的作曲家大致有以下三种类型：

一是出生并成长于岭南地区，且目前仍活跃于岭南乐坛的本土作曲家，如广西的钟峻程（1954—　），香港的陈永华（1954—　），广州的李助炘（1944—　）、李方（1958—　）、邓伟标（1962—　）、罗紫艺（1977—　），以及活跃于粤港两地的演奏、创作双栖音乐家余其伟（1953—　），等等。

二是出生、学习或成长于其他地区，但后来长期在岭南地区工作生活，且目前仍活跃于岭南乐坛的作曲家。此类作曲家数量最多，老、中、青各年龄段之间形成了很好的衔接，如施咏康（1929—　）、廖胜京（1929—　）、郑秋枫（1931—　）、雷雨声（1932—　）、钱正钧（1935—　）、李自立（1938—　）、曹光平（1942—　）、陈述刘（1946—　）、刘长安（1946—　）、房晓敏（1956—　）、马剑平（1955—　）、相西源（1962—　）、蓝程宝（1962—　）、张晓峰（1957—　）、陈明志（1961—　）、严冬（1960—　）、梁军（1973—　）、陶一陌（1973—　）、丁铃（1977—　）、曾宇佳（1974—　）、王珂琳（1978—　），等等。这当中有很多作曲家的音乐创作主要集中在岭南，代表性音作品也创作于岭南，甚至具有明显的岭南地域风格。

三是曾经较长时间在岭南地区生活，但其主要创作时间不在岭南，或目前已离开岭南，或中途曾较长时间离开过岭南地区的作曲家，如出生在澳门特区、求学于香港特区，后赴美国和加拿大的著名华人女作曲家林品晶（1954—　　）、曾从西安来穗任珠影乐团专职作曲的程大兆（1949—　　）、曾从武汉音乐学院来星海音乐学院任教的吴粤北（1957—　　）等。此类作曲家数量也十分可观，但由于他们在岭南地区生活的时间长短不一，对岭南当代音乐的发展所起的作用也不尽相同。

随着作曲家群体的日益壮大，岭南当代音乐创作涵盖了交响乐、室内乐、民族管弦乐、歌剧、舞剧、艺术歌曲、合唱等各类体裁，老、中、青几代作曲家们创作了大量的代表性音乐作品，成为岭南当代音乐的重要组成部分，虽然各体裁的发展及特色并不同，但或多或少都对岭南传统文化的继承与发扬起到了一定的作用。

1. 交响乐与民族管弦乐

交响曲、协奏曲、交响诗、交响组曲等交响音乐体裁往往代表着专业音乐发展的最高水平，岭南地区当代作曲家们创作了数百部交响乐和其他管弦乐作品，其中曹光平、陈永华、钟峻程、朱诵邠等表现得最为突出，不仅创作的交响曲、协奏曲等交响乐作品数量最多，影响力也相对较大。

曹光平除创作有十二部交响曲外，还创作了多部单乐章协奏音诗，主要代表作品有《第十一交响曲——南方》（2009）、《第十二交响曲》（2016）、小提琴协奏音诗《情》（1996）、钢琴协奏音诗《珠江》（2005）、《五鬼弄金狮——为管弦乐队而作》（2015）、小提琴协奏音诗《杜甫》（2017）等。陈永华是创作交响乐体裁作品最多的香港当代作曲家，共创作有《第三双乐队交响曲》1985）、《第五双乐队交响曲——三国志》（1995）、《第八交响曲——苍茫大地》（2006）和《第九交响曲——仁爱大同》（2019）等九部交响曲，以及《飞渡》（1988，获亚洲作曲家同盟颁授的"入野义朗纪念奖"）、《晨曦》（1990）等几十部管弦乐作品。钟峻程是广州和香港两地之外，创作交响音乐体裁作品最多的岭南作曲家，其到目前为止已经创作了《第四交响曲——新生命》（2015）、《第九交响曲——战争与和平》（管风琴、合唱与交响乐队，2019）等九部交响曲，以及单簧管协奏曲《长歌行》（2010）、第三琵琶协奏曲《内触的天堂》（2011）、钢琴协奏曲《壮天歌回响》（2012）等其他交响乐体裁作品数十部。朱诵邠创作过20多部交响曲，是创作交响乐体裁作品数量最多的岭南作曲家，其代表作主要有《第二交响曲——K2——献给"布洛陀"》、《戏曲交响曲——八桂风韵》（1998）等。

其他重要的交响乐和管弦乐作品主要有：施咏康的小提琴与管弦乐队《幻想叙事曲》（1997）、大提琴与乐队《回忆》（1997）；陈述刘的《第一钢琴协奏曲》（1986）、《第二钢琴协奏曲》（2017）；林乐培的管弦乐《天保赞交响序曲》（1988）、《曙光》（1997）；房晓敏的打击乐与乐队《凤凰涅槃》（1993）、交响诗《鸦片战争》（2009）；蓝程宝的交响序曲《2008》（2006）、交响组曲《岭南风情》（1999）、交响诗《太空随想》（1999）；李方的《秦俑》（2009）、协奏曲《"醒狮"狂想曲》（2013）；梁军的交响幻想曲《滕王阁》（2008）；程大兆的三部交响曲和琵琶协奏曲《惠安女》（1989）、小提琴协奏曲《新疆叙事》（2009）；张晓峰的琵琶与交响乐队《弦上秧歌》（2008）；雷雨声的广东音乐五架头与管弦乐队《花城节日圆舞曲》；马波的交响音画《禾楼印象》（2005）；谷勇的小提琴与乐队《南海随想曲》等。

民族管弦乐是在中国传统民族器乐组合的基础上，借鉴西洋管弦乐队形式逐渐发展而来的大型器乐合奏体裁，在岭南地区发展相对较早，作曲家创作此类作品的热情较高，香港中乐团等演出团体还曾大量委约作曲家创作，作品数量十分可观，尤其是关迺忠、陈能济、房晓敏、李助炘、李复斌等创作的民族管弦乐作品的影响力较大，很多已成为各大民族管弦乐团的保留曲目。

香港作曲家林乐培创作的《秋决》（1978）是较早的民族管弦乐作品，曾获选"二十世纪华人经典作品"，影响力颇大。关迺忠是创作民族管弦乐作品最多的作曲家之一，其创作的《龙年新世纪》（1999）、《逍遥游》（2000）、《第一二胡协奏曲》（1987），以及双千斤板胡协奏曲《山地印象》（1991）等民族管弦乐作品的影响力也十分广泛。岭南籍作曲家房晓敏于1988年回到广州，之后也创作了大量民族管弦乐作品，尤其是在以民族管弦乐队协奏的民乐协奏曲创作方面成果突出，主要作品有高胡协奏曲《莱村女》（1996）、扬琴协奏曲《莲花山素描》（2001）、高胡与乐队《花朝月夕》（2007）、梆笛与二胡双协奏曲《客风》（2003），以及民族管弦乐《火之舞》（2009）、《山寺》（2000）等。

其他作曲家的民族管弦乐作品还有：陈能济的民乐合奏《故都风情》（1984）、《梦蝶》（1990），曹光平的民族管弦乐音诗《渔歌》（1990），程大兆的民族管弦乐《老鼠娶亲》《乐队协奏曲》（2009），李助炘的高胡协奏曲《琴诗》（1987，与余其伟合作）和《粤魂》（1990），朱婕的高胡与乐队《自梳女》（1998），李复斌的扬琴协奏曲《三峡画页》（2007），以及陈永华的民乐大合奏《太极生两仪》（2015）、《养心曲》（2015）等。

2. 室内乐与民族器乐

室内乐（包括各类独奏、重奏）是西方专业音乐最重要的体裁之一，钢琴独奏，钢琴和小提琴、大提琴等两三件乐器的重奏是其中最为典型的形式。经过多年的本土化发展，包括岭南作曲家在内的中国当代作曲家通过不断尝试，还将中国民族乐器融入其中，创作了大量民族器乐独奏、重奏，以及如钢琴与二胡、钢琴与古筝等中西乐器相结合的各类重奏乐曲。

大部分岭南当代作曲家都创作过西方传统室内乐体裁作品，曹光平、钟峻程、陈永华等作曲家创作的室内乐作品数量相对较多。曹光平的钢琴独奏《渔歌·十二调》（1989）、《山歌·月姐调·春牛舞》（2014），弦乐四重奏《粤调》（2017）；廖胜京的24首钢琴前奏曲《中国节令风情》；陈永华的长笛、双簧管、吉他、中提琴四重奏《秋》（1980），单簧管、小提琴、中提琴、大提琴四重奏

《仙人台上》（2012）；陈述刘的钢琴弦乐五重奏《"丫"—彝歌》（1993），两支长笛与钢琴《双音》（1996）；钟峻程的木管、铜管与钢琴五重奏《风雨桥随想》（2009），钢琴独奏《侗族大歌》（2006），木管五重奏《苗寨印象》（2013），室内乐九重奏《群山中的苗寨》（2018）。其他的室内乐作品主要有施金波为长笛、大提琴、钢琴而作的三重奏《五首速写》（1978），房晓敏的钢琴组曲《九野》（2002），李方为小提琴与钢琴而作的《梦》（2007），相西源的《弦乐四重奏——土歌》（2009），梁军的钢琴独奏《婚庆》（2005），郭和初的《雨打芭蕉——为长笛、单簧管、大提琴与钢琴而作》（2013），丁铃为长号、钢琴、打击乐而作的室内乐重奏《铜鼓魂》（2012），以及马剑平的钢琴作品《狂想曲》（1986）、严冬的《龙腾粤韵》、王珂琳的《秋韵》、曾宇佳的《弦响》、罗紫艺的大提琴与钢琴合奏《秋叶赋》等。

李自立创作和改编了大量的小提琴与中提琴作品，除小提琴独奏《喜见光明》《丰收渔歌》外，为钢琴与中提琴创作的《随想曲》《第一中提琴协奏曲》《五弦中提琴协奏曲"和"》和为钢琴与小提琴创作的《雁北琴思》《太行随想》等，大部分作品汇集为《李自立提琴独奏、重奏、齐奏、合奏》（2016）。香港作曲家施金波则在20世纪后期的钢琴音乐创作方面贡献突出，曾创作过《四季》《中国风情》《田园即景》等大量钢琴独奏作品，并以《施金波钢琴作品集》（1995）结集出版。

除钢琴及管弦乐器室内乐作品外，岭南作曲家们还创作了大量中国民族乐器的，甚至是岭南民族特色乐器的独奏、重奏作品，尤其是房晓敏在民乐作品的创作方面非常突出。房晓敏创作了扬琴、古筝、高胡三重奏《悟》（1991），梆笛、扬琴、琵琶、古筝、二胡五重奏《五行》（1992），高胡与钢琴《花朝月夕》（1999）等。曹光平创作了广东音乐六重奏《雨洒海龟滩》（1986），古筝独奏《龙船歌》（2011），民乐四重奏《乙凡调》（2020）。钟峻程创作了啵咧、马骨胡、琵琶、古筝与打击乐《哭嫁》（1998），丝管五重奏《烟雨漓江》（2005）。二胡演奏家兼作曲家陈雄华（1943）创作了二胡叙事曲《海峡情》（1989）、二胡独奏《故乡行》（1995）。陈永华创作了《天苍苍》（笙、二胡、琵琶、筝、长笛、单簧管）（2003），还以岭南传统音乐的风格创作了民乐四重奏《逾万山》（2002）。其他民乐室内乐作品还有蓝程宝的民族弹拨乐三重奏《抢花炮》（2016）、民乐六重奏《花城景秀》（2017），张晓峰的琵琶三重奏《辫子圆舞曲》（2013），梁军的《纳木错的幡》（2014），罗紫艺的琵琶四重奏《荔湾映月》等。

民族乐器与西洋管弦乐器结合的混合室内乐也非常多见。如曹光平的高胡与钢琴《梅妻·鹤子》（1990）；房晓敏的琵琶与钢琴《穹艾修来》（2009）；蓝程宝为二胡、大提琴、打击乐而作的《客家风韵》（2017）；陶一陌的古筝与大提琴《蝴蝶与蓝》等。有些作曲家的室内乐作品甚至大多数为中西乐器结合的混合室内乐形式，曹光平创作的数十部室内乐重奏作品中，就有超过一半是此类作品，如带两面潮州大锣鼓的钢琴独奏曲《女娲》（1988），为单簧管、英国管和中国筝而作的《开平碉楼回忆》（2007），甚至还会加入人声，如为笛、筝、打击乐、大提琴和女高音伴唱而作的《摩梭伊甸园》（2010）。近年来，这种含有人声声部的室内乐作品明显数量增加，如钟峻程的人声与广西少数民族乐器《大山人》（1993），小号、长号、低音单簧管与男中音《远古的民歌》（2016），李方为长笛、女高音与竖琴而作的室内乐三重奏《海·韵》（2011），梁军的女高音与弦乐四重奏《回望》（2016）等。

3. 声乐

在岭南当代音乐中，包括艺术歌曲、重唱、合唱在内的声乐体裁的作品具有极为重要的地位，其数量十分庞大，上演率颇高，为丰富岭南文化生活做出了不可磨灭的贡献。稍早的香港作曲家黎草田（1921—1994）一生创作过大量群众歌曲、电影歌曲与方言歌曲，并将100多部中外名曲改编成合唱，代表作有《再出发进行曲》（符公望作词）、《骆驼祥子》（袁立勋作词），以及根据广东音乐改编的粤语合唱《胭脂扣》（邓景生作词）等。曹光平是近20年创作合唱作品最多的作曲家，创作了混声合唱《万绿》（1997）、《围屋故事》（2006）、《尼苏人海菜腔》（2008）、《海月光》（2011）、《秋之歌》（2012）、《大漠的回响》（2017），童声合唱《靖西·田野对歌》（2004）、无伴奏女声合唱《荔枝河》（1998）、《玛尼歌》（2009），无伴奏合唱《天湖·纳木错》（2003）等近百部风格形式各异的合唱作品，其中很多还富有岭南风格特色。其他合唱作品还有廖胜京的合唱曲《平湖秋月》，陈述刘的合唱音诗《江山多娇》（1997）、混声合唱《过零丁洋》（2015），相西源的混声合唱《大爱无疆》（2020），蓝程宝的交响合唱《红土·蔚蓝》（2007），郭和初的无伴奏女声合唱《月光光》，陈永华的粤语童声合唱《黄大仙组曲》（2007），郑秋枫、刘长安由广东音乐的旋律基调改编而成的《珠江大合唱之珠江民谣——卖懒歌》，程大兆的大型交响乐合唱《长江》，张晓峰的混声合唱《唱到花好月光圆》（2018），梁军的混声无伴奏合唱《潮州映像》（2018）等。

还有一些由广东音乐改编而成的代表性合唱作品，如胡炳旭根据何柳堂的《赛龙夺锦》改编的同名混声合唱；丁家琳根据严老烈《三级浪》改编的无伴奏混声合唱作品《旱天雷》，根据传统旋律"老六板""老八板"改编的混声合唱作品《雨打芭蕉》《听泉曲》；李遇秋根据吕文成《步步高》改编的同名混声合唱；彭家幌根据广东音乐改编的混声合唱作品《平湖秋月》等。

除各类合唱作品外，这些岭南当代作曲家们创作了大量独唱、重唱等声乐作品，尤其是陈述刘、曹光平、郑秋枫、相西源等作曲家，均创作过数首歌曲作品，其中多首在全国范围内具有较大影响，频繁上演。如陈述刘的《这就是我的祖国》（1986）、女高音独唱《瑶山青》（2002）、女中音独唱《远方的香格里拉》（2002）等影响很大；郑秋枫的《我爱你，中国》《帕米尔，我的家乡多么美》《我爱梅园梅》《祖国的春天》《珠江颂》《生活是这样美好》等旋律优美，多首歌曲已是家喻户晓；曹光平的女高音独唱《卜算子·咏梅》（1991）、《美丽的尼洋河》现代风格浓郁；相西源的《党的颂歌》（2018）、《冼星海颂》（2017）、《遥远的可可西里》（2016）、《南岭长歌》（2020）等则大气磅礴。陈永华的女高音独唱《虞美人》（1978），房晓敏的男生独唱《欢乐的颂歌》（1991），女高音独唱《如花的母亲》（2003），蓝程宝的女声独唱《啊，珍珠的海》（1994），唐永葆的古诗词歌曲《摸鱼儿·雁丘辞》（2012），马剑平的《梅花》，丁铃的《海上丝路》（2017）等歌曲也具有较大影响力。

此外，长期在华南师范大学音乐学院从事教学工作的钱正钧、雷雨声等作曲家也创作过大量艺术歌曲、合唱等声乐体裁的作品，如钱正钧的《祖国啊，让我亲亲你》《北海雪花谣》，雷雨声的《丝路花雨》等较具影响力。

4. 综合音乐体裁

由于岭南地区经济相对繁荣，文化生活丰富，歌剧、音乐剧、舞剧、电影等综合艺术体裁起步相对较早，且发展较快。改革开放后随着粤、港间交流的恢复与频繁，香港流行音乐、电影等以广州为"中转站"，快速传向内地其他地区。随之而来的是以广州为中心的岭南地区在流行音乐、电影、歌舞剧等方面的快速发展，作曲家们则开始参与其中，创作了大量的影视音乐、舞剧音乐等相关音乐作品。

香港地区在 20 世纪末的歌剧、音乐剧创作方面的表现比广州更突出，如林声翕的歌剧《易水送别》（1981）、《鹊桥的想象》，清唱剧《五饼二鱼》（1985）；符任之的大型歌舞剧《霓裳羽衣曲》（1982）；陈能济的音乐剧《城寨风情》（1994）、《六朝爱传奇》（2001），三幕歌剧《瑶姬传奇》（2003）等。

2000 年后，尤其是近几年来，广州及其他岭南地区在综合艺术体裁创作方面发展迅猛，歌剧、音乐剧等大型作品不断涌现。此类作品主要有：陈述刘的歌剧《天上有颗冥王星》（1987）；钟峻程的四幕歌剧《大汉海路》（2017）；杜鸣的音乐剧《烽火·冼星海》（2015）；蓝程宝的交响清唱剧《咸水歌》（2018）；以及曹光平的小音乐剧《密室逃脱》（2019）；严冬的交响声乐套曲《水润岭南》（2019）等。

影视歌舞音乐的中心同样先在香港出现，黎草田是最具代表性的作曲家，他共创作电影配乐及插曲作品 140 余部，包括《绝代佳人》（1953）、《翠翠》、《白发魔女传》和《梁上君子》等。吴大江（1943—2001）在影视配乐方面也颇有成就，为电影《龙门客栈》《山中传奇》等的配乐颇具影响力。

2000 年前后，以广州为代表的岭南地区影视音乐发展迅速，除了郑秋枫为电影《海外赤子》的配乐响遍全国外，陈述刘、程大兆、房晓敏、严冬、李方、蓝程宝等作曲家都曾为大量影视作品配乐。主要有：陈述刘的电视剧配乐《没有硝烟的战争》（1995）、《情暖珠江》（2009）、《美丽的南方》（2015）；程大兆的电影音乐《周恩来》《寡妇村》《乡民》《冼星海》《邓小平》，电视剧音乐《情满珠江》《英雄无悔》等；房晓敏的电影音乐《警魂》（1994）；曹光平的电视剧音乐《天亦有情》（1996）、电影配乐《穿越生命线》（2006）；钟峻程的电视剧配乐《红问号》《反伪先锋》《泪洒红城》；李方的电影配乐《步步惊魂》（2014）；相西源的电影配乐《特级院线》（2007）；严冬的电视剧配乐《五羊城下》（1994）等。

　　岭南地区的舞剧、舞蹈音乐在全国范围内同样起步较早、发展迅速，主要作品有：曹光平的舞剧《屈原》（1984）、舞剧《八仙岭神奇》（1992），蓝程宝的音乐舞蹈诗《广州往事》（2001），严冬的舞蹈音乐《飞翔的梦》等。陈小奇、李海鹰等流行音乐家，除创作了大量广为传唱的流行歌曲外，也创作了一些舞剧、音乐剧等作品。

　　此外，陈培勋、黄飞立、陈怡、叶小纲等一些岭南籍作曲家，虽未长期生活在岭南地区，严格意义上已不属于岭南作曲家群体，但在其部分音乐创作中会体现出岭南风格，如陈培勋的高胡协奏曲《广东音乐主题》（1983），黄飞立改编的混声合唱《我爱你，中国》，以及陈怡《中提琴协奏曲——弦诗》（1983），叶小纲《广东音乐组曲》（2005）等。还有很多当代作曲家虽未长期在岭南地区生活，如丁善德、储望华、谭盾、刘湲、王宁、张千一等，但他们在音乐创作中都曾不同程度地关注过岭南音乐，创作过与岭南音乐文化相关的音乐作品，这些作曲家及其音乐作品虽然暂不包含在本研究的范围之内，但也应当是当代岭南音乐不可或缺的组成部分。

四、岭南地区当代音乐的特点

　　一方水土养一方人，兼容并蓄和开拓创新的岭南文化就是岭南当代音乐创作赖以生存的文化生态土壤，特别是改革开放40多年以来，一批批生活在岭南地区的作曲家们，创作了数量众多的各类音乐作品，在体裁、风格、技法等方面逐渐形成了显著的共性特征，值得引起当代音乐和区域文化研究的关注。

　　随着城市化进程的加快，包括音乐在内的文化活动逐渐也以超大城市为中心，形成了不同的区域文化特征，以广州、香港为中心的岭南地区在音乐创作上也体现出与以北京为中心的京津冀地区和以上海为中心的江南地区等其他区域音乐创作方面的差异。

　　就音乐作品的体裁而言，在岭南地区当代音乐中，中国民族乐器与西洋管弦乐器相结合的形式更为普遍，抒情性艺术歌曲、合唱等声乐作品数量相对更多，影视音乐发展更为充分，影响力也较大；而交响曲、歌剧等大型作品所占比例则较北京、上海等文化中心城市明显偏低。

　　就题材而言，岭南地区的当代音乐作品更关注现实生活，严肃的交响音乐作品数量相对北京、上海等文化中心城市要少，除了更加务实、更加关注当下的岭南文化因素外，与专业乐团和作曲家群体数量偏少也不无关系。中央音乐学院、上海音乐学院，以及国家级专业乐团中有大量的专业作曲家，使北京、上海一直处于中国交响音乐创作演出的核心地位，而岭南地区乐团主要有广州的珠影乐团、广州交响乐团、香港中乐团等专业乐团，作曲家主要集中在星海音乐学院、香港演艺学院等高校中，数量较北京、上海明显偏少，从而导致作品数量，尤其是大型专业音乐作品的数量相对偏少，在全国的影响力也相对较弱。然而，由于20世纪末期，香港的各大乐团曾向作曲家大量委约民乐作品，尤其是香港中乐团曾大量委约关迺忠、陈能济等作曲家创作民乐作品，并支持民乐作品的演出，民乐作品一度空前繁荣。

合唱作为广大群众喜闻乐见的艺术体裁，在岭南地区影响力很大，作曲家们立足本土音乐文化，创作了许多优秀的岭南风格合唱作品，如广东音乐改编合唱、客家山歌风格合唱等，甚至还有用粤语等方言演唱的合唱作品。

不单是声乐作品，岭南当代器乐作品，尤其是民族室内乐，受广东音乐等民间音乐影响很大，作曲家不但将旋律、调式、节奏等岭南地区音乐元素作为创作素材，还直接将岭南地区少数民族乐器和西洋乐器结合，甚至将人声或原生态人声声部纳入作品中，创作出各类混合室内乐作品。

岭南当代音乐的风格相对多样，将岭南文化兼收并蓄的特点体现得淋漓尽致。岭南地区流行音乐与专业音乐融合的现象极为普遍，二者常常紧密结合，你中有我，我中有你。这一方面是兼容并蓄的岭南文化使然；另一方面则是由于岭南地区毗邻港澳，接触流行音乐更早，受流行音乐影响更大，也相对更容易被听众接受。比如，流行音乐、音乐剧、合唱中演唱语言除普通话外，粤语运用极为普遍，甚至客家话、潮汕话等方言的流行歌曲、音乐剧等也不在少数。还出现了较多同一作品两种语言的演唱版本，甚至是同一作品两种语言交替演唱，以及加入英语的现象。再比如，岭南文化锐意进取、勇于尝试新鲜事物的特点，促使作曲家们常常创作严肃的交响音乐与流行音乐相结合、民乐与交响音乐、流行音乐相结合的作品，这也导致岭南地区的很多音乐创作在体裁上具有很强的交融性，很难机械地将其归类。流行音乐交响音乐会、交响乐版音乐剧等在岭南地区并不鲜见，比如以影视音乐为主题的音乐会等就颇为常见。这在香港地区表现得更为突出，如香港女指挥家叶咏诗就曾指挥过多场此类音乐会，以向听众普及交响音乐。而且，很多岭南当代作曲家早在改革开放初期就对流行音乐持开放态度，甚至会创作流行音乐作品，而一些以流行音乐创作为主的作曲家和音乐人（如邓伟标）也常有扎实的专业音乐创作技术训练，有时也会创作一些专业音乐作品。

此外，岭南当代作曲家和其他中国当代作曲家一样，在学习与借鉴西方专业音乐作曲技术的同时，也都在努力探索如何将传统音乐与现代作曲技法相结合，如何用音乐来传递和传承民族文化，如何将本土文化融入音乐创作，并形成自己的个性化音乐语言与创作风格。曹光平、钟峻程、陈永华等岭南各地的代表性作曲家都从音乐作品的体裁形式、音高组织、结构布局、音响配器等方面进行过长期中西融合、传统与现代兼顾的探索与实践，创作了大量具有个性的岭南当代音乐作品。

诚然，岭南地区本身地域辽阔，岭南文化在具有诸多共性特征的同时，不同地区间在语言、习俗、文化等方面的差异亦同样明显。这种在共性基础上又兼具个性化差异的特征不但体现在岭南传统音乐方面，也体现在岭南当代音乐创作方面。我们应当看到在相对统一的共性风格特征下，香港、广东、广西、海南等岭南各组成区域的当代音乐创作也表现出各自的个性化与地域性风格特征。

五、结语

广州和香港是两座同处岭南的文化中心城市，在全国也具有重要的地位，除了 20 世纪 50—70 年代的 30 年左右时间外，其他时期内两座城市间一直保持着密切的音乐文化交流，就音乐创作而言，在保持各自特点的同时，也具有相当多的共性化特征。而且，由于二者在历史上经济、文化等发展并不总是同步，岭南地区在 20 世纪 70 年代之前，音乐创作的中心在香港，尤其是 50—70 年代。自80 年代起，广州开始快速发展，近些年则开始显现出中心从香港向广州转移的趋势，这在影视音乐、流行音乐方面表现得尤为突出，甚至已明显表现出向文化与政治中心北京转移的倾向。

凭着坚实的经济基础，以广州、香港为代表的岭南地区，相较于国内其他地区，音乐文化事业发展更为迅猛，尤其是近些年来，随着中国专业音乐教育的发展和海外留学归国音乐学子的日趋增加，岭南地区的专业作曲家群体规模日益壮大，各类音乐作品数量极为可观，演出活动也十分丰富。对长期生活、工作在岭南地区的作曲家及其音乐创作进行全面的梳理，并通过更大范围的文献资料搜集与整理，对当代岭南作曲家群体的范围进行界定，对岭南地区专业音乐创作的历史和现状进行进一步细致梳理，通过梳理岭南作曲家群体与国际、国内、岭南地区社会、经济、文化发展之间的关系，归纳总结该群体所具有的更多共性化特征，以及作曲家的个性特点与群体和社会共性之间的互融关系等，对繁荣岭南地区，甚至是中国当代音乐创作具有积极作用，同时也对推动当代岭南音乐的研究具有重要意义。

岭南当代作曲家访谈录

一 说音咏乐

——访著名作曲家施咏康

施咏康简介

施咏康，1929 年生，1949 年考入上海音乐学院作曲系，师从贺绿汀、丁善德、桑桐、邓尔敬，后在中央音乐学院进修期间师从苏联作曲家勃·阿拉波夫，长期担任作曲与配器专业的教学。1983 年 12 月调任广州星海音乐学院副院长、教授，兼任广州市艺术教育委员会委员，中国音乐家协会广东分会副主席（第三、第四届），广东省交响音乐学会会长。1981 年曾随中国音乐家代表团出席在香港召开的亚洲作曲家大会，1988 年赴悉尼和堪培拉音乐学院访问、讲学，次年以团长身份率中国音乐家代表团访问捷克。

其创作的交响诗《黄鹤的故事》于 1957 年获第六届世界青年联欢节交响乐比赛三等奖（铜奖），曾被不少世界著名乐团在近二十个城市演出和广播，被称为"中国交响乐的第一只春燕"。还创作有第一交响曲《东

作曲家施咏康

方的曙光》、圆号协奏曲《纪念》、大提琴与乐队《回忆》、小提琴与管弦乐队《幻想叙事曲》、弦乐四重奏《白毛女》（与朱践耳合作，此曲专为尼克松首次访华所举办的上海文艺晚会而创作）、电影配乐《羊城暗哨》等。

施咏康教授编写的作曲技术理论专著《管弦乐队乐器法》与《管弦乐队配器法》被许多音乐院校采纳作为配器课教材，在六十余年的教学生涯中培养了一大批学有成就的作曲家、指挥家、教授等音乐专业人才。

采访人：高玮，星海音乐学院作曲系讲师
采访时间：2020 年 9 月 13 日；2020 年 11 月 11 日
采访地点：广州，施咏康先生家中

采访人高玮与作曲家施咏康（左）

高玮（以下简称高）：时间过得真快呀！距离您 90 华诞系列学术活动已经一年多了，那场音乐会非常精彩，现在回想起来仍然记忆犹新。

施咏康（以下简称施）：音乐会的乐谱和音像资料已由人民音乐出版社正式出版，送给你一套。（施先生进屋将签了名的书籍拿给了采访者，音乐会曲目包括交响诗《黄鹤的故事》、圆号协奏曲《纪念》、小提琴与乐队《幻想叙事曲》、交响曲《东方的曙光》）。

高：太珍贵了，这些曲目，可以说是您最满意的作品吗？

施："最满意"这个词不恰当。为什么说"最满意"不恰当呢？因为我所创作出来并留存的作品都是我满意和喜欢的；那些不满意的，我在创作过程中就已经丢弃了。创作需要感觉，没有感觉的作品是很难改到让自己满意的。

高：在音乐创作中，您如何看待技法与艺术创作的关系？

施：在任何时期，音乐作品都是听觉的艺术，音乐性和逻辑性是可以在音乐演奏的时候一同被听众感受到的，可以说一部音乐作品最重要的是可听性。但需要注意的是，作品在具备可听性的同时还要具备耐听性，这就需要靠创作中的技法来实现。一部音乐作品，如果仅有高难度的创作技法，将可听性放在次位，就难以让听众产生共鸣。反之，如果音乐中仅有一条动听的旋律，缺少技法的支撑，那么听上几遍也就会索然无味了。所以技法和可听性必须在艺术创作中并存。一部可以广为流传的作品应该可听、可看、可推敲，这才是好的、具有艺术性的音乐作品。

高：在学习配器的过程中，您认为从哪些乐谱入手比较好？请您给一些建议。

施：可以分析的好谱例有很多，我认为对于学生来说，可以从一些作曲家配器的作品入手，有钢琴谱的原型，也就是说作品的原有形式是钢琴曲，再找到经过配器创作的管弦乐总谱，对照着看，学习和分析管弦乐作者的创作思维，在作品中体会配器过程中作者对钢琴作品的理解和升华。

高：这样的作品分析一般从哪里入手比较好呢？很多学生在分析作品方面很难抓住重点。

施：分析也是有一定技巧的，不仅不能盲目，还要仔细。总谱中所有的音符、力度记号甚至表情记号都要对照分析。首先，应该客观地对比分析，找出管弦乐曲中有哪些地方与钢琴原型不同，加了哪些因素，做了何种变化，再对比力度记号和表情记号，找出有哪些新增的处理。这些通过客观对比、仔细研习都不难找出。找出钢琴作品与管弦乐作品的不同之处，这也正是我们要学习的重点。其次，就是要问自己，这些不同之处的效果产生了何种变化，有时是简单的量变，有时却是复杂的质变，这些变化也正是管弦乐作者的价值体现。有的时候由于受到双手和钢琴乐器的局限，钢琴谱中的表现手法不一定能够完全体现作曲家的本意，这就需要管弦乐作者在配器中进行补充和完善，力求通过管弦乐曲将钢琴谱作者的思维和精神在完整表现的同时加以升华。最后，也是最难的，就是研究"为什么"，也就是研究产生变化的缘由。其中包括以下几个重要的点：第一，管弦乐音乐语言的转换，将钢琴化的音型转换成适合管弦乐器演奏的形式，重点是要最大限度地保证最终的表现效果，既保留钢琴原谱中的意图，又要适合管弦乐队的表现形式，这就需要注意多种乐器的结合表现。第二，关注拆分和重组技术，根据钢琴原谱创作的管弦乐曲中都会运用到拆分和重组，有的是原型拆分和重组，有的是衍生性的。因此要分清楚各因素的功能，分析出拆分、重组的目的，其中应该考虑的因素有和声、踏板音、音色表现、结构划分、重音点缀等。按照这些步骤，可以逐渐分析出管弦乐作者创作的思维以及细节处理的目的。

高：您认为艺术创作时应该注意什么？

施：艺术创作时思维很重要。思维模式有几种：点状、线性、放射性，其中学艺术的人最需要的是放射性的思维。点状思维模式就是一些人在研究一些东西的时候只定睛在一个点上，最后越来越小甚至没有；线性思维模式就是在两点之间来回思考。然而在对一些问题的认识上如果想做到全面，就要用放射性思维。放射性思维是指所有东西是同时出来的，不是先想这个后想那个。艺术创作需要头脑里有东西、有想象，再在乐谱上表达、补充、调整。

高：前几天我去书店买书，看到您的著作《管弦乐队乐器法》非常畅销，两年前就已经是第 17 次印刷了，里面的内容非常详细、实用，至今依然是乐器法专业的学生必备的工具书。因为学习过程中需要经常翻阅所以耗损比较快，我已经买了第四本了。搭配您后来写的《管弦乐队配器法》一起研习，可以学到很多管弦乐队作品的创作技巧和理念。

施：我记得《管弦乐队乐器法》那本书是在 1987 年出的第一版，一晃有 30 多年了。那本书对各种管弦乐队常用乐器进行了比较详细的介绍，可以让一些没有学习过但又想去运用乐器的同学得到一个相对准确的支撑。说它是一本工具书还是比较恰当的。之后的那本《管弦乐队配器法》是专门针对管弦乐创作中的一些必要技术而写的，这本书是 2015 年出版的，其中谈到了几乎所有配器创作中可能遇到的一些问题，书里包含谱例和音响，可以让读者在了解了写作技巧之后听到这些技术所能带来的效果，在头脑中逐渐将纸面和音响相关联，也就是我们常说的"内心听觉"。

高：对于刚学配器的学生来说，是不是应该先读《管弦乐队乐器法》，再看《管弦乐队配器法》？

施：乐器法是基础，可以从这里入手。但是这两本书并不是上下册关系，所以读者可以同时阅读，相互配合着来学习。单纯地学习乐器法比较枯燥，也不容易记牢，如果是在研习配器的过程中发现乐器法问题，再去学习乐器法的相关内容，这样的学习会更有目的性和记忆点，更容易被记住。反过来说，配器法的学习也同时加深了印象，这未免不是一个好的学习方法，你说呢？当然，学配器之前要有其他理论课程的基础才好，如果没有其他音乐理论方面的基础，一开始就学习配器还是会困难重重的。

高：老师，能否跟我聊一聊您音乐创作灵感的来源，或者说哪些经历给您的音乐创作提供了灵感？

施：这有很多，我小时候经历了很多，每一个阶段的经历都为我的创作思维提供了营养。这里面有一个很重要的就是我的家乡（施先生起身进屋拿出了一张中国地图，可以看出地图因为经常被折叠翻看已经有点旧了）。你知道我是宁波人吧，但我的家乡在哪你知道吗？（跟着先生的手指，我看到了在地图上宁波和上海中间的一个位置，由于位置太小，所以地图上没有给出地名，但是有用红笔写的两个字"镇海"，这是施先生自己写的）这是镇海，现在是宁波市的一个区，我就是在这里出生的，这里很美，出门就是海，海的对面就是上海，现在那里发展得也很好，有机会你们也去看看……（先生聊了很多关于在镇海的生活经历，其实我之前经常听先生谈起他小时候的经历，上海街头的流浪生涯、孤儿院里五进五出的传奇经历、在学生阶段就以作品《黄鹤的故事》让苏联专家阿拉波夫赞不绝口的高光时刻，但关于镇海的美我还是第一次听先生提起，从先生的言语间可以感受到他在那里有很多美好的童年回忆，也许这正是先生许许多多宝贵积淀的起源）

高：老师，这学期我在学校开设了配器课程，请您从教学上给我一些建议和指导。

施：配器这门课程是作曲技术理论的高级阶段，配器就是创作，也是管弦乐合奏作品的写作技术。乐器法是学习配器的前提，这很重要，你在教学中可以给学生多一些空间，发挥学生的主动学习能力，先让学生对照书本进行自学，在课上可以用集体讨论的方式进行教学，抛出问题一起研讨，教师最后进行更正或总结。如果有条件的话还可以邀请演奏家带着乐器来到课堂，学生们直接演示在自学中发现的问题和疑惑，这样学习出来的乐器法才扎实。授课教师应该为学生补充实践中的一些乐器法特性及其规律，要拿出更多的时间讲解配器法，为学生讲解配器思维和创作逻辑，捋顺声部材料，而不是一味地强调这个乐句要用哪一种乐器演奏才好。如果声部是好的，那好的写法也就变得多样了。配器创作，笔上功夫很重要，理解得再深刻，都不如多写多练实在。在每一个阶段配合一些典型范例的分析，也是非常有效的学习方法。对啦，有一个作品我有没有给你看过？（施先生起身叫我一起进了琴房，拿出一份配器习题，就这样，一堂宝贵的专业课又开始了）

附：施咏康代表作品①

1. 1953 年，《黄鹤的故事》，交响诗
2. 1959 年，《东方的曙光》，第一交响曲
3. 《纪念》，圆号协奏曲
4. 1972 年，《白毛女》（与朱践耳合作，专为尼克松首次访华所举办的上海文艺晚会创作），弦乐四重奏
5. 1997 年，《幻想叙事曲》，小提琴与管弦乐队
6. 1997 年，《回忆》，大提琴与乐队
7. 《渔乡曲》《叙事曲》，大提琴与钢琴
8. 《序曲》《简易变奏曲》，钢琴独奏
9. 《羊城暗哨》《今天我休息》，电影配乐

---

① 遵从施咏康先生意见，只列出其部分代表作品，其中小型作品不写创作年份。

二 以近知远，荟萃中西

——访著名作曲家曹光平

作曲家曹光平

曹光平简介

著名作曲家，音乐理论家，音乐教育家。中国音乐家协会音乐创作委员会委员。中国合唱协会理论创作委员会副主任，广州星海音乐学院作曲系二级教授、研究生导师，作曲学科带头人。享受国务院特殊津贴专家。

曹光平在上海音乐学院附属中学学习了钢琴，先后师从梁玉贞、尤大淳、方仁慧、钱琪等教授；后毕业于上海音乐学院作曲系，先后师从黄钧、黎英海、陈铭志、钱仁康等教授，并多次得到贺绿汀、丁善德、朱践耳、桑桐等教授的直接指教。1983 年由著名音乐家、上海音乐学院前院长贺绿汀教授推荐到广州星海音乐学院任教，1992 年起任教授，并先后担任广东省音乐家协会副主席、星海音乐学院音乐音响导演系系主任，中国电子音乐协会理事等。

曹光平教授呕心沥血从事音乐创作与研究，共创作了包括十二部交响曲在内的舞剧、音乐剧、管弦乐、声乐、合唱、民乐、钢琴、室内乐、影视音乐、电子音乐、舞蹈音乐等各种体裁的作品 300 多部，其中 30 多部作品在国内外获奖。曹光平已举办十次个人作品音乐会，电视台为其拍摄三部专题片。撰写论文 50 多篇，2001 年出版论文集《前卫·中卫·后卫：探索与风格》；2008 年出版《小型作品作曲法教程》，2013 年出版《美丽的尼洋河》，2017 年出版《女娲·致芳春　曹光平教授钢琴曲 25 首》；2002 年获文化部欧永熙音乐教育奖。

采访人：王颖，博士研究生，广州大学音乐舞蹈学院副教授
采访时间：2018 年 7 月；2018 年 11 月
采访地点：广州市越秀区

采访人王颖与作曲家曹光平（左）

王颖（以下简称王）：曹老师您好，很荣幸能得到本次采访您的机会。我们知道，您在 20 世纪 50 年代就进入专业音乐院校——上海音乐学院学习，在此之前，您是从什么时候开始接触或者学习音乐的呢？

曹光平（以下简称曹）：我最早是学习钢琴专业的。小时候，我的家庭条件不是特别好，没有买钢琴，所以我就天天跑到邻居家去弹琴，这是我最初的音乐启蒙。1956 年，我考入上海音乐学院附属中学学习钢琴专业，本科转学作曲专业。在学习钢琴的过程中，我十分喜欢古典音乐，喜欢贝多芬、巴赫、莫扎特，还有肖邦和柴可夫斯基的作品。我发现，他们一部分人是钢琴家，同时还是优秀的作曲家、指挥家。所以，我当时也产生了一些想法——除了钢琴之外，我也想在作曲和指挥方面有所发展，因此我最终选择了作曲专业。

王：上海音乐学院是由全国最早建立的音乐专科学校发展而来的。20 世纪50 年代，在上海音乐学院的学习对您的创作产生了什么样的影响呢？

曹：当时，上海音乐学院最大的优点就是作曲专业和指挥专业在同一个系。另外还有两个特点，第一个特点是特别重视基本功的训练。当时每一届学生并不多，只有七八个人。我和邓尔进、丁善德、贺绿汀三位老师接触得比较多，我的和声是跟随桑桐老师、黎英海老师学习的，复调是陈应时老师教的，曲式是钱仁康老师教的，这些老师在专业方面都特别强，尤其是丁善德、贺绿汀两位老师要求我们一定要重视基本功，所以我们班同学的底子都很扎实。第二个特点是，我们当时学习了大量的民间音乐，比如，贺绿汀老师经常在大课上向我们灌输民族民间音乐知识，让大家学习演唱。另外，高永厚老师每个学期都会邀请民间艺

人、京剧艺术家来课堂上表演、开讲座。菊秀芳老师也会讲一些民间小曲。在旋律写作上，黎英海、陈培志、黄钧三位老师也都强调民间曲调的运用。这些老师的教学为我的创作打下重要基础。

王：上海音乐学院这些老前辈在授课方面非常认真，而且他们在专业领域的视野和思考具有前瞻性，令人敬佩！可以说，您在上海音乐学院学习的期间，在对西方作曲技术的把握和对民族民间音乐的了解这最重要的两个方面都得到了不同程度的提高，甚至是融合。那么，您在读书期间有什么难忘的经历吗？

曹：20世纪60年代，国内政局变化很大。我在读本科的时候，学校经常组织学生下乡，当时的观念是知识分子需要进行思想改造，所以要和农民同吃同住，所以我们很少上课，有1/3的时间都在乡下参加劳动锻炼。此外，我们还去了钢厂，那边的老师傅收我们做徒弟，我们跟班去高温的厂房里炼钢。我们将这些平时接触不到的生活都体验了一把。那时候，学校还经常组织大家演唱《国际歌》《南京路上好八连》。

王：您写了许多与西藏有关的作品。在来广州之前，您也在四川工作了许多年，我很好奇，您是上海人，很多上海人毕业后都选择留在上海，但您为什么会去四川呢？

曹：我是1965年毕业的，当时我也有留校的机会。当时，我周围很多离开的人都想再回到上海，而我从小有一个"搞艺术"的梦想，不想仅仅是当老师教学生，所以就找机会往外地走。我有这样一个观念：人这辈子就几十年时间，在哪儿都是次要的，但一定要接触不同的生活、环境、山水。刚好当时我们的支部书记找我谈话，问我是否愿意赴西藏或者新疆工作，后来我就选择了离西藏文化最近的四川省，先后在三个单位工作了18年。

王：您从23岁到41岁的黄金时期都是在四川度过的。可以介绍一下您在四川工作期间，接触的人、事还有音乐吗？

曹：毕业后，我便去四川省文化馆报到，被分配到文化馆下属的一个农村工作站工作。因为工作性质，我经常下乡，接触到了当地最原始的音乐，现在回忆起来那段经历有点像采风。让我难忘的就是在大凉山彝县的生活，那时候我住在一个30多岁的农民家里，他家条件非常艰苦，只有一张床，窗外就是猪圈。也正是那段时间，我听到了彝族的音乐，还写了一首歌《汉彝一家亲》，可惜的是手稿已经丢失，这是我工作之后的第一首作品。

回到成都之后，我参加了川剧地方戏的改编和创作，例如1967年集体创作了毛主席的诗词《光辉的里程》。大部分情况下，我都担任配器工作。其实，我能写出很多交响乐，也是得益于我在四川工作期间很早就接触了乐队。除集体创作外，我还为样板戏配器，比如《红灯记》《智取威虎山》《沙家浜》《龙江颂》《杜鹃山》等。在学校，学习配器一直是书面作业，听不到乐队的实际演奏。在四川，我获得了大量的配器实践经验。

王：是的，即便对于当下的作曲家，写的乐队作品能够找到乐队来演奏同样是十分困难的事情，需要大量的精力、人力、物力，当然还有经费。所以，您在四川工作期间有失也有得。我的理解是，您在四川期间获得的民间音乐资源还有配器经验，已经远超出当时的一部分作曲家了。

曹：是的。另外，我和四川省川剧院有过很多合作。当时的乐谱很多旋律都是五声音阶的，我经常会在原有声部上稍作变化，比如 re－mi－sol－mi，加了一些变化音就成了 re－mi－sol－mi－re－（#）re－mi，又或 mi－sol－la－（b）si－la。改变后听起来很有新鲜感，所以当时很多乐队队员都很喜欢我的配器。这段时间的经历对我有两大好处：第一是我接触到了丰富的川剧，第二是我的配器技术熟练了许多。

王：在四川工作期间，从生活和专业发展来看都是您最艰苦的阶段，也是您获得大量实践和民族音乐资源的时期。除了配器工作外，我了解到您的《第一交响曲》《第二交响曲》也是这个时期创作的。

曹：1973—1974 年，我开始独立创作一些作品——真正意义上的器乐作品。比如早期的《圆号独奏》、弦乐四重奏《少年进行曲》、管弦乐《飞夺泸定桥》，还有一些艺术歌曲。同时，我也开始记录自己创作的一些作品，有一些作品手稿在几次搬家中丢失了，但大部分手稿都保留了下来。我的《第一交响曲》以及随后的《第二交响曲》都是在川剧院工作的时候创作的。那时候，我对于创作是接近狂热的状态，最高纪录是 15 天没有上床睡觉，写到凌晨两三点钟，眯两三个小时后接着写。

王：1983 年，广州成立音乐学院，也就是现在的星海音乐学院，您是第一批到那里任教的老师，我记得您说过不想做老师，是什么原因让您做出这个改变呢？

曹：1981 年，全国第一届交响作品评选，我记得当时王西麟的《云南》和张千一的《北方森林》都获奖了。但是，我却在报名的时候遇到困难，因为我既不是中国音乐家协会的会员，又没有院校的职称，没有参赛资格，所以我的作品被拒收了。这个经历对我触动很大。当年，刚好贺绿汀老师到四川音乐学院，在会面过程中，他听我弹了自己创作的作品之后，便鼓励我继续创作。贺老师还问我是否愿意到广州新成立的音乐学院工作，我犹豫了几天之后便答应了。于是，1983 年我转到广东工作。

王：到广州后不久，您就创作了早期重要的室内乐作品《赋格音诗》（1983），此曲当年获得了文化部主办的全国第四届音乐作品比赛二等奖，还有您最具代表性的作品《女娲》（1988），也是这时创作的。这两部作品为您带来了许多奖项和殊荣。

曹： 是的，1983 年我到了星海音乐学院之后写的第一部作品就是《赋格音诗》。这部作品获得了全国音乐作品比赛二等奖。那届比赛的曲目有钢琴和室内乐两种体裁，获一等奖的大多是钢琴作品，有陈怡的《多耶》，还有陈建豪、汪立三的作品；获二等奖的大多是室内乐作品，有关峡的《弦乐四重奏》，还有我的《赋格音诗》。我记得郭文景获得三等奖，瞿晓松的《大提琴狂想曲》获得优秀奖。回到广州之后，报纸上有关我获奖的报道陆续多了起来，所以第二年，我被选为广东省的作曲家代表参加香港 ISCM 国际现代音乐协会的交流活动，由李焕之先生带队，同行的还有高为杰、罗忠镕、赵晓生和徐坚强等，我带了钢琴作品《女娲》。这两部作品可以说是我早期的代表作。在香港，有一位加拿大的作曲家很喜欢我的作品，觉得《女娲》结合了现代气息和东方神韵，这种特质他们无法写出来。我自己总结《女娲》为三个词：诗意、现代性和民族性。

王： 20 世纪 80 年代在香港举办的 ISCM 国际现代音乐协会交流活动是一次重要的作曲活动，参会的内地作曲家们也是非常优秀的。《赋格音诗》作为您到广东之后创作的第一部作品，是否运用了岭南或者广东音乐的元素呢？

曹：《赋格音诗》里面有两个主题都是用广东南海渔歌素材写的。我用南海渔歌素材创作的作品还有很多，比如钢琴曲《渔歌·十二调》、民族管弦乐音诗《渔歌》《第十一交响曲——南方》。初到广东，我们多次到汕头、惠东、陆丰、海丰等地去采风，这些地方的渔歌是最丰富的。多作了解你就会发现，渔歌中对于偏音的使用比较有特点，比如 mi – mi – si – la 的音组。

王： 您的创作体裁十分广泛，包含了管弦乐、协奏曲、合唱、独奏、重奏、舞剧等，在体裁选择或者音乐风格倾向上，您有没有比较偏爱或敬仰的中外作曲家呢？

曹： 就像我前面说的，我很喜欢贝多芬、巴赫、莫扎特和柴可夫斯基的音乐，特别是柴可夫斯基音乐中的情感十分丰富，他的作品体裁也很丰富。近现代的作曲家中，我个人很欣赏斯特拉文斯基、肖斯塔科维奇、巴托克、梅西安、布列兹、鲁托斯拉夫斯基、潘德列茨基，德国的里姆，英国的亚当斯，还有芬兰的林德伯格，东方作曲家武满彻。武满彻和林德伯格的作品既有可听性，又很现代。除了你提到的体裁外，我接下来还准备创作歌剧、电子音乐等。

王： 林德伯格也是我非常喜爱的作曲家，他的音乐中充满了芬兰式的豪迈，音响和技术结合得很完美。武满彻是一位非常成功的东方作曲家，他成功地将日本音乐元素和法国音乐音响融合在一起。您是一位高产的作曲家，同时也是理论家，我也关注了您主编的《前卫·中卫·后卫：探索与风格》，实际上，我们也可以将这三个词汇理解为对您创作观念和风格的凝练，对吗？

曹： 我个人很喜欢研究理论，写了很多东西。我之前出版的《前卫·中卫·

后卫》，是以十年为一代，概述每一代人的创作特点。很多人听到"前卫""中卫""后卫"这些词，以为是在讲足球比赛，但是在我的书中，它们与音乐创作中的三个维度——传统、中立、先锋是逐一对应的。我的小提琴作品《情》的旋律是完全传统的；中卫是夹在中间的，比如《第十一交响曲——南方》；后卫代表作品是用十二音写成的《第九交响曲》。《第十交响曲——中国大曲》和《第十一交响曲——南方》中则运用了很多中国元素，这两部作品中既有超前的元素，也有传统的元素。

王：这些作品的风格跨度很大，甚至同一时期的作品也会有传统的和现代的。

曹：有些作曲家变化很大，比如斯特拉文斯基；还有一种就是梅西安，他是坚持一条路子走下去。从小我的性子就比较野，兴趣经常在变，甚至有点好高骛远。在学音乐之前，我练过体育，也学过数学、文学、哲学、天文，我并不属于调皮捣蛋的那类小孩，但我的思想很活跃。小时候下了课，我就喜欢在树旁边散步，天马行空地"胡思乱想"。因此，我创作风格上的转变和我个人的性格有很大关系，以至于我同一时期的作品都可能是不同风格。我认为，作曲家要能写不一样的作品，他才能突破局限性。现在很多学生过分地追求现代的、超前的，而我喜欢调性，我也经常学习贝多芬、柴可夫斯基还有拉赫玛尼诺夫的作品，我个人认为不管保守与否，好的作品就是伟大的。

王：越来越多的人开始关注"中国音乐""中国乐派"这些概念，我想这与近几十年我国专业音乐创作越来越成熟有关，有些作曲家的技术与西方作曲家相差无几，如今他们更是凭借自身的语言特色、东方文化的印记站立在世界舞台上。您对此有什么想法？

曹：近些年，我一直思考的是"新东方音乐"这个主题。我的观念是要把东方的东西用起来，但也不排斥西方的音乐。新的东方音乐和新的西方音乐共同构成我们的音乐世界，如果仅用"新中国音乐"难免会有些狭隘。

中国音乐创作的高潮就在 21 世纪。我们搞理论的很容易低估现代作曲家的实力，甚至有些人悲观地认为，中国出一个贝多芬级别的音乐家要三五百年的时间。从历史来看，中华民族人才辈出，特别是在艺术成就上，比西方还要多，所以我们不要自卑。中国是文化、艺术、哲学大国，只是专业音乐起步晚了些。目前来看，我国的音乐创作发展越来越蓬勃，可以说在作曲技术上与西方已经是不相上下了，陈晓勇、秦文琛、叶小纲、谭盾，他们的优秀作品和西方的好作品差不多。音乐发展的高峰，19 世纪在俄罗斯，20 世纪在美国，我认为 21 世纪应该在中国。

王：既然技术和观念都不是问题，那么究竟我们在哪些方面还有所欠缺呢？

曹：我认为中国目前缺少的是可以与西方经典音乐相媲美的优秀作品，《黄河》和《梁祝》都是非常优秀的，但与《春之祭》、肖斯塔科维奇的《d 小调第五交响曲》《e 小调第十交响曲》以及梅西安的《图兰加里拉交响曲》相比还是差了一点，我们还是缺少中外公认的优秀音乐作品。但乐观地讲，未来 5 年至 10 年，这样的作品一定会出现。从罗忠镕、朱践耳到现在，我定义的"八代作曲家"都在做同样的事情，即不断地将西方现代音乐与东方古典文化、民族元素融合。

王：我理解您所说的，一代代的作曲家都在尝试将东方与西方融合，但这个过程中会产生一些问题，比如大家都用了京剧元素或者川剧元素，那么是否会有雷同，在创作中应该怎样去考虑作曲家的个性和共性呢？

曹：当今作曲家的共性就是"现代派"。举个例子，我让一位农民来听斯特拉文斯基和梅西安的作品，他觉得都一样，这就说明现代派有共性。我不太认同有些作曲家认为的"我的音乐就是我的"。哪怕是我的钢琴作品《女娲》也不是特立独行，大家也会有类似的作品。

个性和共性是矛盾的统一体，没有绝对的个性。鲁迅先生说："人不能揪着自己的头发离开地球。"你生活在地球上，吃地球的粮食，穿地球的衣服，就会有共性存在。鲁迅是一位个性突出的作家，但也是受到当时现代文学思潮的影响，才能写出《阿Q正传》。不同人的作品之间有局部的相像，我认为这不是大问题。比如，我的弦乐四重奏《粤调》使用了岭南音乐元素，《第十一交响曲——南方》用了广东音乐元素（赛龙夺锦、狂欢），我之前未演出的一部作品《狂欢序曲》也用到同样的元素，而我知道的许多作曲家也在使用这些元素。这可能会导致这些作品在某个片段上比较相似，就像兄妹两一样，但不要抄袭。任何作曲家都不能和之前的音乐文化完全割裂，不要把共性看作贬义的。

王：广东地区的当代作品中有很多对岭南元素的借鉴与巧妙结合。说到这个话题，我想问问您，处理西方作曲技术和运用民族音乐元素之间是什么关系呢？年青一代的作曲家在创作时应该注意什么呢？

曹：我最近读了很多文章，它们大致有这样一种倾向：作曲家认为，创作要超脱于现代性、世界性、民族性。我并不是完全同意这种看法，一部作品要完全超脱上述因素是不太可能的。从历史来看，我们经历了浪漫乐派、民族乐派，还有印象乐派等不同阶段，我认为中国现在恰恰需要一个暂时的民族乐派阶段，三五十年之后这种风格可能会随着听众和社会环境而改变，这是一个自然的过程。俄罗斯的民族乐派持续的时间并不长，比如我们听到的《图画展览会》《天方夜谭》，但它恰巧是经历了这个阶段才有了之后的发展。肖邦不是民族乐派，但他的音乐中存在着波兰音乐元素。他所运用的波兰音乐元素又和里姆斯基·科萨科夫在比例上有所不同，因为肖邦更多的是追求浪漫主义特质。

民族性与现代技术的结合，这是一个长久以来都在讨论的议题。我个人认为，民族元素不一定要采用原音调，而应该以一种更为具象的形式表现出来。比如，京剧的二黄、西皮，如果脱离了它原本的调式，那么最终的结果一定是"面目全非"、不被认可的。比如五音组 mi－mi－si－la－do，应该保持它的音高内涵，然后通过音域、节奏等形式不断变化。西南民族音乐中经常见到与 la－do－re－mi 相似结构的音组，这在云南音乐和川剧中都可以发现。这些素材在运用过程中一定要保留它的可听性和辨识度。比如，我会将 mi－si－la－do 保留开头而变化结尾，扩展成 mi－si－la－sol－（#）sol－re，整体就好似美人鱼。我经常会去采风，发现好的素材，以此为基础不断变化创作。

　　王：您都去过哪里采风？采风过程中，有没有比较有趣的事情或者令您印象深刻的事情？

　　曹：我去过很多地方，广东省主要去过潮汕、湛江、茂名，但粤北瑶族地区去得比较少。省外我去得比较多，广西、云南、贵州、西藏都去过两次，新疆、内蒙古、江苏、江西、湖南、甘肃、山西、河北也都去过。

　　王：您的足迹遍布祖国的大江南北，有没有考虑将来出国走一走？另外，对于其他作曲家在创作中对中国元素的运用，您有什么感受？

　　曹：我现在对出国的兴趣不大，本来今年想去南非参加世界合唱节，但因为身体状况不佳就放弃了。现阶段我更想把中国元素加以运用、凝练。也许我并不能做到很好，但从叶小纲、谭盾这一批作曲家来看，十年后中国当代音乐创作应该会得到世界更多的认可。

　　我认为，国内至今还没有一部作品可以和武满彻《十一月的阶梯》相媲美。这让我想起另一部作品，秦文琛的《五月的圣途》。二者标题很像，但是创作晚了半个世纪的《五月的圣途》的技法更现代。两个都是非常好的作品，但《十一月的阶梯》中对于日本民族调式的运用更强烈一些，《五月的圣途》素材来自西藏。如果把二者比作酒的话，《十一月的阶梯》更像是 60 度的高度酒，而《五月的圣途》更温和，像 30 度的酒，也许这是秦文琛所追求的。另外，二者都运用了民族乐器，前者是日本琵琶，后者则是西南大号。我个人更倾向于《十一月的阶梯》那种强烈民族性的感觉；当然秦文琛也很成功，他的作品更突出强烈的现代感，进而把民族性"化"在里面。我个人还非常欣赏叶小纲的很多作品。

　　王：提到中国元素，很多作曲家都通过采风民间音乐、了解戏曲音乐等方法，找到自己感兴趣的素材，加以提炼、变换后运用在作品中。我特别喜欢您刚才用的一个词，把民族性"化"在创作中，可以说这是一个很完美的创作状态了。根据作曲家个人的喜好，"摄取元素"的多与少，则是各不相同了。

　　曹：我改编的东西并不多，但更喜欢将主题材料的一些元素进行不断变化，我的有些改编作品主题也和原作主题十分靠近。在创作中，我比较追求一种中立的状态，有一定的复杂性，既不走极端也不要过于简约。

王： 复杂与简约并不能代表一部作品的优秀与否。

曹： 你把斯特拉文斯基的配器总谱和现代作品拿来作比较，就会发现一部分现代作品具有一定的复杂性，甚至还有 100 多行总谱的，这种情况也给实际的演奏和指挥带来一定困难。但这些作品体现出一种思潮，我们不能忽略它，要更理性地看待。我比较喜欢鲁托斯拉夫斯基，他的作品并不复杂，但很有自身的语言特点。

精细本身没有错，但当这种特质走向极端之后，就会导致写作周期非常长，每个声部、每件乐器的演奏力度、表情都要标记。按照这种写法，可能一辈子写两三部作品就差不多了。我个人不太可能采用这种方法。相比之下，谭盾的作品很简约，叶小纲的稍微复杂一些，比较复杂的就是秦文琛和陈晓勇的作品。这是一个风格问题，作曲家有权利选择自己喜欢的不同风格。

王： 当今普遍存在的一个现象就是，国内当代音乐创作的受众群体越来越小，除了少数十分成功的作曲家的音乐作品外，大部分作曲家的作品可能只上演一次就没有后文了。演出难、找合适的演奏员难都是当代作曲家共同面临的问题。如果听众能够与作曲家产生共鸣，那将是完美的事情了。

曹： 我们所指的当代作曲家中，学院派出身的多一些。我经常和学生们讲，创作不要太空泛，不要过于个性化，要尽量避免走极端，用一句话概括就是：音乐创作要接地气。《女娲》的音响过于现代，所以并不是很多人都喜欢。但我认为，好的作品除了得到专业人士赏识以外，也应该能被音乐爱好者们接受。我有一部分岭南风格的音乐作品，在我创作的总量中所占比例不大，但有一定的上演率，比如《双猴戏》，在我们学校（星海音乐学院）演了两次，深圳交响乐团演了一次。而我的合唱作品的演出次数比较多，可能和广东开展得如火如荼的合唱活动有关。相比之下，我的十二部交响曲中只有第三、第四、第八、第十、第十一交响曲被演过，其他的至今还没有上演过。中国的交响乐演奏确实很困难。

现在很多院校走到了另一个极端，去研究后现代派的技术。这种做法没有错，但是对于民族民间的、调性的作品来说，能写好也不容易。从美学上讲，每个人的审美都不同，但一些作曲家走偏了，他们过于追求禅学中的"万事皆空"，到最后就真的什么都没有了。我们应该思考：后现代之后到底是什么？它也许只是一个几十年的阶段。而我们所谓的现代派是从 20 世纪 50 年代开始的，尤其是音乐史上的 1945 年之后；而在西方，这个时间段是后现代主义的开始，所以用它来代表中国那个阶段就不准确了。究竟什么是"现代"，我们需要好好思考。西方的东西是需要我们去了解的，但那只是基本，除了关注美国人在做什么、法国人在做什么之外，我们更应思考的是什么样的作品才是有特色的、不朽的作品。现在很多人强调创新，这也是对的。如今音乐学院的学生，不应该过度追求学院派。我会经常鼓励学生去听排练，不要听音乐会，因为排练过程中的收获远远大于音乐会的收获。

王：近些年是中国歌剧创作的一个高潮，比如郝维亚老师的歌剧《画皮》、四幕歌剧《一江春水》都受到了听众和专业人士的一致好评。您有创作歌剧的计划吗？

曹：我打算 2021 年开始创作、实施歌剧。对于歌剧，我不太赞成用其他语言演唱歌剧，中国的歌剧就是要把中国音乐里的戏曲元素和现代音乐元素融合起来。说到戏曲，我们现在很多学生对它并不是很感兴趣，甚至有点瞧不起。遇到这种情况，我就会对学生说，中国戏曲是一种非常独特的文化，与西方歌剧相似，二者都是声乐和器乐的结合。我曾经从事戏曲配器十几年，相信我开始创作歌剧的话会更容易上手。歌剧和交响乐又不一样，歌剧应该更群众化一些，一定要卖座、有听众群体。比如《茶花女》演出肯定有上千场甚至上万场了。它们在剧场里上演，给人们讲熟悉的故事，就像咱们老百姓听说书一样。对于观众来讲，哪怕对故事情节、唱词已经非常熟悉，但是今天演和明天演也有可能不一样。总的来讲，作曲的技术很重要，但艺术是个性的，这取决于创作人。

王：感谢曹老师在百忙之中接受我的采访，通过与您的对话，我受益匪浅。期待您更多的作品。

附：曹光平主要作品目录①

合唱作品：

1. 1985 年，《小蝌蚪找妈妈》，童声合唱套曲
2. 1989 年，《蒹葭·秦风》，无伴奏女声合唱
3. 1992 年，《多情的冠岩》，合唱组曲
4. 1992 年，《漓江漂流歌》，童声合唱
5. 1997 年，《燕》，童声合唱
6. 1997 年，《万绿》，混声合唱
7. 1997 年，《长恨歌》，合唱叙事长诗
8. 1998 年，《荔枝河》，无伴奏女声合唱
9. 1998 年，《诗经·国风两首》，女声合唱
10. 2003 年，《天湖·纳木错》，无伴奏合唱
11. 2004 年，《山南·达娃卓玛》，无伴奏合唱
12. 2004 年，《靖西·田野对歌》，童声合唱
13. 2006 年，《围屋故事》，混声合唱
14. 2007 年，《康巴情》，混声合唱
15. 2007 年，《赫勒勒·德博措》，童声合唱
16. 2008 年，《尼苏人海莱腔》，混声合唱
17. 2008 年，《金色的大门》，男声合唱
18. 2009 年，《玛尼歌》，无伴奏女声合唱
19. 2009 年，《饮湖上初晴后雨》，无伴奏合唱
20. 2010 年，《格姆夜歌》，混声合唱
21. 2010 年，《卓鲁·晨歌》，男声合唱
22. 2010 年，《土地·斧头》，男声合唱
23. 2010 年，《短歌行》，男声合唱
24. 2011 年，《海月光》，混声合唱
25. 2012 年，《月光光》，童声合唱
26. 2012 年，《未名湖》，混声合唱
27. 2012 年，《秋之歌》，混声合唱
28. 2013 年，《佤寨》，混声合唱
29. 2015 年，《卓鲁·西藏牧歌》，无伴奏合唱

---

① 参见：笔者于 2018 年 7 月和 11 月对曹光平进行的两次采访；曹光平：《前卫·中卫·后卫——探索与风格》，北京：科学技术文献出版社，2001 年版；祁斌斌：《现代的、民族的、诗意的乐艺人生——记著名作曲家曹光平教授》，《星海音乐学院学报》，2011 年第 2 期，第 95 - 99 页。

30. 2015 年，《山中问答》，童声合唱

31. 2015 年，《嘉陵江上》，混声合唱

32. 2016 年，《月亮婆婆》，童声合唱

33. 2016 年，《湘西土家》，混声合唱

34. 2016 年，《大江在这里转弯弯》，混声合唱

35. 2016 年，《周子古镇》，混声合唱

36. 2016 年，《Mila——米拉雪山》，混声合唱

37. 2017 年，《西湖印象》，混声合唱

38. 2017 年，《大漠的回响》，混声合唱

39. 2018 年，《光明颂》，混声合唱

40. 2018 年，《太阳出来》，童声合唱

41. 2019 年，《畲山飞歌》，男声合唱

42. 2020 年，《黔岭美美》，混声合唱

43. 2020 年，《花非花》，女声合唱

声乐作品：

1. 1981 年，《夜莺在歌唱不停》，女高音独唱

2. 1982 年，《百灵在黎明时歌唱》，女高音独唱

3. 1983 年，《母亲的微笑》，男高音独唱

4. 1984 年，《生命颂歌》，男低音独唱

5. 1986 年，《山那边是海》，男高音独唱

6. 1988 年，《太平洋遇雨》，女中音独唱

7. 1988 年，《生活就是这样》，女高音独唱

8. 1989 年，《葬花》，女高音独唱

9. 1989 年，《菊花魂》，女高音独唱

10. 1990 年，《春山春水》，女高音独唱

11. 1991 年，《卜算子·咏梅》，女高音独唱

12. 1991 年，《绿茵情》

13. 1992 年，《多情的瑶山》，女高音独唱

14. 1995 年，《将进酒》，男高音与钢琴

15. 1996 年，《短歌行》，为男高音和钢琴而作

16. 1996 年，《春晓》，为女高音和钢琴而作

17. 2002 年，《永远的塔尔寺》，男高音独唱

18. 2002 年，《格姆夜歌》，女中音独唱

19. 2003 年，《高原情》，女高音独唱

20. 2004 年，《黑衣壮》，男女声二重唱

21. 2004 年，《烟雨漓江》，曾宪瑞作词，男高音独唱

22. 2004 年，《越调·天净沙·即事》，花腔女高音独唱

23. 2009 年,《等你在雨中》,男高音独唱

24. 2020 年,《送柴侍御》,女高音独唱

25. 《美丽的尼洋河》,女高音独唱

26. 《东方大地》,女中音独唱

27. 《七月,我腾起浮想》,男高音独唱

器乐作品:

1. 1975 年,《圆号独奏》

2. 1988 年,《女娲》,带两面潮州大锣鼓的钢琴独奏曲

3. 1986 年,《情绪——甲、乙、丙、丁、甲》,带木鱼的大提琴独奏曲

4. 1986 年,《南海月》,古筝独奏

5. 1987 年,《梦与海—南海渔歌采风录之三》,钢琴曲

6. 1987 年,《关雎——伐檀》,钢琴曲

7. 1989 年,《苗山上明亮的大三和弦》,钢琴曲

8. 1989 年,《渔歌·十二调》,钢琴曲

9. 1989 年,《夜直——王安石》,钢琴曲

10. 1990 年,《刘姥姥画像》,钢琴曲

11. 1994 年,《孔子·西施·阿 Q》,钢琴诗

12. 1999 年,《松口·晨》,钢琴曲

13. 2003 年,《香格里拉》,小提琴独奏

14. 2007 年,《拉萨雪顿节》,钢琴曲

15. 2011 年,《两只鸭子》,扬琴独奏

16. 2011 年,《龙船歌》,古筝独奏

17. 2012 年,《致芳春》,钢琴曲

18. 2014 年,《山歌·月姐调·春牛舞》,钢琴曲

19. 2020 年,《风》,大号独奏

室内乐作品:

1. 1974 年,《少年进行曲》,弦乐四重奏

2. 1976 年,《悼总理》,钢琴曲

3. 1981 年,《琵琶行》,琵琶、钢琴

4. 1983 年,《赋格音诗》,钢琴五重奏

5. 1984 年,《快乐的吹鼓手》,小号、长号二重奏

6. 1986 年,《雨洒海龟滩》,广东音乐六重奏

7. 1987 年,《聊斋随想》,民乐、人声、合成器

8. 1988 年,《欢》,广东音乐四重奏

9. 1988 年,《力》,打击乐、钢琴、人声

10. 1988 年,《玫瑰随幻》,高胡、钢琴

11. 1989 年，《轻轻·青青·静静》，钢琴与长笛

12. 1989 年，《寒夜》，埙、钢琴

13. 1990 年，《晶·诗》，钢琴三重奏

14. 1990 年，《梅妻·鹤子》，高胡、钢琴

15. 1991 年，《涅槃》，混合室内乐

16. 1992 年，《明乐——为阮三味线、五弦唐代琵琶、弦乐四重奏和钢琴而作》

17. 1993 年，《云雾飞霞山》，二胡、琵琶、筝

18. 1994 年，《月》，长笛、颤音琴、钢琴

19. 1995 年，《夜思》，埙、筝

20. 1997 年，《阳关——为七位中国乐器演奏家而作》，混合室内乐，带有预制音响

21. 1998 年，《梦——为独奏六件中国管乐器和预制音响而作》

22. 1998 年，《愉快的回旋》，弹拨乐

23. 1999 年，《远望玉门关》，萧、钢琴

24. 1999 年，《快乐的回旋》，弹拨乐

25. 2004 年，《那坡——为单簧管、马林巴和钢琴而作》

26. 2007 年，《雁南飞——为筝、笛、筚篥而作》

27. 2007 年，《开平碉楼回忆——为单簧管、英国管和中国筝而作》

28. 2010 年，《摩梭伊甸园——为笛、筝、打击乐、大提琴和女高音伴唱而作》

29. 2011 年，《风·南·云——为竖笛、琵琶、打击乐而作》

30. 2011 年，《云——为二胡和弦乐四重奏而作》

31. 2014 年，《春》，带击铃舞者的室内乐情景

32. 2017 年，《粤调》，弦乐四重奏

33. 2017 年，《牛郎织女》，钢琴三重奏

34. 2019 年，《春意·白洋淀》，民乐三重奏

35. 2020 年，《乙凡调》，民乐四重奏

36. 2020 年，《彝山乐》，人声与竹乐

管弦乐作品：

1. 1974 年，《飞夺泸定桥》

2. 1974 年，川剧《杜鹃山》序曲

3. 1975 年，《海螺长鸣》，交响诗

4. 1976 年，《号子与歌谣》，钢琴协奏曲

5. 1976 年，《第一交响曲》

6. 1977 年，川剧《骄杨颂》序歌《湘江水呀长又长》

7. 1980 年，《第二交响曲》

8. 1982 年,《诗意的旋律》

9. 1987 年,《第三交响曲——黄河》

10. 1988 年,《第四交响曲——天梦》

11. 1989 年,《广东狂欢序曲》

12. 1989 年,《欢乐吹拉弹打》,钢琴、民族管弦乐

13. 1990 年,《渔歌》,民族管弦乐音诗

14. 1993 年,《第五交响曲》

15. 1993 年,《深圳音诗》

16. 1993 年,《序·诗》

17. 1995 年,《第六交响曲》

18. 1996 年,《情》,小提琴协奏音诗

19. 1996 年,《第七交响曲》

20. 1996 年,《圆舞曲》

21. 1997 年,《第八交响曲》,终曲乐章以中国汉唐大曲为曲式结构

22. 1998 年,《第九交响曲》

23. 1999 年,《孔子·西施·阿 Q》,钢琴协奏音诗

24. 1999 年,《第十交响曲——中国大曲》

25. 1999 年,《江南·河西》,中乐诗章

26. 2005 年,《珠江》,钢琴协奏音诗

27. 2009 年,《第十一交响曲——南方》

28. 2009 年,《浦·滩·夜》,管弦乐音画

29. 2010 年,《壮乡三月三》,单簧管与乐队

30. 2015 年,《五鬼弄金狮——为管弦乐队而作》

31. 2015 年,《双猴戏金狮》

32. 2016 年,《第十二交响曲》

33. 2016 年,《大凉山》

34. 2016 年,《牛郎织女》,协奏音诗

35. 2017 年,《杜甫》,小提琴协奏音诗

36. 2017 年,《黄河序曲》

37. 2018 年,《川剧序曲》,与王起久合作

38. 2019 年,《飞虹》,打击乐协奏音诗

影视配乐、歌舞剧及其他体裁:

1. 1988 年,《雷州大地》,电视剧配乐

2. 1988 年,《永恒的爱》,歌舞剧配乐

3. 1988 年,《春·诗·乐·舞》

4. 1990 年,《湖畔朝阳》,纪录片配乐

5. 1990 年,《南国香雪》,电视艺术片配乐

6．1991 年，《凤凰展翅》，世界首届女子足球锦标大赛开幕式大型歌舞表演配乐第 2、第 4 场音乐

7．1991 年，《辑枪行动》，电影配乐

8．1992 年，《八仙岭神奇》，舞剧配乐

9．1992 年，《多情的瑶山》，电视剧配乐

10．1992 年，《神秘的旅游团》，电影配乐

11．1993 年，《伏虎铁鹰》，电影配乐

12．1994 年，《家在何方》，电视剧配乐

13．1996 年，《天亦有情》，电视剧配乐

14．2000 年，《瀣・断・片》，电脑音响、录音片段、器乐、人声、舞蹈、高山、光色

15．2006 年，《穿越生命线》，电影配乐

16．2007 年，《嘎吉呦》，电子音乐

17．2012 年，《滴水穿石》，舞蹈音乐

18．2015 年，《西关牛杂》，小音乐剧

19．2019 年，《密室逃脱》，小音乐剧

三　凤凰涅槃　浴火重生

——访著名作曲家李自立

作曲家李自立

李自立简介

李自立，1938 年 10 月 3 日出生于广西桂林一个知识分子家庭。1950—1955 年在部队文工团工作。1955—1963 年在中南音乐专科学校附属中学（今武汉音乐学院）①、湖北艺术学院音乐系就读小提琴专业，师从顾钟琳、黎明、翁克忠、邹延恒、杨牧云教授。1963 年在"上海之春"小提琴演奏比赛中获奖，录制唱片《送行》并在全国发行；同年被分配到广州交响乐团，先后担任独奏、重奏、

----

① 武汉音乐学院的前身可上溯到 1928 年武昌艺术专科学校创办的音乐科。1949 年更名为中原大学文艺学院；1950 年 5 月湖南大学文学院音乐系与音乐专修科合并到中原大学文艺学院；1951 年改名为中南文艺学院；1953 年改名为中南音乐专科学校［由中南文艺学院、华南文艺学院（含香港中华音乐院）、广西艺专音乐专业合并而成］；1958 年中南音乐专科学校与武汉艺术师范学院合并成立湖北艺术学院；1985 年湖北艺术学院音乐专业、美术专业两部分分开单独建制，音乐专业部分建成武汉音乐学院。

齐奏、合奏演奏员、创作员、指挥等。1973 年调任广东人民艺术学院（星海音乐学院前身）任教。曾指导多名学生参加由文化部主办的全国音乐艺术院校青少年小提琴及室内乐演奏比赛并获奖。1975—1976 年参加北京、全国单项调演，演出了《喜见光明》《丰收渔歌》《柳林迎春》《山乡之歌》等作品。1975 年以后，应全国各艺术院校及全国老、中、青三代小提琴演奏家之邀赴北京、西安举行独奏音乐会；赴美国、澳大利亚、加拿大、新加坡、中国香港等国家和地区举办大师班授课、个人独奏音乐会、个人作品师生音乐会。1982 年创办了广州少儿课余音乐学校，同时深入学校、工厂、部队及图书馆作音乐普及讲座上千场。1988 年在北京、广州先后创办了全国少儿小提琴教育联谊会、广东小提琴联谊会分会（后分别改为中国音协少儿小提琴教育学会、广东小提琴教育学会）并任会长。几十年来与同仁们共同组织、策划了全国第 1～13 届，全省第 1～15 届少儿小提琴演奏比赛及夏令营、教师研习班等交流活动；组织策划省、市 700 余名少儿参加第六届全运会开幕式文艺晚会的演出活动，并任指挥。

1957 年开始小提琴作品的创作、改编、移植工作，先后出版了《李自立小提琴曲集》《中国少儿小提琴曲集》《李自立提琴独奏·齐奏·重奏·合奏续集》《第一中提琴协奏曲》等。不少作品被定为全国小提琴考级比赛曲目。其中《丰收渔歌》《喜见光明》已载入中国小提琴近代史。2003 年、2006 年、2012 年、2016 年在广州星海音乐学院、星海音乐厅及重庆、昆明等地举办了个人作品音乐会及研讨会。

近几年来，李自立创作了《无穷动》、《念》、《乐》、《即兴曲》、《雁北琴思》、《随想曲》（中提琴曲）、《情音》、《畅想曲》（五弦中提琴曲）、《G 弦上的悲歌》等，在这一批作品中，《无穷动》《畅想曲》《情音》《巴扎嘿》《幸福歌》又有所突破。2014 年（香港）国际弦乐公开赛章程中设有"李自立特别奖类"；《无穷动》《即兴曲》被定为新作品组的选拉曲目；《喜见光明》《丰收渔歌》《小淘气》被定为特别奖 A、B、C 组的指定曲目；其余中国作品各组均有李自立的作品。

李自立曾任广东省政协委员、民盟广东省委委员、民盟星海音乐学院支部主委，星海音乐学院乐团总团团长。现任中国音乐家协会小提琴学会顾问、中国音乐协会少儿小提琴教育学会会长。2020 年荣获"中国人民志愿军抗美援朝出国作战 70 周年"纪念章。

李自立在部队荣获两次三等功，并多次荣获省、市及全国"优秀教育工作者"称号、教育部授予的"全国优秀教师"称号、广东省文联授予的"优秀音乐家"称号。美国前总统克林顿于 1989 年给他颁发了"美国阿肯色州文化、艺术、教育使者"证书。从 1980 年起先后担任由文化部、中国音乐协会主办的全国青少年小提琴比赛及中国音乐金钟奖比赛评委。2013 年由广州星海音乐学院主办的首届"星海杯"中提琴比赛任评委主任。2014 年由香港地区音协主办的（香港）国际弦乐公开赛任评委。

采访人：赖海忠，青年作曲家，广州工商学院副教授；丁雪婷，华南师范大学音乐学院硕士研究生

采访时间：2018 年 7 月 13 日；2020 年 9—11 月

采访地点：广州，李自立先生家中

采访人赖海忠与作曲家李自立（右）

赖海忠（以下简称赖）：李教授您好，非常荣幸能有机会对您做这次专访。您今年已经 82 岁高龄了，最近还一直活跃在各类国内、国际小提琴比赛的舞台上，既演奏又讲解自己的作品，还为各类参赛乐手的演奏进行点评等。尤其是近年来您在身体不便的情况下还克服重重困难，孜孜不倦地进行创作与推广。我很佩服您对音乐艺术的激情以及您对小提琴创作与文化的推广所做的贡献。请问是什么给了您这么强大的动力与激情？

李自立（以下简称李）：首先，我认为激情是很重要的。当你遇到困难或者病痛的时候，不能放弃，依然要坚持自己的初衷与激情。在我的一生中，所有的事情都基于这股初衷，它给予我无限的动力。其次，我是军人出身，我常常想，党和国家、人民培养我那么多年，我一定要坚持努力工作，尽我所能多做一些。我就靠这种信念支撑着，要求自己每天都有进步，哪怕一点也好，否则，我对不起党和人民。

赖：是的，李老师。人生是一场修行，这个过程就像是一场慢跑，贵在不断坚持，不停追求，慢慢积累，待到一定时日，自然春暖花开，小溪汇流成大河。因此，对于一个人的艺术人生来讲，起点、过程、成就都很重要，请问李老师，您是在什么样的环境下开始学习音乐的呢？

李：这个问题问得很好。近来我也经常回忆起往事，这对我来说是很重要的。我很少与别人完整地阐述过，今天我就来详细地讲一下这段经历。

我真正开始专业的音乐学习是从部队退伍后，因为我年龄较小，所以我决定报考中南音乐专科学校附中继续学习音乐。这样选择主要有两个原因：第一，我喜欢音乐。第二，祖国需要更多的专业人才来推动音乐发展。记得当时入学考试

时，我第一个交卷，所有人都觉得"这个人好厉害呀！"其实，我交的是白卷。我是从小在部队长大的，所以语文、数学都不会，当时学校的校长余薇，也是我院前任副院长，是她破格录取了我，毕业后直升大学。通过这八年的学习，我打下了较好的音乐基础，特别是民歌和视唱练耳。

在学校的时候，我时刻牢记保持军人作风，那时候我的想法很单纯，总是力所能及地、最大限度地帮助他人。因此我努力学习，积极参加学校的各种活动，同学们和老师对我的要求也很高，推选我担任学生会主席并兼任学习部部长。为了更好地学习音乐，我组织发起了"音乐欣赏课"，当时并没有老师来给我们上课，而是我们学生自己边学边练。比如，今天学了柴可夫斯基，晚上的"音乐欣赏课"我们就讲柴可夫斯基，由我们给别的系的学生普及音乐知识。那时候我们还是高中生，但作为学习部部长，我认为一定要在学校搞好学习，帮助同学。

当时我们班分了六个组，每个组都有同学单独辅导我，有辅导我历史的、有辅导我地理的、有辅导我俄文的……大家互相学习，互相帮助，同学之间感情淳朴、真挚、深厚。直到现在，每次同学聚会我几乎都要参加，每次我都要捐出1 000元，略表心意。

赖：李老师，您的这段往事非常感人，我能够感受到那个年代学校里特有的人文气息以及您当时对音乐的热爱、对知识的渴望以及自我要求进步的热情，这都是我们应该学习的，很感谢您跟我们分享这段人生经历，将来我们也会把这个经历分享给更多的年轻人。您当时进入湖北艺术学院主要是学习音乐基础，那是怎样的机缘，使您走上了作曲与音乐创作的道路呢？

李：在我看来，每一个热爱音乐并具有良好乐感的人，都有从事音乐创作或者音乐表达的欲望，我就有这样的经历。促使我作曲的是以下几件事情：

第一件事，在我1950年参军的时候，苏联的红旗歌舞团来到我们部队，他们表演了一个舞蹈叫作《海军舞》，我现在还记得那段旋律。红旗歌舞团跳得好、演得好，音乐好听又简单。那时我刚学会记简谱，听到音乐时很兴奋，在没有灯的情况下，在观众席上就将整个音乐记录下来了，当时我就有了作曲的欲望，从那时起我就喜欢上作曲了。

第二件事，我从部队转业到学校，学校从1957年开始一直进行教学改革。为了参与教学实践，我去到湖北沔阳地区，对沔阳花鼓子戏进行采风。在汉江边上，我看到了人们敲锣打鼓、载歌载舞地欢送自己的亲人去参军的热烈场面。由于我是从部队来的，这种场面对我有很大的触动，为了表现这种拥军的感人情景，我与陈国权师兄合作，写成了小提琴独奏曲《送行》。1963年我携此曲参加"上海之春"小提琴演奏比赛并获奖，后来录制唱片并在全国发行。

第三件事，是我到学校工作之后，余薇校长说："我们搞音乐的，必须要有艺术实践，艺术实践最根本的要求是要用，你不用，学音乐有什么意义，有了内容没有对象也不行，只在学校用还不行。"那年放假时我回到农村老家，一边演奏《送行》一边讲解这首曲子。艺术实践对我的创作起了很大的促进作用，我打开了创作思路，在这一时期还创作了很多同类型作品，如《人民故事好》《春耕忙》等。

赖： 听到这些关于您的创作故事，我认为您的作品与生活是完全结合在一起了，这个阶段的作品也印证了"艺术来源于生活"这句话，而您特殊的生活经历也在很大程度上影响了您的艺术构思，包括音乐题材、表现内容、表现方式甚至包括艺术输出等。这种经历和思考对艺术创作是有很大影响的，在这一时期您也创作了很多作品，请问李老师，您认为您最重要的作品或成名曲是哪一部？

李： 其实，当时的创作环境很特别，那时候作曲家写出一部作品，马上就可以进行演奏、传唱，群众的热情很高。我认为我的成名曲是《三大纪律八项注意》。这部作品来源于革命歌曲，原作者不详。当时，恰逢全国上下齐唱《三大纪律八项注意》《国际歌》，正好那个时候我在湖北丹江水库工地办学，我住的茅棚漏风又漏雨，生活艰苦，但大伙都爱高唱《三大纪律八项注意》。有一天，我突然想到："能不能把这个曲子改编成小提琴曲呢？"就这样我开始着手改编。我对"纪律"和"注意"有深切体会。我将部队严明的纪律要求、部队的生活和汉江百姓送亲人参军的动人场面融为一体改编为小提琴曲。乐曲开始时用军号吹出主题动机，然后主题与副部主题，一个主调一个商调。当时我们演奏这首乐曲时，是一边演奏一边表演的，每一个主题都有情节，比如说如何送行、如何躲避敌人、如何凯旋等，都有特定的音乐形式来表现。这首曲子我们表演过很多次，到后来我把这首曲子带到广州乐团，我们分成小分队为工农兵演出。再到后来，我的母校、管乐团和广州音专（星海音乐学院前称）都相继表演了这首乐曲。通过乐曲的讲解，老百姓听得明白还能唱上几句，特别是到部队演出时，台上拉、台下唱，一片欢腾。前不久，我在昆明有一场作品音乐会，其中有一部作品也是这样，台下听众反应很强烈。我认为我的作品是经过实践转换成音响的形式留存下来的。我的作品来源于生活，没有生活不可能有《三大纪律八项注意》。受到这个启发之后，我更加热爱音乐，喜于创作了。但当时的我还不知道创作有这么大力量，在丹江水库时，我们三位同学在一个土台上表演，下面有上万名观众，从远处看我们像芝麻一样小，当时我们通过广播功放，下面的观众有喊的、有跳的、有叫的，极大地鼓舞了我们。因此，我的成名曲《三大纪律八项注意》与我在部队的经历和上学期间的生活有很大的关系。

赖： 可能正是因为这种朴实的情感以及真实生活经历，使您的作品充满了时代气息。在那种环境里，大家并不在乎自己的生死，但对战友、人民的情感看得很重。

李： 是的，说起对部队的感情，我觉得这段军旅生活是一段很难得的、特殊的经历，我想起了一件趣事。我参军时是 1951 年，正遇上"剿匪反霸"，我们在英德，班长病了，他说："小李子，去帮我买点水果来。"我便去了。当时因为发生过有特务在水果里投毒的事件，于是我跟班长说："我先吃一口，要是我没死，你就吃；我死了，你就不要吃。"这是多么朴素的感情！结果我吃了没事，我班长吃了也没事。由于部队对我的教育以及学校对我的培养，我才长大成才，也正是因为这样，我时时刻刻在自我反省，找差距，严格要求自己多为祖国做贡献。我现在八十多岁了，还在想我还能做点什么。我最近有一个想法，一个很狂妄的想法：我们祖国有五十六个民族，我想为每一个民族写一部作品，我找到了很多有关的音乐素材和资料，但我的手很不争气，因为三次中风，我的右手不能动了。所以我学习用左手写字，左手写字时必须用右手按住纸，否则纸会移动。我使用小孩的"描红本"来练习，现在我已经可以用左手写字了。因为心里想着要继续做事，所以我要克服一切困难。虽然我疾病缠身，但是我要向那些身残志坚的"铁人"学习，要坚持克服各种困难，去做点事情，不能被病痛吓倒。

赖：看到您用左手写字，用左手写谱，即便在非常不方便的情况下还写出这么多的作品和这么多的文字，而且您左手写的字也很漂亮，这可能就是信念所造就的。李老师，刚才您提到使用五十六个民族的音乐素材进行创作的想法是否有具体的方案？或者您将如何处理现代作曲技法与民间音乐元素之间的关系问题？它们能否在一部作品中统一？

李：因为只有使用五十六个民族的音乐作为素材，才能写出人民大众听得懂、喜欢听的音乐。以前，我刚学小提琴时，用的全是外国音乐教材，我觉得外国音乐离我很远，有距离感。但学习小提琴后，我觉得哪怕是像《小夜曲》之类的外国曲子，也很好听，我的父亲教会我很多外国乐曲。虽然我很喜欢，但对作品的理解还是很肤浅。因此我决定研究和创作中国作品，让中国作品被更多的中国人所接受。因此我比较早地注意到了民族作品。我的恩师——方妙英教授，她教会我不少民歌和民族音乐的知识，她是我研究和创作民族音乐的领航者、引路人。她语重心长地对我说："你的音乐一定要是人民大众的，是我们中华民族的。"中国戏剧、曲艺、民歌最大的特点是"味"。外国的作品有外国作品的"味"，而中国作品的韵味更能打动人，更有特点。因为，中国语言抑扬顿挫，而外语比较平直，而中文每一个音都在变化。所以，你如果想把中国音乐做好，那么必须认真品"味"。所以我学过说唱，又演过歌剧，当你们问我怎么评价岭南音乐时，我觉得最重要的就是岭南音乐的"味"，而那个"味"首先是来自语言。我在音乐创作中十分注意音乐中那个特有的"味"。

赖：我从您的作品中了解到，很多作品的创作背景和音乐的"味"与岭南有着密切的关系，例如《喜见光明》与《丰收渔歌》，您是怎么看待这两部作品中的"味"呢？

李：讲到岭南音乐的"味"，我就得讲这几部作品。首先是《喜见光明》，关于这部作品有个故事：我在北京会演时，通过广播得知了一位鞍钢工人因工负伤而失明。而这位工人会五线谱、简谱，也会拉二胡，是一位文艺爱好者。在他失明后，曾想过自杀，但听到广播播出了我的作品《喜见光明》后，他想开了，被《喜见光明》这首乐曲打动了。后来他找到我，并说："李同志，你能不能把谱子给我寄来？"当我寄过去后他给我写了一封信。他是盲人，写出来的字高高低低，大概是说："他要活下去，他很感动！"后来，他给我寄来了三斤葵花子，这些葵花子是他"摸"出来的，挑了最大的给我寄来。

还有《丰收渔歌》，这首作品本是小提琴曲，后来也有不少人用中提琴、大提琴以及低音提琴来演奏，还有四把小提琴的弦乐合奏以及舞蹈版本。当时，我也没有想到人们会这么喜欢这首作品，我想在有生之年多写一点。我感到特别欣慰，这也使得我更高地要求自己。我中风以后，也曾经有一段时间比较灰心，当时完全靠轮椅，两个眼睛不对焦，嘴巴也是歪的，不能走路，右手动不了，生活上都是靠夫人（贺懋中老师）照顾。当时，我觉得自己"完蛋"了，我才多少岁，怎么就这样了。后来，我心想：既然右手不能写就用左手写嘛。从我的创作年表就能看出，我从 2010 年中风以后的作品都是用左手写出来的。尤其是中提琴的那部作品，我花了两年半的时间去创作，后来还写了五弦中提琴曲。所以，我认为一部好的作品不但可以陶冶情操，它还应当有很大的力量，就像《喜见光明》《丰收渔歌》，我觉得它们很有岭南韵味，很有正能量，不但能够激励听众，在我老的时候，遇到困难的时候，又能够用它们激励自己，这两首作品可以说是李自立的名片。

赖：是的，李老师。音乐作品作为一种精神产物对不同的人有不同的作用，而音乐作品对人的激励作用是很大的，我们可以将其称为音乐的激励功能。除此之外，音乐还可以通过不同的韵味给听众提供不同的文化认同感，给听众一种精神上的安全感。而不同的时期，不同的生活，您的作品也会有不同的呈现，比如，从号召性到激励性，到韵味，再到后来的创新性等，这些可能也贯穿您的一生，请问您怎么看待自己不同时期的作品及作品对您的影响呢？

李：首先，是《三大纪律八项注意》这部作品，这部改编的作品发表的最早，并很快被人们接受。在我看来，不要小看改编，作品能够改编好是非常好的，任何一件事情认真去做总会做好。如果什么事情都是敷衍了事那就"完蛋"了。我 1963 年从学校毕业后被分配到广州乐团，当时我就把《三大纪律八项注意》带到乐团来了，当他们知道我有这方面的爱好后，就经常让我创作小提琴独奏曲、小提琴齐奏曲等。当时我创作的作品都是"力量型"的，也就是那种喊口号的作品。后来，我还把《王杰小唱》《洪湖水浪打浪》改编成管弦乐小品，用表演奏的形式来演奏作品，成为当时广州乐团的保留曲目。当时的乐团有四五个分队，每个分队都上演过《三大纪律八项注意》，每次出去演出这部作品，老百姓听得懂就拼命鼓掌，还一次次地返场演奏。

刚才你把我的作品根据风格分成了几个阶段，我觉得很有意思。《丰收渔歌》《喜见光明》这两部作品都是我到广东后才创作的，具有地域风情，这两部作品的创作距今已有 45 年了，这两部作品的共同点就是广东风味。从岭南音乐的角度讲，比较突出的是《喜见光明》。《喜见光明》有几点要说明一下，我正好也借这个曲子来说明我对岭南韵味小提琴曲创作的思考：一是接地气（就是来自人民群众，反映生活）；二是有岭南风格；三是有所发展（就是要破了原来的框框，立一个小提琴演奏的广东音乐特色）。

1965 年，毛主席发表了"六二六指示"，号召全国"把医疗卫生工作的重点放到农村去"，即要面向农村，为农民服务。为了获得岭南音乐的韵味，我特意开车去佛山粤剧团"泡"了几天。当时我还不会说粤语，甚至不大喜欢广东音乐，但是我逼自己说粤语，听广东音乐，向粤剧团同行学习"乙反调"的唱法和演奏。在《喜见光明》中，中段有三个层次：诉苦、义愤、反抗。故事中的阿婆睁开眼睛第一眼看到的是自己手上的刀疤，勾起了她苦难的回忆，情绪在发展中一步一步往前推进，最后是反抗，反抗借用了琵琶扫弦的表现手法来发展小提琴的演奏手法。一般西洋音乐中小提琴的拨弦表现的是愉快的内容，但在我的这部作品中却是痛苦的，代表着历史上"三座大山"对人民的压迫。在泛音的应用方面，人工泛音和自然泛音在西洋音乐都是吹口哨式的表达，而我作品中泛音代表的是哭泣，是抽搐。这些特别的处理都是有一定目的的，所以想演奏好一定要根据乐曲内容的深度去表达，不能用西洋音乐的方式去表达。我们中国的小提琴演奏法只有发展才能丰富，所以我觉得我的任务一方面是创作作品的内容风格，一方面是演奏法的发展，只有发展才有创新。

另外，要特别说明的是，我要感谢中国音协前主席周国谨先生，他在审查节目的时候说："中段盲人一睁开眼睛就活泼地跳舞吗？是不是应该是一个慢板。"听到这个建议后，我回来就把自己关在房间里，从下午 6 点写到第二天早上 6 点，我把中间的三个慢板层次写出来了，还请了几位乐团的老师们提意见并反复修改。过程中我得到很多人的帮助，俗话说，"一个好汉三个帮"，我不是好汉更要帮。很多人在演奏我的作品时都进行了弓法、指法各方面的改进，我很高兴我的作品有各种不同形式的演绎。还有，观众也是我的老师。早些年，好几次我上台演奏《丰收渔歌》，拉完第一大段台下就开始鼓掌了，这是为什么呢？后来我发现，是因为我过早地减慢了，给人终止感，因此，我后来改变了演奏速度的安排。

这两部作品大家比较熟悉，宣传得也不错，演奏得也不错，在全国考级比赛中都可以听到这两首作品。《喜见光明》是 1973 年深圳举行的首届中国作品比赛的必拉曲目之一，我从《三大纪律八项注意》起步，再到《喜见光明》《丰收渔歌》。我认为我的优势是我从事教学工作，我在创作的过程中，一旦写完马上可以实践，我拉给学生们听，请他们为我视奏，广泛征求意见。拉起来不顺手，改！听起来不顺耳，改！我的作品是不断地改出来的。我们中国过去的音乐留下来的音响太少，这是一件很遗憾的事情。当时，中国音乐家协会的小提琴比赛中要求演奏《无穷动》。全世界比较著名的《无穷动》有四首，《无穷动》对少儿基础技术训练非常有用，这几首《无穷动》是非常难的，这个也是比赛区分不同组别技能的判断标准之一。我就思考，我们中国没有属于自己的《无穷动》，我们能不能也写一首自己的？我创作的重要特色是倾向于旋律，但《无穷动》

侧重于密集的音型运动，是无法突出旋律的。这个问题给我造成了困扰，后来我通过加入钢琴，让小提琴演奏出密集运动的音型，把旋律交给钢琴并运用转调与变奏等技术，速度大约是 165。创作《无穷动》让我明白，在创作中不管速度、表现内容是什么，我都要突出旋律，这个旋律就是我创作的广东风格《摇篮曲》。开玩笑地说，由于这个作品，我当了很多孩子的"干爹"，因为很多父母都是用我这个曲子哄孩子睡觉。

最近我创作了一首《壮山音画》，原名《我的故乡》。这首作品有山有水有人，有人认为这首作品比《丰收渔歌》还好。我的个人想法是，民歌的创作还是要注重"味"，并非要把整段的旋律搬过来，我们的创作可以把民歌原封不动地拿下来，也可以把民歌的基本音型或音乐动机要素保留下来，然后再发展它。《壮山音画》属于后者，因此在这个作品中有刘三姐的影子，你可以从里面听到刘三姐的片段，其中包括山、水、舞蹈、人文等方面。我觉得在创作时，不要完整地把民歌素材原封不动地放进去，运用一个动机就好。为什么使用这首曲子？是因为这个乐章是我半夜睡不着写下来的。我有个生活习惯，就是我的家里到处都会放着笔和纸，当我灵感来或者听到好音乐时便马上记录下来。通过这个作品的创作给了我灵感。

说起我对提琴音乐发展的探索，就不得不提起中提琴与五弦中提琴曲的创作。

2008 年 8 月 18 日晚，我国小提琴演奏家、教育家、中央音乐学院林耀基教授在参加我的第二场作品音乐会时上台祝词并下达一道"诸葛令"："小提琴中国乐派的建立靠演奏还不够，更重要的是靠作品。我们要为中国作品走向世界造舆论、做贡献！希望李自立老师为我们写一首协奏曲。今天提出来，不知什么时候能交稿？一首《梁祝》还不够……"

2010 年 8 月初，在牡丹江镜泊湖举行的中提琴、小提琴夏令营营地里，我国中提琴演奏家、教育家、上海音乐学院教授沈西蒂女士问我："李自立，你在忙什么呀？能不能为我们中提琴写点作品？"我说："我正在写一首小提琴协奏曲《草原》。"她说："不如把这首作品写给中提琴吧！"我回答："好！我试试。"

夏令营结束后，我回到广州，将《草原》第二乐章《一个难忘的故事》改编成中提琴作品，并把它寄给沈西蒂教授。她收到乐谱后非常兴奋，马上推荐给她的高徒——上海音乐学院刘念副教授视奏。没料到，刘念老师第一次视奏就被这首作品吸引。

小提琴协奏曲《草原》的基本音乐风格、旋律、内涵，以及借鉴马头琴的演奏法、"呼麦"的演唱法，也适用于中提琴。我认为，改用中提琴来演奏也许声音效果会更好，音乐情绪会更深刻。刘念老师的视奏证实了这一点，我深知，创作中提琴、小提琴中国作品不只是同行、友人们对我的期望，更是我应肩负的历史使命。我决定将《草原》改编为中提琴作品。

2011 年初，我又参加了上海音乐学院举办的中提琴、小提琴冬令营，介绍了《草原》第二乐章，并由刘念老师现场试演，全场师生一致公认：细腻、深情、感人，富有特点、精彩，很适合中提琴演奏！大家的认可和鼓励给了我创作的勇气、力量和信心！

2011 年 5 月中旬，我和夫人专程去上海，与刘念老师一起商讨、修改、完善这首作品。

经过两年多的艰苦奋斗和反复修改，我的《第一中提琴协奏曲》终于完成并出版发行，于 2012 年 10 月 31 日晚在广州星海音乐学院音乐厅首演，荣获好评！

第二乐章《叙述调》是表达对已逝友人的思念和缅怀。本协奏曲是因林耀基教授的"诸葛令"才诞生的，因此，我将它赠予林教授，以答谢他对我的鼓励和鞭策。

在五弦中提琴方面，五弦中提琴的定弦是 CGDAE，这就是中提琴与小提琴的组合，对琴有一定的要求。这个作品的演奏者——杨璟，她会小提琴也会中提琴，以前她演出时就经常拿两把琴到台上演奏。其实五弦琴不是新发明，在国外也有五弦中提琴。杨璟定制了一把五弦中提琴，苦于没有作品可拉，便找到上海音乐学院的沈西蒂教授，在沈西蒂教授的委托下，我试图创作五弦中提琴乐曲，但是我不会啊，沈西蒂教授说："那学啊！"因为我是业余作曲者，所以我每次创作都没有思想包袱，最重要的是能够创作，不管是写还是改都可以。对于我来说，只要音乐能表达我内心的东西就可以。在写这首作品之前我先写了几个小品给她送去，她听了之后很满意。五弦中提琴协奏曲《和》，第一乐章《和》、第二乐章《梦》、第三乐章《舞》。第一乐章的《和》是把中国的国歌和贝多芬的《欢乐颂》的主题融合到一起，这是中西方音乐和文化的大和，体现了向往和平与人类命运共同体的含义。第二乐章《梦》讲的是中国梦、世界梦。中国梦我用了广东摇篮曲作为主题，西方梦我用了舒伯特的《摇篮曲》。第三乐章《舞》，我使用的是朝鲜族舞曲，我觉得朝鲜族的舞曲节奏丰富，新疆舞曲节奏也丰富。汉族传统舞曲节奏不够丰富，或者说我们的舞蹈和肢体语言相对保守，不像新疆、内蒙古、拉萨等地区的舞曲。这个作品表达了对命运共同体的思考，将不同地方的语言糅合到一起，形成一部共同的作品。这部作品在 2017 年厦门的金砖国家歌唱家音乐会演出了，音乐会有五个国家参加，每个国家的乐队表演一个节目，我们国家的乐队就表演了此作品。别的国家都只演奏一个乐章，只有这首作品演奏了三个乐章。当时的反响很好，观众和领导听了都非常高兴，有些人甚至激动得掉眼泪，这让我很震撼。其实我和夫人都是很喜欢中提琴的，以前在中南音乐专科学校附中有一个规定，小提琴专业的学生必须修习半年中提琴，他们学习中提琴，在很多方面也推动了小提琴的学习。我的恩师也会拉中提琴，因此众多的机缘导致我一直想写一部有关中提琴的作品。还有一个很重要的原因是中国没有中提琴协奏曲，现在世界上也没有五弦中提琴协奏曲。这个作品结构庞大而且复杂。当今中国的小提琴作品大多是三部曲式，发展性较少，并且中国作品的旋律突出，但是节奏方面有所不足。因此可以引进少数民族的节奏对小提琴音乐的创作进行发展，帮助中国小提琴作品取得节奏方面的进步。

赖：很荣幸听到您的这番讲述，请问您对未来岭南音乐艺术发展有哪些期望？

李：希望我们将来的研究和工作能更突出音响，没有音响只有文字部分是不行的。因为只有文字的话老百姓看不懂，所以希望我们将来的岭南作曲家能够留存更多的音响资料。

附：李自立主要作品目录

《李自立小提琴曲集》：

1. 1972 年，《丰收渔歌》，洪必慈配钢琴伴奏

2. 1972 年，《喜见光明》，洪必慈配钢琴伴奏

3. 1973 年，《小白菜》，杨茵配钢琴伴奏

4. 1972 年，《江河水》，宗江配钢琴伴奏

5. 1973 年，《忆延安》，刘春荣配钢琴伴奏

6. 1973 年，《愉快的小牧民》，李助炘配钢琴伴奏

7. 1974 年，《鼓声》，李自立、金友中、蔡松琦配钢琴伴奏

8. 1978 年，《椰林迎春》，黄英森、李自立，陈华逸配钢琴伴奏

9. 1978 年，《山乡之歌》，河江平、李自立，洪必慈配钢琴伴奏

10. 1979 年，《茨梨花》，李助炘配钢琴伴奏

11. 1986 年，《海峡情思》，李自立、罗茜芬，陈华逸配钢琴伴奏

12. 1989 年，《小淘气》，陈少峰配钢琴伴奏

13. 1990 年，《主题与变奏之四》，陈少峰配钢琴伴奏

14. 1991 年，《陕北风》，黄永才配钢琴伴奏

15. 1991 年，《美》，黄永才配钢琴伴奏

16. 1994 年，《盼》，彭家棍配钢琴伴奏

17. 1995 年，《第二学生协奏曲——怀念》，彭家棍配钢琴伴奏

18. 1995 年，《湘水情》，彭家棍配钢琴伴奏

19. 1996 年，《黄土黄》，彭家棍配钢琴伴奏

20. 1996 年，《久久》，李助炘配钢琴伴奏

《中国少年儿童小提琴曲集（上）》：

1. 1988 年，《变奏曲之一》，李熳配钢琴伴奏

2. 1988 年，《变奏曲之二》，李熳配钢琴伴奏

3. 1990 年，《小曲》，卢森森配钢琴伴奏

4. 1990 年，《苦》，卢森森配钢琴伴奏

5. 1990 年，《秧歌舞》，卢森森配钢琴伴奏

6. 1990 年，《小模样》，严冬配钢琴伴奏

7. 1990 年，《济公调》，卢森森配钢琴伴奏

8. 1990 年，《小白船》，卢森森配钢琴伴奏

9. 1990 年，《对花》，卢森森配钢琴伴奏

10. 1990 年，《大河涨水沙浪沙》，卢森森配钢琴伴奏

11. 1990 年，《云南民歌》，鲁妍配钢琴伴奏

12. 1990 年，《小回旋曲》，卢森森配钢琴伴奏

13. 1990 年，《金山上》，卢森森配钢琴伴奏

14. 1990 年，《小河淌水》，卢森森配钢琴伴奏

15. 1990 年，《秋叶》，严冬配钢琴伴奏

16. 1990 年，《卖汤圆小调》，卢森森配钢琴伴奏

17. 1990 年，《变奏曲之三》，郭立配钢琴伴奏

18. 1991 年，《跳绳》，黄永才配钢琴伴奏

19. 1991 年，《摇篮曲》，黄永才配钢琴伴奏

20. 1991 年，《步步高》，黄永才配钢琴伴奏

21. 1991 年，《回旋曲》，黄永才配钢琴伴奏

22. 1991 年，《信天游》，黄永才配钢琴伴奏

23. 1991 年，《对比》，黄永才配钢琴伴奏

24. 1991 年，《白毛女组曲》，黄永才、鲁妍配钢琴伴奏

25. 1991 年，《唐老鸭》，黄永才配钢琴伴奏

26. 1991 年，《牧羊姑娘》，鲁妍配钢琴伴奏

27. 1991 年，《儿童组曲》，卢森森配钢琴伴奏

28. 1991 年，《C 大调小奏鸣曲》，卢森森配钢琴伴奏

29. 1991 年，《a 小调小奏鸣曲》，卢森森配钢琴伴奏

《中国少年儿童小提琴曲集（下）》：

1. 1994 年，《第一学生协奏曲——春游》，彭家棍配钢琴伴奏

2. 1995 年，《第二学生协奏曲——怀念》，彭家棍配钢琴伴奏

3. 1995 年，《第三学生协奏曲——入队》，彭家棍配钢琴伴奏

4. 2000 年，《第四学生协奏曲——云南风情》，李复斌配钢琴伴奏

5. 2000 年，《第五学生协奏曲——无标题》，吴粤北配钢琴伴奏

《李自立少儿小提琴曲集》：

1. 2006 年，《小模样》，卢森森配钢琴伴奏

2. 2006 年，《小模样》，黄永才配伴奏

3. 2006 年，《春节序曲》，李焕之作曲，司徒华城改编，李自立再编

4. 2006 年，《济公调》，金复载作曲，李自立编曲，卢森森配伴奏

5. 2006 年，《斗笠舞》，李自立编曲，李助炘配伴奏

6. 2006 年，《牧羊姑娘》，金砂作曲，李自立编曲，鲁妍配伴奏

7. 2006 年，《三大纪律八项注意》，李自立改编，刘春荣配伴奏

8. 2006 年，《唱支山歌给党听》，（合奏），朱践耳作曲，李自立改编，李助炘配伴奏

9. 2006 年，《卖汤圆小调》，李自立编曲，卢森森配伴奏

10. 2006 年，《二月里来》，冼星海作曲，李自立编曲，卢森森配伴奏

11. 2006 年，《东北民歌主题与变奏》，李自立编作曲，彭家棍配伴奏

12. 2006 年，《愉快的小牧民》，李自立作曲，李助炘配伴奏

13. 2006 年，《摇篮曲》，豪琴作曲，李自立编曲

14. 2006 年，《旋律》，焦尔达尼作曲，李自立编曲

15. 2006 年，《加沃特》，戈赛克作曲，李自立编曲

16. 2006 年，《鸽子》，伊拉迪尔作曲，李自立编曲

17. 2006 年，《东方舞曲》，里姆斯基科萨科夫、克莱斯勒作曲，李自立编曲

18. 2006 年，《双小提琴餐桌音乐》，莫扎特作曲，李自立编曲，陈述刘配伴奏

19. 2006 年，《e 小调斯拉夫舞曲》，德沃夏克、克莱斯勒作曲，李自立编曲

20. 2006 年，《梦幻曲》，舒曼作曲，李自立编曲

21. 2006 年，《东方》（选自《万花筒》合奏、分奏），托梅作曲，李自立编曲

《李自立提琴独奏·重奏·齐奏·合奏续集（上集）》：

1. 2008 年，《拾贝壳》，杨少毅配伴奏

2. 2008 年，《唱山》（阿塞调），杨少毅配伴奏

3. 2008 年，《乡音》，杨少毅配伴奏

4. 2008 年，《催眠歌》，杨少毅配伴奏

5. 2008 年，《石榴花》，罗紫艺配伴奏

6. 2009 年，《天马驹》，杨少毅配伴奏

7. 2009 年，《落雨大》，孙雅娟配伴奏

8. 2013 年，《即兴曲》，罗紫艺配伴奏

9. 2012 年，《无穷动》，王华配伴奏

10. 2013 年，《念》，王华配伴奏

11. 2013 年，《乐》，王华配伴奏

12. 2013 年，《雁北琴思》，王华配伴奏

13. 2014 年，《幸福歌》，王华配伴奏

14. 2014 年，《壮山音画》，王华配伴奏

15. 2014 年，《巴扎嘿》，王华配伴奏

16. 2015 年，《随想曲》，王华配伴奏

《李自立提琴独奏·重奏·齐奏·合奏续集（下集）》：

1. 2011 年，《农夫的苦恼》，马思聪作曲，李自立改编，孙雅娟配伴奏

2. 2011 年，《童梦》，马思聪作曲，李自立改编，孙雅娟配伴奏

3. 2012 年，《春天》，马思聪作曲，李自立改编，孙雅娟配伴奏

4. 2011 年,《变奏曲》,马思聪作曲,李自立改编,孙雅娟配伴奏

5. 1987 年,《黎族舞曲》,李自立改编,彭家棍配作钢琴伴奏

6. 1965 年,《王杰小唱》,(小提琴齐奏),李德全作词,陈泉生配伴奏

7. 2014 年,《巴扎嘿》,王华配伴奏

8. 2014 年,《幸福歌》,王华配伴奏

9. 2011 年,《思乡曲》,马思聪作曲,李自立改编

10. 2011 年,《塞外舞曲》,马思聪作曲,李自立改编

11. 2011 年,《丰收渔歌》,李自立作曲

12. 2013 年,《雁北琴思》,王华配伴奏

13. 2016 年,《畅想曲》,李自立作曲,王辉、王璁配伴奏

14. 2014 年,五弦中提琴协奏曲《和》

其他/教材:

1. 2006 年,《少年儿童小提琴教程》(第一册),李自立、贺懋中编著

2. 2006 年,《少年儿童小提琴教程》(第二册),李自立、贺懋中编著

3. 2012 年,《第一中提琴协奏曲》,李自立作曲,刘念编订弓、指法,王华配伴奏

4. 2017 年,第八小提琴协奏曲《太行随想》,2020 年 8 月 26 日首演于昆明

四　在音乐创作中行走

——访著名作曲家陈述刘

作曲家陈述刘

陈述刘简介

　　陈述刘，著名作曲家，星海音乐学院教授、学术委员会委员、硕士研究生导师。曾任广东省音乐术科联考总主考、全国高等师范学院作曲理论学会副会长、广东省音乐教育学会会长、中国音乐家协会会员、广东音乐家协会理事、全国中小学教材编审、全国音乐教育专业大学生基本功比赛评委、民盟广东省委委员、民盟星海音乐学院支部主委。1964—1968 年就读于江西师范学院音乐系；1968—1981 年在江西赣南歌舞团、江西省歌舞团任演奏员、创作员；1982—1986 年就读于上海音乐学院作曲指挥系；1986—1990 年于江西师范大学任教；1990 年调至星海音乐学院，历任作曲系副主任、音乐教育系主任等职。

　　出版音乐作品集：《"丫"彝歌：重奏作品五首》《远方的香格里拉——陈述刘独唱歌曲选》。发表论文、作品 600 余篇（首），曾获第三届中国音乐"金钟奖"、第六届全国音乐作品评奖、全国艺术院校艺术歌曲创作比赛二等奖、广东省"鲁迅文艺奖"、广东省"五个一工程奖"等国家或省部级奖励。

主要获奖：1995 年文化部教育司颁发的"园丁奖"；1999 年获全国高等师范学院"优秀教师奖"；2001 年获广东省"南粤优秀教师"称号；2002 年广东省"南粤优秀教师"称号及广东省中华民族文化基金奖章；2002 年获星海音乐学院首届"师德标兵"奖；2005 年获广东省音乐家协会"优秀音乐家"奖，等等。

采访人：冯俊豪，星海音乐学院硕士研究生
采访时间：2019 年 9 月
采访地点：广州，陈述刘教授家中

采访人冯俊豪与作曲家陈述刘（左）

冯俊豪（以下简称冯）：陈教授您好，非常荣幸能有机会对您进行专访。您是岭南地区著名的作曲家，曾在星海音乐学院任教多年，也创作出了相当多的音乐作品。您可以谈谈您的音乐学习和创作经历吗？

陈述刘（以下简称陈）：我分五个阶段来说吧。

第一个阶段：我 1964 年考上了江西师范大学艺术系（原江西师范学院）。在那里，我读了一年多就遇到了"文革"，1964—1968 年间，有一半的时间是停课的，在这段时间里，我学习了作曲、和声、钢琴等课程。学校里的刘天那老师叫我一定要重视民族民间音乐的学习；胡耀华老师教我和声；钱文英老师是我的钢琴老师。我父母都是江西师范学院的教授，他们都是音乐学院毕业的，我在音乐上的学习受父母的熏陶比较大。

第二个阶段：1968 年，我被分配到江西省赣南歌舞团。在这个文艺团体中，我刚开始是拉小提琴，演奏钢琴、手风琴等，之后就进入了创作组。1973 年，我跟几个人合作，写了一部大型歌剧《长岗红旗》，这也是我第一部参与集体创作并且得到公演的作品。在这个歌舞团里，我除了演奏、创作，还指挥过《白毛女》《刘胡兰》等歌剧的演出。1977—1981 年我去了赣南师范学院艺术系当作曲理论老师。其间，我创作了一首女中音独唱歌曲《祖国的春天在哪里》，并获江西省首届"井冈之春"声乐曲作品优秀奖，这首作品也是我创作生涯中第一部获奖的作品。在这个阶段，我还跟随李昌苏教授学习过钢琴。

第三个阶段：1982 年我考入了上海音乐学院作曲指挥系，1986 年毕业。在这个阶段，我扎实地学习了作曲与作曲技术理论，同时还学习了合唱指挥、管弦乐指挥。在这期间，我创作了一批器乐作品和声乐作品。在第 11 届以及第 12 届"上海之春"国际音乐节，我的作品都有入选并演出。1983 年，我写了花腔女高音独唱《山姑娘》，并获上海音乐学院作曲比赛声乐作品一等奖，1985 年《山姑娘》在《音乐创作》上发表。这是我第一首公开发表的作品。1986 年我的男高音独唱《这就是我的祖国》获《音乐创作》首届艺术歌曲创作比赛三等奖，同年在全国首届青年歌手电视大赛（简称青歌赛）上首唱，这首作品是我第一次获得的全国性的大奖。在上海音乐学院学习的阶段，虽然课程特别多，却是我一生受益最多的一个阶段。我的作曲老师是邓尔静，第二年我跟随王建中教授学习，我的赋格老师是陈铭志。这些老师非常睿智、幽默、学问很深，上他们的课就是一种享受。在这个学习的过程中，我最喜欢的就是改题课，在改题课中，我既学到了作曲的技术，也学到了老师们在教学过程中严谨、敬业的教学态度。

第四个阶段：1986年，从上海音乐学院毕业后，我回到江西师范学院音乐系任教，担任了作曲理论部的主任。我在这期间创作了一批作品，其中1987年无场次大型歌剧《天上有颗冥王星》获江西省第三届"玉茗花"戏剧节音乐创作一等奖，由新余市歌剧团首演。这个作品的公演，大大提升了新余市歌剧团的知名度。1988年的《冷月》获全国第六届音乐作品评奖三等奖，我赴京参加颁奖仪式。在这一年中，我的混声四部合唱《大海拥抱的高山》获中央人民广播电台"建国四十周年特别征歌比赛"金奖。

第五个阶段：1990年我调入星海音乐学院作曲系，1995年任作曲系副主任。1997年任音乐教育系主任，并在音乐教育系工作了整整10年。在这10年中，我主要投身于星海音乐学院的建设当中。2007年我被调回了作曲系。

冯：您可以详细地介绍一下您第一部创作的作品、第一部公演的作品以及第一部发表或出版的作品吗？

陈：我在1986年创作了艺术歌曲《这就是我的祖国》，这个作品不但获奖，而且被选进了声乐教材，并分别在人民音乐出版社、上海音乐出版社出版。这首歌当时是被"逼"出来的，当时上海音乐学院周小燕教授的一位学生要参加青歌赛，他要求我写一首原创歌曲，因为比赛要求提交一部新作品。这首歌最初是我给男中音写的，后来经过移调后也经常被男高音演唱，于是逐渐地就在声乐系里传开了。

冯：请介绍一下您最具代表性的几首作品。

陈：我创作的第一首作品是1987年低音竹笛与乐队《冷月》，当时江西有一位著名的笛子演奏家涂传耀先生，他委约我写这首作品去参加省里的民族器乐比赛，并提供了一些旋律素材供我参考。我在创作的时候就联想到了南宋著名的江西籍词人姜夔，他有一首《扬州慢》，里面有一句词："二十四桥仍在，波心荡、冷月无声。"它是描写当时金兵入侵扬州的景象。我的这首作品就是描写这个意境，这首作品我运用了较多的新的笛子演奏法：极高音区以及模仿"呼麦"的奏法等。其中乐队乐器的部分运用了扬琴、中胡、琵琶以及合成器，合成器主要是运用了一些模仿意境的音色，如云雾声等。这首作品也运用了比较多的现代作曲技术，并形成了比较新颖的音响感。当时这首作品参加江西省首届民族器乐创作比赛获得了一等奖。

第二首作品是合唱音诗《江山多娇》，在星海音乐学院庆祝 1997 年香港回归音乐会上进行了首演。当时这场音乐会在审查节目的时候，发现没有一首作品是能压台的。当时我是艺术委员会的评委之一，我没有写作品参与演出。后来，刘春荣院长就找到了我，要求我写一首大作品。我接到任务后，就打电话给我江西的老搭档词作家秦庚云，让他帮忙创作词。当时的通信技术没有现在发达，词作家秦庚云过了两天才给我回电话，用口述的方式将他创作的词告诉了我。之后，我就花了一个星期的时间，将这首作品的缩谱创作出来了。学校艺术委员会的成员们听完之后，就敲定了这首作品，后来又花了 3 天的时间配器、写总谱。前后总共花了大概 11 天的时间吧。配完总谱后，还要自己抄分谱。那个时候没有现在这么方便，没有打谱软件，谱子都要自己抄写。当时那种紧张的节奏，我至今仍然记忆特别深刻，总算是日夜兼程地赶出来了所有的分谱。这首作品从构思到完成全曲，几乎是一气呵成。后来这首作品得以成功上演，演出后反响还是比较好的。多数人听完这首作品后的第一感觉是非常振奋。这首作品从 1997 年演出后到现在几乎是没有改动。之后这首作品又去参加全国大学生艺术节的比赛，并获全国大学生艺术节专业创作类金奖。此外，这首作品还获得了中国音乐家协会颁发的"共和国五十年音乐作品"优秀作品奖、第六届广东省"鲁迅文艺奖"、第六届"羊城音乐花会"作品评选一等奖等。同时，这首作品也给星海音乐学院带来了一定的知名度。之后，星海音乐学院近二十年的大型演出，几乎都会上演这首作品。这首作品还被星海音乐学院李复斌老师改编成民族管弦乐的版本，并先后在各大音乐会上演。

冯：《江山多娇》的写作风格是偏现代还是偏传统？是属于比较大气磅礴、激昂抒情的那种吗？

陈：《江山多娇》这首作品是偏传统的，情绪属于激昂抒情。当时华南理工大学音乐学院院长何平写了一篇文章专门分析这首作品，在我们星海音乐学院的学报上发表了。我在创作这首作品的时候，主要是运用了戏剧的拖腔，这首作品的结构是一首倒装再现的复三部曲式。我对这首作品最满意的是音乐开始的部分。这首作品的引子非常短，只有几个小节。通过圆号吹出来一个主题，然后合唱队用很轻的感觉进来，以圣咏式般吟唱，好像旭日东升的感觉。这首作品的中部是女生独唱，当时这段女声独唱是音乐教育系的皮晓彩老师演唱，是我根据她的演唱音域和音色的特点量身定制的，中部是属于抒情的慢板，前后两个部分是比较激昂的感觉，最后是以辉煌的感觉结束。

这首作品写作的手法相对比较传统，但是它的传唱度非常高。当时创作时间很紧张，不仅要考虑到排练的效率，还要考虑演出的效果，所以在创作的时候不能写得太复杂。

冯：关于创作，包括排练演出，我也有非常大的感触。因为我也是作曲专业的学生，我前两个月也刚刚演出了自己的一首作品。我在创作的时候，也会充分地考虑到演出的效果以及演奏家是职业演奏家还是非职业的。在写作的时候，为了使作品取得良好的效果，这些因素都要考虑。

陈：是的，我在创作的过程中也是这样，也会充分地考虑到演奏者的水平，并且为他们量身定制。我再说一下第三首作品。第三首作品是我的《第二钢琴协奏曲》，在"岭南梦"星海音乐学院作曲系教师交响音乐会上演奏，钢琴独奏是黄业威。这首作品并没有描写具象的东西，而是描写了一种比较动荡的思绪。原先这个作品是有三个乐章的，后来首演的时候浓缩成了一个乐章演出，大概是14分钟。

冯：像这样的无标题的作品，在写作技法、写作构思上，是不是比标题音乐更加复杂？

陈：这个没有一个评判的标准。有的时候好像感觉标题音乐很好写，其实也不一定。在写作无标题音乐的时候，思绪可以放宽一点，因为没有具体的、具象的东西限制你。但是，无标题更要感人。如果你写的是一堆"废话"，没有任何逻辑，没有热情的旋律或者仅仅用冰冷的和声，仅仅是玩技术、玩技巧，那样效果也不好。音乐还是要有感情和表现力。

冯：《第二钢琴协奏曲》这首作品是不是更多地满足了您自己的艺术诉求？这个作品的曲式结构是怎样的？

陈：是的。这个作品的结构是奏鸣曲式框架，有主、副部跟展开部，但是再现部我是在华彩中再现的。我的这个作品主部主要的动机是由大二度do、re两个音发展而成。副部的动机是由mi、sol、la这三个音发展而成，主副部的动机构成了do-re-mi-sol-la的五声音阶。然后，用自由无调性、泛调性以及有调性的手法去发展。我在插部的时候故意使用很和谐的音响去写作，一个大三和弦，分别用铜管奏出。同时，我还用了巴托克的对称和弦的手法去创作。这个作品总体的风格是更加偏现代一点。但是，有的地方我还是故意使用了五声音阶的三音列，像mi、sol、la这几个音，好像是调性的"小岛"出现在无调性中的"海洋"一样。

冯：您认为岭南音乐最主要的特点是什么？当下岭南风格的当代音乐创作的现状是什么？您对岭南音乐未来的发展、创作、表演等方面有何期望？您认为可以如何有效地推广岭南音乐？

陈：说句老实话，我虽然在广州生活了三十年了，但是我对岭南音乐确实缺乏研究，很惭愧。我感觉岭南音乐应该是一个大概念，包括两广、海南、江西、福建、粤港澳大湾区这一带的音乐，应该都属于岭南音乐，像客家音乐、潮州音乐、广东音乐。当然，岭南音乐中最有特点的，我认为是广东音乐，即广府音乐。客家音乐在很多地方都有，像梅州、惠州、河源等地。我前年参加了广州市文化局举办的一个广东音乐创作比赛，我对这个比赛很有感触。但是，广东音乐不是古板的那种音乐，它的包容性很强，吸收了粤剧、粤曲以及北方音乐的元素。

对于当下岭南风格的当代音乐创作的现状，我只想讲一点。我们现在的岭南风格音乐创作正在蓬勃发展当中。但是，我听到的比较优秀的作品大部分都是改编的，原创性会比较少。像最近新出的《沙湾往事》《陈老列》《何柳堂》《雨打芭蕉》等作品，都是吸收民歌音调改编而来的。

岭南音乐要发展、要传承，除了官方举办的比赛展演之外，还要抓传承教育，要从少年开始抓起，可以从中小学一直抓到大学。大学指的是专业的音乐学院。我去年参加了广东省的一个学校的民乐比赛，里面有一个音乐常识测试环节，有几个题目考的就是广东音乐，其中就有粤剧的选段。被测试的这些选手基本上都是土生土长的广东人，但是播放题目后，这些选手居然答不出来，这令我很惊讶。我也去中小学开展过讲座，了解过他们的教材，其中也有广东音乐的内容，但是还不够。另外，我们专业音乐院校也普及得不够。我们的教学大纲跟音乐大纲都应该对此作出要求，特别是对于作曲系五年制的学生来说，他们每一年都应该写一首广东音乐或岭南音乐作品，这个需要通过制度落实。

冯：您可以介绍一下您个人具有代表性的与岭南音乐有关的作品吗？

陈：我曾经给一部电视剧《情暖珠江》配乐作曲，这首配乐就用了很多广东音乐素。我为广西电视台音乐电视剧《贝江女》作曲时也用了岭南瑶族的音调。总的来说，我以岭南风格创作的音乐，以小作品居多。

冯：您去过哪些地方采风？印象最深的是什么？

陈：我去过很多地方采风，比如四川凉山、广西大瑶山、闽西北、贵州等地。让我印象最深的还是凉山，有三点让我印象非常深刻：那是1993年，我带领了作曲系10名学生去了凉山，第一个是当地的火把节非常震撼。第二个是到了西昌的卫星发射基地参观。第三个让我感到震撼的则是凉山的贫穷，我们跑了几个乡，感觉当地经济比较落后。还有就是凉山彝族自治州歌舞团也让我印象比较深刻。从凉山回来，我就创作了一首钢琴弦乐五重奏《"丫"—彝歌》，这首作品也分别在美国、韩国等地演出，乐谱后来也出版了。

附：陈述刘主要作品目录

1. 1972 年在江西省赣南歌舞团工作期间，参加四场歌剧《长岗红旗》的集体创作，于当年公演

2. 1979 年创作女中音独唱《祖国的春天在哪里》，获江西省首届"井冈之春"声乐曲作品优秀奖

3. 1980 年创作大型歌剧《啊！春光》（合作）

4. 1981 年在江西师范学院音乐系任教期间为舞蹈《欢乐的山寨》作曲并任指挥

5. 1983 年创作花腔女高音独唱《山姑娘》，获上海音乐学院作曲比赛声乐作品一等奖，并获选参加第十一届"上海之春"国际音乐节

6. 1985 年创作《山姑娘》，在《音乐创作》上发表；为长笛、大提琴、钢琴而作的《姜白石主题》获选参加第十二届"上海之春"国际音乐节

7. 1986 年创作男高音独唱《这就是我的祖国》，获《音乐创作》首届艺术歌曲创作比赛三等奖

8. 1986 年，先后创作了《长笛、大提琴、钢琴三重奏》《第一钢琴协奏曲》等作品

9. 1987 年创作女高音独唱《畲山美》，获江西省"振兴江西"征歌一等奖；无场次大型歌剧《天上有颗冥王星》，获江西省第三届"玉茗花"戏剧节音乐创作一等奖，由新余市歌剧团首演

10. 1988 年创作低音竹笛与乐队《冷月》，获江西省首届民族器乐创作比赛一等奖

11. 1988 年创作《冷月》，获全国第六届音乐作品评奖三等奖

12. 1988 年创作混声四部合唱《大海拥抱的高山》，获中央人民广播电台"建国四十周年特别征歌比赛"金奖

13. 1992 年为电视连续剧《中国知青部落》作曲

14. 1993 年领队率作曲系学生一行十人赴四川凉山彝族自治州采风，之后创作钢琴弦乐五重奏《"丫"—彝歌》

15. 1994 年创作女高音独唱《春风是爱》，郑南作词，获广东省青春歌曲创作比赛金奖

16. 1995 年为广西电影制片厂电视连续剧《没有硝烟的战争》作曲

17. 1996 年创作两支长笛与钢琴《双音》，在 1996 年《音乐创作》第 1 期发表；为广西电视台音乐电视剧《贝江女》作曲，该剧获广西壮族自治区文艺创作"铜鼓奖"；为广西电视台电视剧《绿色卫队》作曲，该剧获"金剑奖"、广西壮族自治区文艺创作"铜鼓奖"

18. 1997 年创作合唱音诗《江山多娇》，在星海音乐学院庆祝香港回归音乐

会上首演，并先后获全国大学生艺术节专业创作类金奖；获中国音乐家协会颁发的"共和国五十年音乐作品"优秀作品奖；获第六届广东省"鲁迅文艺奖"；获第六届"羊城音乐花会"作品评选一等奖

19. 1998 年创作女生独唱《春风是爱》，在 1998 年《音乐创作》第 2 期发表

20. 1998 年为舞蹈《潮》作曲，该舞蹈获广东省"群星奖"金奖

21. 1998 年为舞蹈《绿水童谣》作曲，获全国少儿舞蹈创作比赛银奖

22. 1999 年，《"丫"彝歌：重奏作品五首》由广东高等教育出版社出版

23. 1999 年，《远方的香格里拉——陈述刘独唱歌曲选》由广东高等教育出版社出版，该书获"广东省高校科研著作出版基金"赞助

24. 2000 年创作花腔女高音独唱《草原上的乌兰娜》，获首届全国艺术院校艺术歌曲创作比赛银奖，花腔女高音独唱《好山好水》获铜奖

25. 2001 年，率星海音乐学院青年教师文化交流访问团赴美国俄克拉荷马州立东南大学做学术交流及演出活动，在音乐会上演奏了低音笛与乐队《冷月》，笛子独奏谭炎健

26. 2002 年创作女中音独唱《远方的香格里拉》，在 2002 年《音乐创作》第 4 期发表

27. 2002 年创作女高音独唱《瑶山青》，获南宁国际民歌艺术节创作类二等奖、第三届中国音乐金钟奖优秀作品奖，并在 2004 年《音乐创作》第 2 期发表

28. 2009 年创作混声四部合唱《春风在大地上行走》，在 2009 年《音乐创作》第 5 期发表

29. 2009 年为广东省电视台电视连续剧《情暖珠江》作曲，该剧获广东省"五个一工程奖"

30. 2010 年创作《三重奏二号》，在 2010 年《音乐创作》第 4 期发表

31. 2011 年创作混声四部合唱《春风在大地上行走》，获第八届中国音乐"金钟奖"、全国合唱作品比赛入围奖

32. 2012 年率作曲系教师赴韩国参加中韩友好现代音乐节，在音乐会上演出了钢琴五重奏《"丫"—彝歌》

33. 2015 年为南昌市广播电视台新年晚会谱写主题曲男女声二重唱合唱《因你而美丽》

34. 2015 年为广西电视台电视连续剧《美丽的南方》作曲（合作）

35. 2015 年应广州市文化局委约，创作混声四部合唱《过零丁洋》

36. 2016 年创作民族管弦乐合奏《客家妹》，获东莞市民乐创作比赛二等奖

37. 2017 年创作《第二钢琴协奏曲》，在"岭南梦"星海音乐学院作曲系教师交响音乐会上演奏，钢琴独奏黄业威

五 国际视野下的中国音乐之路

——访著名作曲家陈永华

作曲家陈永华

陈永华简介

陈永华，著名作曲家、指挥家，香港中文大学教授、音乐系系主任，香港大学专业进修学院常务副院长暨创意及表演艺术中心主任。香港作曲家及作词家协会主席，香港合唱团联会主席，香港管弦乐团首位驻团作曲家，香港中乐团理事，香港圣乐团音乐总监及多个团体的顾问。2019 年起在香港中文大学（深圳）音乐学院筹建办代行主任职务。

陈永华教授于香港中文大学音乐系本科毕业后赴加拿大多伦多大学攻读作曲专业硕士和博士，同时获得英国伦敦圣三一音乐学院作曲院士文凭。他的音乐作品涉及面非常广泛，其中包括《第八交响曲——苍茫大地》《第六交响曲——九州同颂》《第五双乐队交响曲——三国志》等九部交响曲、多部管弦乐及中乐合奏、室内乐、合唱作品及影视音乐等。陈永华的作品在国内外屡获殊荣——四重奏《秋》获美国国际双簧协会作曲大赛一等奖（1981）；管弦乐《飞渡》获亚洲作曲家同盟颁授的"入野义朗纪念奖"（1988），以及被北京中华民族文化促进会推选为"二十世纪华人音乐经典"之一（1993）。陈永华曾获香港艺术家联盟颁授的"作曲家年奖"（1991），香港十大杰出青年（1992），香港作曲家及作词家协会颁授"本地正统音乐最广泛演出奖"（1997）及"最佳正统音乐作品金帆音乐奖"（2004）等。其作品曾获邀在达姆施塔特国际现代音乐节（1986）、斯图加特国际现代音乐节（2006）、斯洛文尼亚卢布尔雅那夏日音乐节、意大利特利斯特音乐节、波兰唐斯曼音乐节、西班牙马德里 BBK 音乐节及古根海姆博物馆等地进行演出。参与作品演出的乐团有美国克罗诺斯四重奏、瑞典鼓猛打敲击乐团、伦敦交响乐团、俄罗斯圣彼得堡交响乐团、中国广播民族乐团、中央芭蕾舞交响乐团，以及罗马尼亚、波兰、匈牙利、日本、新加坡及中国台湾、澳门、香港等国家和地区的乐团。

除此之外，陈永华教授在香港及多伦多就读期间便已承担多个乐团及合唱团的指挥工作。其中布鲁克纳的《d 小调安魂曲》、帕莱斯特里那的《弥撒曲》等多部圣乐作品的香港首演均由陈永华教授指挥。与其合作过的乐团有香港管弦乐团、香港小交响乐团、香港中乐团、中国交响乐团、上海广播交响乐团、韩国光州市立交响乐团及多伦多 KSO 管弦乐团（Kindred Spirits Orchestra）等。

采访人：杨婷，深圳大学音乐学院讲师
采访时间：2020 年 4—5 月
采访地点：香港、深圳

采访人杨婷与作曲家陈永华（左）

杨婷（以下简称杨）：陈教授您好！非常高兴我们可以通过本次访谈聊聊您的音乐创作。作为香港非常具有影响力和代表性的作曲家，您能否跟我们分享一下自己的音乐成长经历？

陈永华（以下简称陈）：我大学本科是在香港中文大学读的，当时全香港的大学只有香港中文大学设有音乐系。大学期间，前两年全科阶段每年都要求学习两件乐器，于是我先后选择了钢琴、小提琴、琵琶和古琴。由于我学音乐起步较晚，所以我从来都没有将音乐演奏作为自己的目标。我更好奇那些脍炙人口的、动听的旋律是如何创作出来的，于是在大三主修阶段选择了作曲课，教师是纪大卫（David Guilt），我毕业时创作了自己的《第一交响曲》。据我回忆，香港中文大学在 20 世纪 90 年代后才开设作曲硕士学位课程，它是全香港最早的作曲硕士学科点。这也意味着早年学习作曲的学生如果想得到进一步深造，很大一部分都会选择出国留学。我在香港中文大学四年间主修音乐、副修德语，大三和大四期间我有机会加入了学术交流团，并花了 21 天时间在德国学习（非音乐学科的学习交流），之后便拿着背包游遍欧洲。在这期间我学到了很多东西。大学毕业后我留校当了一年助教，很幸运地拿到了英联邦奖学金到多伦多大学攻读作曲专业硕士和博士学位。我在读硕士和博士期间分别创作了自己的《第二交响曲》（双琵琶与乐队）和《第三交响曲》（双乐队编制）等。我在硕士期间创作了一首四重奏作品《秋》，获得了美国国际双簧协会作曲大赛的一等奖。毕业回港后我在香港演艺学院任教一年，然后回到母校香港中文大学任教。无论在哪个时期，我个人都比较倾向于创作大型乐队作品，我也将主要精力放在交响曲的创作上。除此之外，我还比较倾向于创作合唱作品，这是因为我在中学五年级加入了教会合唱团之后，才学会了看五线谱，并开始接触非常多的古典作品，同时还演唱了很多16—17世纪拉丁语混声合唱歌曲。在这期间我还在教堂唱诗班指挥的指导下学习了钢琴。由此看来，我与古典音乐的正式接触，以及对古典音乐的浓厚兴趣应该是从那个时候开始的。

杨：我们知道您是一位创作精力非常旺盛的高产作曲家，能否谈一谈您创作生涯中的第一部作品是在什么时候产生的？

陈：我在大学期间创作的作品有很多，但正式的作品应该是在大三作曲课上完成的 Scherzo（中提琴与钢琴《谐谑曲》），这首作品让我印象深刻。创作期间，我的作曲老师特别训练了我阅读中提琴乐谱的能力，在此期间我聆听了大量的中提琴作品，从莫扎特、欣德米特，再到肖斯塔科维奇等。当我完成之后，作曲老师还特地邀请了一位弦乐老师，与他一起（作曲老师演奏钢琴）在音乐会上进行展示。我非常幸运能在第一时间听到自己作品的演出效果。后来，在创作之前进行大量相关音乐的聆听已经成为我的一个习惯。我在毕业时创作的《第一交响曲》也很幸运地被选为香港管弦乐团第一次"试奏新作征集"曲目。现场由我的作曲老师进行指挥，这让我又一次能够听到自己的创作，这对一个刚入门的创作者来说是非常重要的体验。这首《第一交响曲》的创作时间是1979年，而作品正式公演是1994年，同年录制了CD。至今，除了少部分学生时代的作品之外，我几乎所有作品都是受托创作，因此都得到了多次聆听的机会。

杨：从1979年创作了第一部交响曲至今，您已经创作了九部不同题材、编制和风格的交响曲。作为您创作体裁的重心所在，您觉得其中哪几部交响曲最具代表性？是否可以谈谈这些作品的创作特征？

陈：我认为从创作的角度来看，《第三交响曲》（双乐队编制）、《第八交响曲——苍茫大地》和《第九交响曲——仁爱大同》较有代表性。《第三交响曲》创作于1985年，是我在多伦多大学跟随贝克威斯（John Beckwith）攻读博士学位期间，作品受德国作曲家亨策（Hans Werner Henze）的影响而创作的，作品中乐队脱离了传统的声部排列，整个管弦乐队分为两组分置左右，以达到回音共鸣的效果（见图1）。

整部作品分为三个乐章，分别运用"雅乐"的古意氛围、祭祀乐的敲击风格，以及受中国传统概念中"八音克谐"（金、石、丝、竹、匏、土、革、木）的启发，让乐队中的各类乐器在不同节奏形态之下进行同一音的八度重叠，强调整个乐队在四周呼应的基础上达到和谐效果。材料上以汉朝音乐记载中的"引商刻羽，清角留徵"为引导，设计出三组12音四声音列（见图2）。

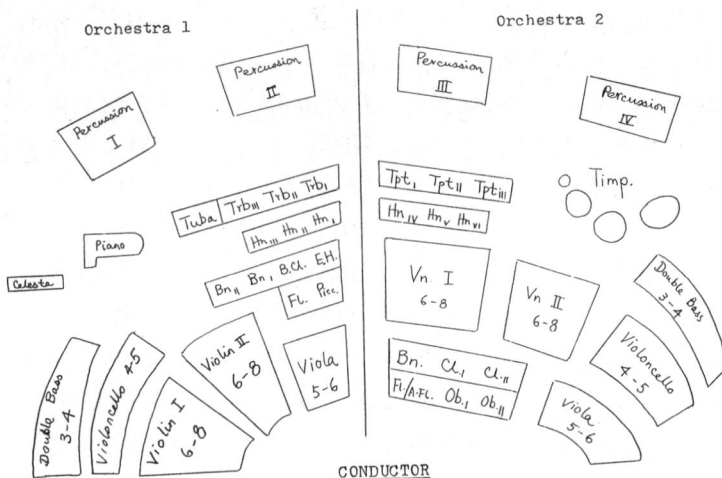

图1　陈永华《第三交响曲》乐队编制图

图2　陈永华《第三交响曲》四声音列图

　　全曲由这三组音列引申出纵向多调式叠置的声部聚变，体现了东西方元素及美学之间的融合。这部交响曲的第三乐章首演于1986年国际现代中国作曲家音乐节，由香港管弦乐团在香港演艺学院剧院演奏，同年录制 CD（HK Record，Marco Polo publish）；第三乐章海外首演于日本仙台（1990年3月26日），由外山雄三指挥，日本仙台市交响乐团演奏；整部作品的首演在日本东京（1990年9月11日），由高关建指挥，东京新声交响乐团演奏；全曲在莫斯科由叶咏诗指挥俄罗斯爱乐乐团进行 CD 录制（1994）。

　　《第八交响曲——苍茫大地》是一首合唱、民乐队与管风琴作品，由吴瑞卿作词，2006年完成。2007年1月6日由香港中乐团、香港圣乐团及明仪合唱团在香港文化中心音乐厅进行首演，由我本人指挥。这部作品陆续由不同指挥及乐团在中国香港、北京以及美国旧金山等地进行多次演奏。2017年6月23日庆祝香港回归20周年在美国旧金山演出时，由我指挥，聚集了香港圣乐团及内地乐师，整个乐队由合唱、民乐（笛、笙、琵琶、二胡）、管风琴（改配）及西洋管弦乐队组成。这部交响曲的创作初衷与我的《第七交响曲——长城》相近。在创作《第七交响曲——长城》时，我通过参观内地不同地域的长城古迹，从历史的角度去审视战场与战争，试图表达对人类和平的期盼。而《第八交响曲——苍茫大地》的着眼点则更为长远一些，我亲历了以色列和约旦的战场，看到巴勒斯坦人和犹太人依旧生活在战争的阴影之下，不由让我想起贝多芬早在《欢乐颂》中"全世界皆为兄弟姐妹"的歌词大意。于是产生了以"苍茫大地"为创作主题的音乐设想。这部作品运用了大合唱、民乐队加西洋管风琴的形式,希望将不同文化的乐器进行融合从而体现"人类世界一家人"的情怀与初衷。

《第九交响曲——仁爱大同》是由多伦多 KSO 管弦乐团委约,陈钧润先生作词,为庆祝中华人民共和国成立 70 周年而创作的作品。2019 年 5 月 3 日在香港首演;2019 年 6 月 22 日在多伦多列治文山表演艺术中心进行海外首演。这部交响曲由男高音、合唱、民乐(笛、笙、琵琶、筝、古筝)和管弦乐队组成。我在念初中时就反复阅读《三国演义》,篇首的明朝文学家杨慎的诗句"滚滚长江东逝水,浪花淘尽英雄……"让我记忆犹新。《第九交响曲——仁爱大同》便以杨慎的诗句出发,邀请了陈钧润教授以"今日长江"之借喻进行承接,展现"还看今朝"之豪情。第一乐章前段把听众们带入古代,合唱以杨慎的诗词切入,随后陈钧润的歌词紧接而上,意图表现"历史洪流涌汇大海中,和平进大同。千秋民族梦,和平进大同"的主题情怀。纯器乐的第二乐章以缓慢弱奏的定音鼓开始,通过打击乐和西洋弦乐的展现来传达人类深厚的"仁爱"之情。终乐章以"仁爱大同"为标题,在高潮中重申人类以仁爱追求大同世界的决心。

杨:我曾在现场聆听了您《第九交响曲——仁爱大同》的香港首演,民乐、西洋乐与合唱之间相互交融的现场效果令人非常震撼。回顾您的作品,这种中西乐结合的创作形式在您的多部作品,尤其是在您返港之后的创作中表现得尤为突出。请问您是如何理解中国元素在创作中的运用的?

陈:在香港中文大学念本科的时候我的老师是苏格兰人,我从一开始就接受了系统的西方教育,包括看的谱例和写的作品都非常西洋化。后来到多伦多大学深造时,外国师生见到我是中国人,都会觉得我的音乐里面应该有很多中国的元素和特征。我对这个问题进行了深刻的思考,内心也觉得理应如此。但是由于从小的学习环境让我对中国的民间音乐、戏曲音乐等了解甚微,于是我便从自己喜爱的中国文学和历史中去探索中国元素。在深造期间,我不停地阅读和学习中国文学。我的博士毕业作品《第三交响曲》在创作的过程中便参考了很多的《礼记》、《乐记》、中国四声音阶等古乐文献。回到香港后,我又有意识地在自己创作的基础上增加了一些香港本土的"都市文化"元素,这些在我的作品中也体现得较为明显,最终便提炼出这样的创作心得——在现代化的香港,我的作品应该横跨古今中外,不要太自我限制。心中有的,就写出来;心中没有的,首先充实自己,然后让它自然流露。

杨:从您的作品中可以看出您的创作兼顾传统与现代,音乐主题和材料在丰厚的历史感之上又富含独特的都市文化气息。就如您的《第九交响曲——仁爱大同》将古代与现代的词作结合,将古人感叹"长江逝水犹如历史长河"承接到如今的"中国梦、民族梦之上,又将香港中文大学和香港大学的校训"博文约礼""明德格物"以合唱的形式展现,从而使"千秋民族梦,和平进大同"的主题发展融入香港本土元素的色彩，这种巧妙的设计与您多年来的创作手法一脉相承。

陈： 是的。当我经历了从小到大对中国古典文学的学习（中文是我中学时期的主修课程）、加拿大求学期间对中国历史和诗词歌赋的反复研习，以及从大学开始到世界各地和内地各省的学习和旅游（我非常喜爱旅游，也得益于本科时期到欧洲游学的经历，我喜欢去观察并了解当地的文化。目前为止我已经涉足了40 多个国家和内地 16 个省份，其间也结识了不少朋友）之后，如今我的音乐基本上达到了一种不用刻意去追求，可以让自己觉得比较舒服和自然的创作状态。如果要从时间上对自己的创作特征进行归纳的话，应该是本科时代的西方传统风格，到加拿大求学时期的中国古典风格，再到返港之后的都市文化风格，三者之间的相互融合吧。

杨： 本次访谈的一个重要主题是关于"岭南音乐"的研究。作为香港地区的代表人物，您是土生土长的香港人，能否介绍一下您个人具有代表性的与岭南音乐有关的作品，以及您对岭南音乐或者岭南音乐风格的见解。

陈： 关于岭南音乐我首先能想到的是粤乐，例如吕文成先生、何柳堂先生、丘鹤传先生的作品等，也包括广东传统的民谣，还有后来发展起来的较为现代一些的器乐作品。传统的广东音乐给我一种潇洒感，甚至有些"吊儿郎当"的感觉，同时还带有一丝伤感。1985 年香港儿童合唱团请我创作，我把传统民谣《月光光》改编成了一首童声三声部合唱，加上头尾两首新曲形成了《月光光童谣组曲》，由民乐大乐队进行伴奏，粤语演唱。对岭南传统音乐的旧作新编：2004 年我创作了民乐作品《天苍苍》（笙、二胡、琵琶、筝、长笛、单簧管）在阿根廷音乐节进行首演；2007 年为儿童合唱团创作《黄大仙组曲》（粤语童声合唱）；我还以岭南传统音乐的风格创作了一首民乐四重奏《逾万山》，由香港龢（hé）鸣乐坊于 2012 年 8 月 18 日在阿根廷布宜诺斯艾利斯歌剧院首演；2015 年创作了民乐大合奏《太极生两仪》和《养心曲》，由香港中乐团进行首演，具有一定的广东风格。

关于岭南音乐，我是这样理解的：传统的岭南音乐始终停留在我小学和中学的记忆里。那种音乐与当时的社会气氛（例如我读小学的 20 世纪 60 年代）是非常契合的。然而今日岭南的风貌和现代化的都市情景已经不一样了。如若依然运用三四十年代创作者在"悠闲中漫步、闲暇中即兴"的音乐方式去描写今日的广州、深圳等现代化都市是否已经不合适了？城市风貌不一样，人的心境也不一样，如今的创作者未必能够创作出原有的岭南传统音乐的风格（我目前能想象到在香港西贡的渔村尚有可能创作出接近大自然的传统民俗音乐，但是如果你走在香港中环，或者深圳福田的街道上想要写出所谓传统风格的岭南音乐是无法做到的。因为城市化的面貌已经今非昔比了）。所以对于岭南音乐的界定是否还停留在我们传统的理解上？它是否需要一个新的定义？

传统的岭南音乐作为十分珍贵的音乐文化理应保留和传承，而现代的岭南音乐是否尚未形成？它应该是技术上的还是情怀上的？——值得我们去思考。所以，我们唯有希望旧的（传统岭南音乐）不要消失，一定要保存下来，继续演奏下去，即使新的（岭南音乐）未能出现。而新的如果真的出现是否能够流传久远？这个也许不是我们作曲家能够决定的，而是由大众的选择（听或者不听）来决定的。

杨： 我非常赞同您对于岭南音乐的见解。关于岭南音乐创作，我们常习惯于运用田野采风等方式对传统音乐素材进行提取和捕捉。但岭南音乐是否仅限于材料或技术层面对于传统因素的截取或延用？它是否应该随着时代发展进行全新的界定？或许我们更应该立足于当下，在保留传统不流失、让传统继续演奏下去的同时，从更多元化的角度对岭南音乐进行延展和塑造，由此展现当代岭南音乐的特征。

最后一个问题是关于您的另一个身份，作为一名从教数十年的资深音乐教育工作者。您觉得音乐创作人才的培养应该注重哪些方面？您能否对正在学习音乐的年轻人提出一些建议？此外，香港作为中国流行音乐发展的重要基地之一，我们非常希望听听您如何引导学生看待艺术音乐和流行音乐的关系。

陈： 关于音乐创作人才的培养，其实音乐院校主要是对学生创作技术的培养，然而音乐最重要的往往是技术之外的东西。例如贝多芬作品伟大不仅仅是因为他的技术，而是他音乐背后的人文精神，以及日耳曼民族在艰苦中向命运挑战的民族情怀等。音乐学院的授课时间有限，学校不会讲授如何阅读和学习中国历史文学等，这些是需要我们自己去完成的功课。我从中学开始便阅读了很多中国文学，直到音乐学院毕业之后依然在阅读，这样才能在创作的过程中形成一些底蕴。换句话来说，你在成长和成熟的过程中是倾向于表达科学、人文，还是社会精神，它们都会通过你的创作表现出来，而这些恰恰是音乐学院里学不到的。如果不去学习它们，那你永远只会停留在技术运作的层面。所以，千万不要认为自己在音乐学院毕业之后就已经能够驾驭音乐了，我们还需要不停地充实自己的内在，让自己的精神生活不断丰富。否则，你写出来的东西自然是没有深度的。对于作曲家来说，越创作才会越成熟，不是技术上的成熟，而是内心的成熟！

至于流行音乐和艺术音乐的比较，首先我觉得这两样东西不是对立的。但我想表达的是，作为从事所谓高雅或是严肃音乐的创作者，我希望我们所写的东西是能被大多数人听懂的。我不是很赞成音乐学院已经搞了很多年的如西方无调性的、极端古怪的音乐形式。我觉得那些音乐作为小范围的学术探索可以接受，但是它们无法推向人文的范畴。所谓人文是倾向于深层次，但绝非极端且听不懂的东西。即使在欧洲，上述音乐的听众也是非常少的，我们不要盲目地因为新潮而去跟风。我常对人说，我希望我的音乐不单是在现代音乐节、音乐会中演出，而是在所有的音乐会中演出。有一次在德国的现代音乐节中，我的作品和当地的现代大师们同场。音乐会前，有当地朋友问我与他们同场有没有压力。我告诉他们："我的作品在香港就是和贝多芬、勃拉姆斯等人同样重要的，所以在这里也不会有压力！"而关于流行音乐和艺术音乐的不对立，正如人们不会将简单便利的"方便面"和使用荔枝木烧制的"烧鹅"来进行比较一样。在不同的时期和需求条件下，我们会花费不同的时间和精力来选择烹饪。因此两种音乐从功能上是不同的，这两者对于我们来说都是需要的。对于当下的年轻人，我认为最关键的是教育的问题，如果你可以引导他们很好地认知和接受两种音乐在内容和需求上的不同，那么它们是可以很好地并存的。我记得著名的小提琴家穆特（Anne-Sophie Mutter）在一次采访中说到自己在不演奏古典音乐的时候，常常喜欢去舞厅听流行音乐和跳舞。而我在从事音乐创作之前也会弹弹吉他、唱唱西方民谣。我觉得流行音乐里面有很多动听的旋律，而大交响曲带给听众的是另一种满足感和更为深层次的表达。

杨：非常感谢陈教授如此详尽和耐心的回答，听了您的分享我觉得受益良多。在此也期待能听到您更多的精彩佳作。

附：陈永华主要作品目录

中国音乐：
管弦乐
1. 1989 年,《节日序曲》
2. 1990 年,《飞云篇》
3. 1993 年,《升平乐》
4. 2002 年,《朗月耀九州》
5. 2005 年,《第七交响曲——长城》
6. 2006 年,《第八交响曲——苍茫大地》,吴瑞卿作词,合唱、管风琴及民族管弦乐队
7. 2007 年,《八骏》
8. 2007 年,《雷鼓动山川》
9. 2015 年,《太极生两仪》
10. 2015 年,《养心曲》
11. 2018 年,《我的韵律》,钢琴和民族管弦乐队

民族室内乐
1. 1980 年,《蓦山溪》,琵琶
2. 1999 年,《释怀》,笛子、笙与扬琴
3. 2002 年,《守护神》
4. 2002 年,《逾万山》,梆笛、笙、二胡与筝
5. 2009 年,《南莲池畔》,笛子、笙、阮、扬琴、筝、琵琶、二胡与中胡
6. 2012 年,《关山度若飞》,琵琶与钢琴
7. 2016 年,《胡旋舞曲》,扬琴乐团

西洋音乐：
管弦乐
1. 1979 年,《第一交响曲》（*Symphony No. 1*）
2. 1981 年,《第二交响曲》（*Symphony No. 2*）,双琵琶与乐队
3. 1984 年,《庆典》（*Celebration*）
4. 1985 年,《第三交响曲》（*Symphony No. 3*）,双乐队编制
5. 1987 年,《展示》（*Expose*）
6. 1988 年,《飞渡》（*Transit'*）
7. 1990 年,《晨曦》（*Morning Sun*）
8. 1992 年,《第四交响曲——赞美颂》（*Symphony No. 4 Te Deum*）,女高音、

男高音、合唱、管风琴与管弦乐队

9. 1994 年，《升》（*Elevation*），管风琴与管弦乐队

10. 1995 年，《第五双乐队交响曲——三国志》（*Symphony No. 5—Three Kingdoms*），香港管弦乐团委约

11. 1996 年，《第六交响曲——九州同颂》（*Symphony No. 6—Reunification*），香港管弦乐团委约

12. 1998 年，《序曲——星之海》（*Overture—The Sea of Stars*），管风琴与管弦乐队，广州交响乐团委约

13. 2000 年，《远山》（*Distant Hill*），弦乐四重奏

14. 2015 年，《南天》（*Southern Sky*）

15. 2017 年，《凤舞》（*Phoenix Dance*），竖琴与管弦乐队

16. 2019 年，《第九交响曲——仁爱大同》（*Symphony No. 9—Universal Harmony*），陈钧润作词，男高音、合唱、笛子、笙、琵琶、古筝及管弦乐队

17. 2020 年，《迈向辉煌》（*Into Brilliance*），香港理工大学管弦乐团委约

室内乐

1. 1978 年，《谐谑曲》（*Scherzo*），大提琴与钢琴

2. 1979 年，《单簧管曲三首》（*Three Pieces*），单簧管与钢琴

3. 1980 年，《五重奏》（*Quintet*），长笛、双簧管、小提琴、中提琴与大提琴

4. 1980 年，《秋》（*Autumn*），长笛、双簧管、吉他与中提琴

5. 1982 年，《清商变》（*Qing Shang Bian*），钢琴独奏

6. 1983 年，《花蕾》（*Blossoms*），长笛、单簧管、小提琴/中提琴、大提琴、钢琴与打击乐

7. 1983 年，《钢琴小协奏曲》（*Concertino*），钢琴、女声与室内乐队

8. 1986 年，《焦点》（*Focus*），长笛、巴松与钢琴

9. 1987 年，《嬉游曲》（*Divertimento*），巴松与钢琴

10. 1987 年，《印象》（*Impressions*），双钢琴

11. 1989 年，《延续》（*Continuity*），小提琴、大提琴与钢琴三重奏

12. 1990 年，《融合》（*Merge*），弦乐四重奏

13. 1995 年，《冲击》（*Impact*）

14. 1996 年，《相遇》（*Encounter*），双小提琴、双大提琴、长笛、单簧管、双簧管、巴松与钢琴

15. 2000 年，《夏日》（*Summer Day*），双簧管、中提琴与大提琴

16. 2000 年，《龙的精神》（*Dragon Spirit*），双小提琴

17. 2002 年，《火花》（*Spark*），琵琶与弦乐四重奏

18. 2003 年，《永恒的爱》（*Eternal Love*），电影音乐《源来是爱》，弦乐四重奏

19. 2003 年，《爱的足迹》（*The Path of Love*），电影音乐《源来是爱》，弦乐

四重奏

20. 2003 年，《无言的爱Ⅱ》（*Love is Beyond Words* Ⅱ），电影音乐《源来是爱》，小提琴与钢琴

21. 2006 年，《敦煌飞天》（*The Flying Apsaras*），弦乐四重奏

22. 2006 年，《在深处》（*Into Immensity*），长笛、单簧管、小号、中提琴、大提琴、打击乐与钢琴

23. 2008 年，《东方花园》（*Oriental Garden*），英国管、中提琴与吉他

24. 2009 年，《M＋》，小号、低音提琴与钢琴

25. 2011 年，《风过草原》（*Wind Over the Grassland*），中提琴、吉他和低音提琴

26. 2012 年，《光照寰宇》（*Light of Faith*），长笛、双簧管、单簧管、巴松、钢琴、双小提琴、中提琴、大提琴和低音提琴

27. 2012 年，《仙人台上》（*Sages Plateau*），单簧管、小提琴、中提琴与大提琴

独奏

1. 1987 年，《时计》（*Timer*），钢琴

2. 2003 年，《无言的爱Ⅰ》（*Love is Beyond Words* Ⅰ），电影音乐《源来是爱》，钢琴

3. 2003 年，《爱之火》（*Fire of Love*），大提琴

4. 2004 年，《月舞》（*Moon Dance*），小提琴

5. 2015 年，《速度》（*Velocity*），马林巴

声乐与合唱：

独唱

1. 1978 年，《虞美人》（*Yu Mei Ren*），女高音与钢琴

2. 1979 年，《我们的父》（*Pater Noster*），女高音与钢琴

3. 1995 年，《风铃草》（*Canterbury Bell*），陈钧润作词，女中音与钢琴

4. 2006 年，《恋歌》（*Reminiscence*），吴瑞卿作词，女中音与钢琴

5. 2016 年，《将进酒》（*Jiangginju*），韩语翻译：吴恩璟

四部合唱

1. 2006 年，《恋歌》（*Love Song*），吴瑞卿作词

2. 2008 年，《为光作见证》（*Light of Witness*），陈钧润作词，合唱、小号、大提琴、钢琴、管风琴与打击乐

3. 2008 年，《同一世界同一声音》（*One World, One Voice*），陈钧润作词，合唱与管弦乐队

4. 2008 年，《弦韵歌声遍大地》（*Music for World Harmony of Peace*），吴瑞卿

作词，讲述者、独奏家、合唱与管弦乐队

  5. 2009 年，《国殇》，霍韬晦作词，为四川汶川大地震受难同胞而作

  6. 2009 年，《虹》（*Rainbow*），陈钧润作词

  7. 2010 年，《我们的和平之歌》（*Our Song of Peace*），陈钧润作词，合唱与钢琴

  8. 2012 年，《圣哉》（*Sanctus*），双簧管、中提琴与混声合唱

  9. 2014 年，《美乐满人间》（*For the Beauty of Music*），吴瑞卿作词，合唱与钢琴

  10. 2014 年，《醉梦》（*Drunken Dream*），吴瑞卿作词，合唱与钢琴

  11. 2014 年，《让我们喜乐》（*Let Us Rejoice*），混声合唱与钢琴

  12. 2016 年，《感恩颂》（*Praises of Thanksgiving*），合唱、管风琴和管弦乐队

  13. 2019 年，《诗画河山》，吴瑞卿作词，献给尊敬的费明仪老师及明仪合唱团

  合唱及钢琴

  1. 1980 年，《请散去吧》（*Nunc Dimittis*），无伴奏混声合唱

  2. 1987 年，《望远方》（*Looking Afar*），吴瑞卿作词，混声合唱

  3. 1989 年，《虞美人》（*Yu Mei Ren*）

  4. 1998 年，《复兴文艺》（*Reviving Arts and Culture*），陈钧润作词，混声合唱与钢琴

  5. 2003 年，《爱的季节》（*Season of Love*），陈钧润作词，混声合唱与钢琴

  6. 2002 年，《你是磐石》（*Tues Petrus*），混声合唱与钢琴

  童声合唱

  1. 1985 年，《月光光童谣组曲》（*Moonlight Lullaby*）

  2. 1986 年，《看来很大的小世界》（*Big Little World*），童声合唱

  3. 1989 年，《乐音》（*Musica*），童声、女声合唱

  4. 1990 年，《宇宙和平之歌》（*Peace to the Planets*），童声、女声合唱

  5. 1991 年，《我只爱唱我的歌》（*I Love to Sing My Song*），童声合唱

  6. 2005 年，《光明的捐献》（*Donation of Light*），郑国江作词，童声合唱

  7. 2011 年，《儿歌 19 首》（*19 Children's Songs*），《陈永华、郑国江幼童作品专题》，香港儿童合唱团

  8. 2014 年，《光明的新一天》（*A Bright New Sunny Day*），陈钧润作词，童声合唱

  中西混合器乐：

  1. 1981 年，《圆周》（*Circle*），长笛、小提琴、长号、琵琶与打击乐

  2. 1982 年，《三重奏》（*Trio*），小提琴、筝或羽管键琴与大提琴

3. 1999 年,《在地上》(*Et in Terra Pax*),双簧管、中提琴、大提琴与琵琶

4. 2003 年,《天苍苍》(*Beyond the Sky*),笙、二胡、琵琶、筝、单簧管与长笛

5. 2012 年,《关山度若飞》,琵琶、钢琴

6. 2016 年,《龢鸣》(*In Harmony*),中西混合管弦乐队

其他:

戏剧及芭蕾舞音乐

1. 1993 年,《陌路相逢》(*Ballet:The Strangers*),芭蕾舞音乐,管弦乐队

2. 1993 年,《陌路相逢》(*The Strangers*),钢琴缩谱

3. 2005 年,《郑和》(*Zheng He*),鼓乐

4. 2007 年,《寻龙记》(*Looking for the Dragon*)

5. 2009 年,《加利古拉》(*Caligula*)

其他乐器

1. 2015 年,《辉映》(*Shining*)日本筝与韩国筝

2. 2021 年,《在天国内》(*In Paradisum*),单簧管与日本筝

六 感谢生活土壤，给予我开花结果的根

——访著名作曲家郑秋枫

作曲家郑秋枫

郑秋枫简介

郑秋枫，著名军旅作曲家，曾任原广州军区战士歌舞团首席提琴、指挥、创作室主任、副团长、团长、总艺术指导，广东省音乐家协会副主席、主席。多年来他以饱满的激情创作了大量歌颂党、歌颂祖国、歌颂美好生活的音乐作品。郑秋枫是一位多产的音乐家，他的音乐作品范围很广，包括影视音乐、舞剧、管弦乐、交响合唱、歌曲创作等，其中数量较多、影响力较大的当属歌曲创作，在二十世纪六七十年代，他创作了很多经典的歌曲，如《毛主席关怀咱山里人》《颂歌献给毛主席》《我爱梅园梅》等，传唱度非常高，并在社会上引起了强烈的反响；许多作品在全国、全省获奖，如《我爱你，中国》《帕米尔，我的家乡多么美》等作品已成为经典之作。他以独特的旋律风格占据了中国音乐创作的一席之地。

个人经历：1931 年 6 月出生于辽宁丹东，16 岁时加入丹东文工团，担任乐器演奏员，并在此期间学会了多种乐器的演奏。1947 年参加革命工作。1949 年加入中国共产党，同年参加中国人民解放军。1950 年，进入中南部队艺术学院，

专门学习小提琴和作曲。后任中国人民解放军歌舞团中南军区合唱队副队长。1962 年，进入中央音乐学院作曲系学习并于 1965 年毕业。1959 年，郑秋枫从舞剧《五朵红云》开始了他的音乐创作生涯。20 世纪 80 年代初，他为电影《海外赤子》配乐，创作出轰动全国的作品《我爱你，中国》。1987 年被列为中国十大音乐家之一，曾多次举办个人作品音乐会。1990 年，郑秋枫从部队退役。2010年获广东省首届文艺终身成就奖。2019 年 10 月 28 日，获中国音乐金钟奖"终身成就音乐艺术家"荣誉称号。

采访人：陈彩虹，华南师范大学硕士研究生
采访时间：2020 年 5 月
采访地点：线上

陈彩虹（以下简称陈）：郑老师您好，非常荣幸能有机会对您做这次专访。《我爱你，中国》这首作品已经由我们几代人传唱，国内外的朋友都把它当成心中最能够代表中国的一首歌曲，所以我想问问郑老师，这样一首经得起时间考验的音乐作品，您是在怎样的情况下创作出来的呢？

郑秋枫（以下简称郑）：当时情况是这样的，有一天突然来了两位珠江电影制片厂的导演和一位摄像师，他们事先没有跟我打招呼，突然就来了。我也感到很奇怪，怎么来这么多人呢？他们告诉我，他们现在在拍一部电影，是华侨影片，还是音乐片，想请我来作曲，我说谢谢你们的信任和支持，但我不知道自己能不能胜任，先试试看吧。就这样我接受了这个任务，然后我就到海南岛华侨农场去体验生活，在那里待了一个多月，接触当地华侨，回来以后摄制组就催我，他们说："我们这是音乐片，跟故事片不一样，故事片可以按照剧本拍摄，音乐片得先把音乐写出来，我们有音乐才能开始拍摄。"我知道这个担子很重，就特别认真。我这个人没有什么优点，就是认真，我在写《我爱你，中国》这首歌时，我自己就被感动了，这首歌我用了大概一个小时就完成了，但我酝酿的时间很长。写出来了以后，第二步就是要找演唱者，这个时候我就给中央电台的文艺部主任张以清打电话，问他北京现在最火的女高音是谁，他毫不犹豫地说："叶佩英。"他一说我心里就有底了，因为我跟叶佩英都在音乐学院，是好朋友。跟摄制组报告了这个情况后，我就给叶佩英写了一封信，寄去了剧本。她是马来西亚华侨。

据叶佩英回忆说，当时收到这首音乐作品的时候，她没有向组织请示就答应了要来广州录音，她认为，这是写我们五千万海外华人的歌，不能怠慢，而且还一定要唱好。当曲子录音的时候，录音室里外水泄不通，大家都来围观；排练时我们特别认真、充满热情，毫无私心地全情投入；排练时乐队也很热情，乐队鼓掌、观众也鼓掌，所以反反复复精益求精地练习。后来在真正录制的时候，叶佩英嗓音疲劳，大家非常紧张，叫剧务赶紧去外面买人参，让她先含着，恢复一点后才开始录制，最后四五次就把这首曲子录制完成了。

陈：一首由心而发的旋律是经得起时间的考验的，所以今天唱起来仍然情真意切。我想问问郑老师，您希望听众听到这首歌的时候能够萌生怎样的感情呢？

郑：我国在海外生活的华侨华人有很多，这首曲子最先的歌唱者邓韵也是在海外生活多年，现在看来这首歌确实是非常能够触动每一位海外赤子的心，很多旅居海外的华侨写信给我，告诉我第一次听到这首歌时都非常感动，内心是翻滚的，感觉跟祖国贴得很近，很想回到祖国的怀抱。现在看来，它是一首被历史留下来的歌，这首歌的传唱度已经是相当高了，而且随着我们中国"一带一路"

建设的开展，逐渐向世界传播开来，好多国家的听众也都喜欢这首歌，因为他们喜欢中国，热爱中国，所以就把这种情感通过这首歌抒发出来，逐渐成为一种世界的声音，更多的人会通过文艺作品与中国进行更加密切的文化交流。对此我个人非常欣慰，也希望更多年轻的作曲家能表达出对祖国人民的那种质朴、真挚、深情的爱，让我们的文化能够持续输出，走出国门，影响世界。

陈：郑老师，您有很多跟音乐有关的殊荣，如果我们要回到原点，追根溯源，我特别想知道，您是如何走进音乐这扇大门的？

郑：我从小就喜欢听音乐，喜欢乐器，但是我家里很穷，买不起乐器，只能给我买一个小口琴，这么长的，有八个音，我就爱不释手。我长大了以后，解放军打到丹东，在丹东成立了一个文工团，我就考进这个文工团。考进文工团以后，我们人少乐器多，随你学习，随你玩，所以那个时候我是最幸福的，所有乐器我都摸过，没有老师教我就自己摸索，慢慢地也能琢磨明白。我们那个时候用的都是简谱，没有五线谱，到了部队艺术学院以后，我们才开始学习五线谱。在没进学院之前，虽然有简谱，但是我经过钻研学习，也能慢慢摸索出指法、乐理、音高、调性等。比如说我们小文工团演《白毛女》《血泪仇》，乐队就5个人，5个人演这么一场大戏，那是不够的。当《白毛女》喜儿出来的时候，我就拉小提琴，杨白劳一出来我就换了乐器，拉大提琴，穆仁智坏蛋一出来，我就吹黑管。就是这样，我在这个小文工团里面，摸索了四五年。

陈：关于您的音乐作品，业界有一种说法，说您第一首走红全国的音乐作品是20世纪70年代的《颂歌献给毛主席》，能跟我们讲讲这首歌的创作始末吗？

郑：这首歌的创作正当全国人民对毛主席特别崇拜、敬仰的时候。当时，祖国大地都在歌颂毛主席，我用了民族的音乐，这里边有汉族音乐、朝鲜族音乐、蒙古族音乐，我把它们汇集到一起。《战地新歌》发了这首歌，对我来说是很高的荣誉。这首歌的创作也来源于我之前生活的一些积累和音乐的学习。因为我就是一个穷孩子，我吃过苦，自从我参加革命以后，我总是沉浸在幸福之中，我有这种感情，有这种表达能力。这首歌本来就是给邓韵写的，在《战地新歌》发表了以后，部队歌舞团很快就把它拿去改编成大合唱，由贾世骏领唱，这种形式更能让人回忆起激情燃烧的岁月。我这首歌曲就是真实感情的流露，表达了一种很朴素的感情。我希望每当这首歌回响在人民群众心里的时候，毛主席的丰功伟绩可以像一幕幕画面印在亿万人民群众的脑海里。

陈：在您诸多音乐作品当中，有很多大型的音乐组曲，比如说像《祖国四季》，这个名字既有祖国的概念，又有四季，我想知道写这样一首大型的音乐作品，您是不是真的得到那些地方去看一看，感受一下那里的四季变迁呢？

郑：这首歌是我们为国庆献礼而创作的，当时团里很重视，就成立了一个组，组员有我和词作者瞿琮，还有演唱者邓韵和她的先生舞美宋玉龙，我们四个人一个组，我们把祖国大地东西南北、春夏秋冬走了一遍，费了很大的功夫。写到"春"的时候我就从海南岛写起，用了海南岛的一首民歌叫《呀调》作开头；写"夏"的时候我们就到台湾去了；写"秋"的时候就到帕米尔、到新疆去；写到"冬"了就回到北京来，是这样一个构思的过程。采风的过程有苦有乐，我们几个那时候也年轻，知道苦中作乐。那确实是体验生活，你可以想象一下，帕米尔高原的秋天多么美，那是新疆的风格。去新疆时还发生了一些有意思的事情，当时我们为了写这个曲子，专门到新疆去体验生活，但当时去新疆不太容易，总政歌舞团（即中国人民解放军歌舞团）专门派了一架小飞机送我们去新疆，我们很高兴也觉得非常好玩。这飞机没有安全带，过天山的时候，遇上气流，结果一起伏，大家都整个脑袋撞到天花板上，满眼冒金星，当时我们都吓坏了。

到了新疆以后，我们就天天跟当地的牧民生活在一起，参加他们的婚礼，我们每个人的腰上都挂一把小刀，吃羊肉就用刀子割下来吃，西瓜不是用刀切的，而是挖着吃，就着馕吃，在那里天天就是这么过。坐在地毯上听他们弹热瓦普、弹冬不拉、弹各种琴，然后他们就开始跳舞，那时候邓韵也是一激动就要跟着跳，我写的《帕米尔，我的家乡多么美》是用7/8拍写的，所以不容易唱，万一唱不好的话，就唱不出感觉，所以必须要求演唱者学会跳他们的舞，所以邓韵也明白，会跳了这个舞，才能唱出那种感觉。

陈：郑老师您从事创作这么多年，您的创作激情是从何而来的？

郑：还是那句话，我是一个穷孩子，我现在什么都有了，我感觉我很幸福，我心里边很感谢祖国和人民。我也跟别人讲，我都不太愿意被人叫作"著名作曲家"，我说我只不过是一个音乐记者，收集起来人民的东西我再还给他们。我现在年岁也大了，有点能力就做点事情，不能做就算了。以前有人打过一个比喻，现在看来也比较贴切——如果说老百姓的生活是百花园的话，那么像我们这样的艺术工作者，就是将百花园中最宝贵的那点花蜜提取出来的蜜蜂。永远保持着一颗童心，永远保持对人民热烈的爱，永远对生命满怀热爱和感恩之情，都会为我带来不竭的创作动力。

陈：《蓝精灵之歌》这部动画片里的音乐作品是小朋友们非常喜欢的歌曲，我从小时候一直唱到现在，对比《海外赤子》那种大情怀的音乐作品，您创作这首儿童歌曲是由于怎样的机缘呢？

郑：这个作品创作的时候有个小插曲。这部作品曾经被广东省电视台送到北京参加第二届全国少年歌曲比赛。有一天，音协秘书长给我打电话，他说："《蓝精灵》是一部外国动画片，为什么是你作曲？"我就把这个前前后后的经过跟他说了一遍，他明白了，就报告了北京那边，北京那边听了以后就认可了，就得了大奖了。《蓝精灵》一共有四十多集，原作者是比利时的漫画家，它首拍是美国拍的，改革开放以后，广东省电视台把版权买了过来，需要加一个我们自己创作的主题曲，那么就请我和瞿琮来承担这个工作。导演提出，中国人写外国音乐，捕捉一定要准确，不能像中国的，要像外国的。我听了这个背景音乐以后，就分析研究了它的风格和形象。蓝精灵可爱、活泼、聪明、伶俐、欢快的形象，我用了外国音乐创作手法就把它写出来了。

陈：电影《海外赤子》中的九首音乐作品（《高飞的海燕》《生活是这样美好》《为什么》《思乡曲》《春来了》等），您让每一首音乐作品都达到了最恰如其分的效果，用最好的音乐方式来诠释了剧情。我觉得这种音乐故事片，每一首歌要表达不同的意境，但又在相同的影片当中要有共同的主线，对此您是怎么把握的？

郑：这个音乐最终就是一个"情"字。当你具备了各方面的条件，最后作品感不感人，就在于这个"情"字。所以一般是形象捕捉准确了以后，就要在"情"上下功夫，不但作者是这样，演员也是一样。这部电影当中有一些歌曲，我注重表现主人公那种青春少女的欢快心情，像《生活是这样美好》，就是这样的作品。叶佩英在演绎这个作品的时候，她的声线是充满正能量的，唱法也是很简单的，达到走入听众内心的效果，把全部深情融进了歌声里，我的作品做到了情意真切才能让听众不会忘怀。

陈：如果音乐有灵魂，这个灵魂您觉得是什么？

郑：我的大部分作品是军事题材歌曲、歌舞剧和影视作品插曲，也是我最在意、最用心的作品。爱国主义和人民至上是我创作歌曲的宗旨，也是我表达的一种精神和情怀。音乐有灵魂，这灵魂是什么？就是真情。要想让战士爱听、爱唱你的歌，就要让你的歌抒发出战士心中的豪情。我的作品以严肃音乐为主。现在这个社会里，最贫寒的就是我们这些搞严肃音乐的。我们那一代人是接受组织培养和党的教育成长的，写歌没有什么奖励。我记得有次家里收拾东西，偶然发现一张奖状，奖状的大意是：郑秋枫同志写了《海外赤子》的主题曲《我爱你，中国》，写得非常好，特此奖励 30 元。我本身酷爱音乐，不在乎钱。国内有不少出版社出了一些音乐书籍，里面放了我的作品，只给我寄了一本书，一分钱没有。当然，给我过多的钱我也不要，我不会要天价，但也不会一分钱不要，一个人总要尊重自己的劳动成果。我儿子说，爸爸，这（张奖状）是个好东西，要好好保存。还有很多人请我谱曲子，也给出很高的酬劳，但我如果觉得歌词很低俗，就会拒绝。低俗的作品给再高的报酬我也不写，这是我的原则。作为一个艺术家，对大众的审美应该是引领的，而不应该一味迎合。我现在回想这么多年的创作生涯，一开始是纯粹的热爱，后来随着年龄的增长，就逐渐感觉到是一种责任。你写的东西对国家、军队和老百姓能起到什么作用？说大了，要对社会发展起到推动作用；说小了，要对人们心灵起到净化作用。

陈：在我们广东歌曲界有一种说法，没有郑老师写不好的东西。因为您是军旅作家，是戴着军章的。都说您是"红精灵"创作了一首《蓝精灵之歌》，大家都很佩服您，没有您写不成功的作品。您创作一首曲子也特别快，对吗？

郑：哈哈，是的，是有这么一种说法。因为我的作品中有《我爱你，中国》的大气磅礴，也有《蓝精灵之歌》的活泼、灵巧，我做到了对多元音乐风格的驾驭。很多人会认为，谱一首曲对我来说是很简单的事，我以前写歌很快，一两天就能写出一首歌来，有时甚至一两个小时就可以写好一首歌。后期我创作作品反而慢了，经常要半个月或者一个月才能写一首歌，歌剧舞剧就更难了。如果你的作品只达到展示个人作曲技巧的目的，没有真正感染老百姓，就不能算是一部好作品。在我看来，一部优秀的作品应追求艺术性和大众性的有机结合。很多人告诉我，您上到80多岁老人下至8岁儿童，各个年龄段都有乐迷。哈哈，这不是一件值得开心的事情吗？我的音乐既要让人得到抚慰，也要让人受到激励、鼓舞，在精神上受到洗礼。

陈：您是东北人，为什么写各地不同风格的音乐都很到位？

郑：我背后花了多少功夫，付出多少劳动你们也许不知道。我认为，艺术创作与两个方面分不开：一是生活的积累，二是技巧的成熟，当然还要有热情。我技巧的成熟归功于两所学校的培养，特别是20世纪60年代初，我去了中央音乐学院学习作曲。经过这次学习，我的技巧得到完善，能够处理好不同的音乐题材。当然，一个成熟的作曲家，他脑子里要装很多东西，要有很多阅历。还有一点尤为重要，我们广袤的中华大地有无尽的音乐养料，这些流淌于血液中的音符，这些行走民间采集的旋律，都会在一首首民族音乐创作中，凝聚成时代的声音。无论什么风格的音乐，精神归属才是最高境界，以情动人其实是对歌曲的最低要求，是第一层次，精神归属才是第二层次。就是说歌曲不仅要有感情，还要透出一种精神，抒情歌曲要让人唱出婉转哀愁，主旋律歌曲听起来不但要好听，还应有一种民族精神、时代精神，骨子里还要透着一股劲儿，那才叫真正动人。

陈：您的作品中具有鲜明的民族韵味，民族的质朴和音调被广泛运用，您是否对民族音乐尤为喜爱？您怎么看待民族音乐？

郑：民族音乐给人以美感，给人带来心灵启迪。我们现在的音乐是用民族音乐的元素发展成一种新的、具有时代性的音乐，它的根还在那里。我始终认为，人民都会喜欢一些美好的东西。流行音乐是一个很大的阵地，有很多观众喜爱，但不能只要商业性而不要艺术性。严肃音乐和流行音乐要联合起来，把应该做的工作做好。

陈：谈到旋律写作，一般情况下，好听的旋律能给听众留下最深刻的印象，这涉及一个音乐可听性的问题，您如何看待大部分西方现代音乐排斥旋律的倾向？在有些作曲家的观念中，优美的旋律属于过去的19世纪。

郑：西方现代音乐追求无调性，不重视旋律的写作。而我们中国的音乐非常重视旋律的委婉、优美和动听，作曲家与听众的情感交流主要是通过旋律来进行的。如果只写那些听不懂的、陌生的音乐，怎么能跟听众交流呢？现代音乐即便是采用无调性、泛调性或序列，其旋律也有自己的走向和过程，这个走向与旋律优美的传统是分不开的。完全不顾这个传统，一味追求全新的、陌生的音响，写出来的作品只有自己喜欢，别人都听不懂，只有极少数人欣赏，大多数人都不能欣赏，一般只演奏一次就被丢进垃圾箱，这只能叫"一次性音乐"。那种认为只要有调性、有旋律的音乐就是保守或守旧的观点，我是不认同的。旋律与我们民族千百年来慢慢形成的欣赏习惯和传统有着血肉的联系，我们应该认真地去消化、去体验、去感受，然后再去创作新的作品。我觉得有旋律、有调性的音乐并不落后，也不保守，新的时代会有新的想法、新的结构和新的变化。我个人在创作过程中会让我的乐谱在彰显艺术创作个性的同时，考虑到我国人民群众的审美特点与情感倾向，对西方传统调式作民族化的改进，使之符合老百姓惯常的欣赏方式，怎能不考虑运用优美的旋律呢？

陈：您从事作曲已逾 60 年，您对当下作曲专业的学生和年轻的音乐家有哪些建议和期望？

郑：年青一代学作曲的同学比较敏感，对国外作曲技术的学习热情普遍更高一些，对国内音乐的关注反而不够。这也没什么问题，他们有的是时间来进行各种创作实验。这中间肯定有好的，也有失败的，甚至只是"一次性"的作品。年轻人要在这个过程中不断总结自己的创作经验和音乐理念，思考作为一个中国作曲家如何能写出现代的、动人的中国音乐，如何为人民过上美好生活提供丰富精神食粮，相信在这样的过程中他们会逐渐完善自己的创作。好的音乐作品也需要评论家们的介绍和推广，鼓励和帮助作曲家们总结创作上的经验。理论家们也很重要，他们不仅仅要介绍作品，还要给予一定的批评和指导，帮助作曲家看清自己的方向，否则写出的作品听众都不喜欢，只是作曲家在那里自我欣赏，变成孤芳自赏是不行的。音乐就是要跟大家见面，艺术就是要有感情的交流。我始终认为，音乐作品要给人以美感、欣赏、享受、审美等，创作时要多往这方面靠拢。严肃音乐曲高和寡，要注意把群众结合起来。作品中既要有自我的表现，也要为大家说话。在创作过程中，有时会很顺利，有时则会很艰难，甚至会走一些弯路，这都是很自然的事情。在这种情况下，理论家们要指出一条更正确、更宽广的道路让他们走下去。评论家们既要鼓励他们写出好作品，也要指出他们创作中的不足，帮助他们走向更宽广的创作道路。

附：郑秋枫主要作品目录①

歌舞剧作品：

1.《五朵红云》，舞剧音乐

2.《海外赤子》，电影音乐

3.《蓝精灵之歌》，动画片配乐

4.《大地回春》，管弦乐

声乐作品：

1.《我爱你，中国》

2.《颂歌献给毛主席》

3.《毛主席关怀咱山里人》

4.《我爱梅园梅》

5.《生活是这样美好》

6.《祖国之恋》

7.《高飞的海燕》

8.《思乡曲》

9.《摇篮曲》

10.《为什么》

11.《春来了》

12.《飞向无限向往的明天》

13.《祖国的春天》

14.《海鸥飞来了》

15.《帕米尔，我的家乡多么美》

16.《啊，我的祖国》

17.《望夫石一行脚印》

18.《如果我是一朵白云》

19.《长城脚下是我家》

20.《长城颂》

21.《七律·冬云》

22.《远望》

23.《珠江水，南国情》

24.《天歌》

25.《珠江，美丽的珍珠河》

---

① 因大部分作品创作年代较早，此作品目录不附创作时间。

26. 《中华之光》

27. 《大潮赋》

28. 《美丽的孔雀河》

29. 《我的歌声传遍天上人间》

30. 《献给"冰山之父"》

31. 《雪域行》

32. 《春天来了》

33. 《我生日的歌》

34. 《珠江颂》

35. 《白鸽，自由飞翔》

36. 《梅关云烟》

37. 《孙中山之歌》

38. 《父亲的脊梁》

39. 《云雀之歌》

40. 《放歌竹乡》

41. 《我依恋你，祖国》

42. 《可爱的祖国》

43. 《永恒的大河，永远的爱》

44. 《清清远远的山和水》

45. 《围龙的故事，围屋的歌》

46. 《泼水节鼓舞》

47. 《我憧憬着有一天》

48. 《快乐的姑娘》

49. 《相约天星桥》

50. 《世界有你更美丽》

51. 《南方小妹》

52. 《月亮湾恋歌》

53. 《雁南飞，雁鸣湖》

54. 《迷人的丹霞山》

55. 《珠海美》

56. 《玫瑰花—牡丹花》

57. 《可爱的祖国，我的母亲》

58. 《祖国啊，台湾儿女的母亲》

59. 《我从祖国的原野走过》

60. 《春燕之歌》

61. 《英雄阿哥回山寨》

62. 《燕子之歌》

63. 《西子湖之恋》

64.《祖国你变得这样年轻》

65.《大海吟》

66.《小平，您好》

67.《海峡情》

68.《祭海》

69.《白衣之恋》

70.《清平调词》

71.《山海不隔有情人》

72.《陌路相逢结姻缘》

73.《问大海》

74.《浪迹天涯振雄风》

75.《问天问地》

76.《魂归梦之谷》

77.《龙的梦》

78.《炎黄子孙气如虹》

79.《水仙叹》

80.《胭脂泪》

81.《相思豆》

82.《牵着大路走》

83.《墨香是故乡》

84.《小巷情歌》

85.《赤土情深》

86.《我的祝福，你的心愿》

87.《远航》

88.《黑牡丹》

89.《索伦河哟流不尽》

90.《民如水，君如舟》

91.《道一声珍重》

92.《旧情难忘》

93.《丰碑长留》

94.《男儿女儿浪迹天涯》

95.《希望》

96.《答应我，亲爱的妈妈》

97.《我们对着日月说》

98.《金色的希望》

99.《月亮与花香》

100.《阿妹等你到天光》

101.《夜色多么美》

102.《何时再相逢》

103.《有一个美丽的小镇》

104.《人生旅途》

105.《爱情啊，爱情》

106.《唱给老师的歌》

107.《唯有君心知我心》

108.《妻送郎君去台湾》

109.《寻手巾》

110.《我爱水乡美》

七 汲阴阳五行精华
谱岭南粤韵新篇

——访著名作曲家房晓敏

作曲家房晓敏

房晓敏简介

房晓敏，当代中国作曲家，广东化州人，出身于音乐世家。其父房鸿明是中国著名音乐教育家，1949 年中华人民共和国成立后的第一批大学生，毕业于东北鲁迅艺术学院音乐部（沈阳音乐学院前身），是沈阳音乐学院院长李劫夫最早的作曲学生之一。

1978 年房晓敏考入沈阳音乐学院作曲系。1982 年以优异的成绩毕业并留校任教。1986 年，作为沈阳音乐学院的青年教师，被派往上海音乐学院进行为期两年的进修学习，师从赵晓生教授。1988 年调入星海音乐学院作曲系任教，1989 年起任星海音乐学院作曲系系主任。

房晓敏创作了大量作品，尤其在民族音乐方面的优秀作品数量甚多，并在各类比赛中获奖。民族室内乐《五行》（1992）获第一届"长风奖"国际中国民族器乐作曲赛首奖。打击乐协奏曲《凤凰涅槃》（1993）获第五届羊城音乐花会民族器乐作品一等奖、广东省第五届"鲁迅文艺奖"。电影音乐《警魂》（1994）获"五个一工程奖"，第一届中国电影"华表奖"优秀电影音乐奖。民族管弦乐《火之舞》（2006）获国际华乐作曲大赛创作大奖入围作品奖。二胡与梆笛双协奏曲《客风》（2006）获第十二届全国音乐作品（民乐）评奖管弦乐"文华奖"。二胡协奏曲《幻想曲》（2006）获中国民族管弦乐学会、中国广播艺术团民族管弦乐新作品征集评选铜奖。

　　除了大量音乐作品的获奖、乐谱及唱片的出版发行之外，房晓敏还注重其音乐创作的理论建树。他从中国古代的阴阳哲学出发，试图寻找一种新的作曲技法来指导他的音乐创作，解决他在创作中遇到的传统作曲技术所不能为他解决的问题和困难，最终创立"五行作曲技法"，并借助"五行作曲技法"建立了自己独特的音乐创作风格。

采访人：赖海忠，广州工商学院副教授
采访时间：2019 年 10 月；2020 年 5 月
采访地点：广州，房晓敏教授家中

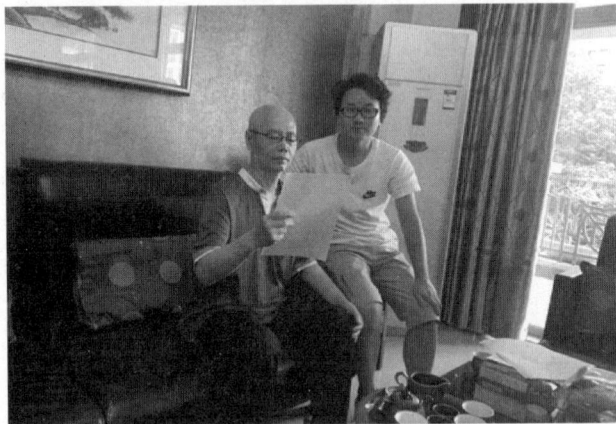

采访人赖海忠与作曲家房晓敏（左）

赖海忠（以下简称赖）：房教授您好，非常荣幸能有机会请您做这次专访。您一生从事作曲、教育、音乐理论三方面的工作，并且在各方面都取得很好的成就。请问您是如何看待和平衡这三方面的关系的？

房晓敏（以下简称房）：你这个问题问得很好，这也是我这一生在不断思考的问题，我觉得我这一生基本上就是围绕这三个方面度过的。

我觉得一位作曲家的立身之本是作品，深入来讲是作品的质量、影响力、风格以及文化内涵等方面。很庆幸作为作曲家，我一生努力创作，从来没有放弃或者松懈过。现在我退休了，回头来看自己写过的作品、开过的音乐会以及录制过的音响，我时常从那里得到幸福，这是一种来自年轻时光的永恒。现在借助音乐媒介听每一部自己曾经写过的作品，我都能清晰地记得当时的创作背景、创作心态、创作历程等，而我的青春甚至人生就浓缩在我的一部部作品里面。所以，回忆往事，我时常会觉得自己幸运地选择了"作曲"这样一个职业，希望同行作曲家们、后辈学生们，大家一定要坚持努力创作，多写出好作品。其实这种期许也来自我长期从事教学工作的一种本能反应，我觉得作为一个作曲老师，最好的教导学生的方法就是以身作则，用自己的言语和行为来影响孩子们，让他们知道如何运用技术去创作，如何在创作中保持激情与灵感。

赖：房老师，从您的创作目录中可以看出，您所创作的作品的数量以及作品所涉及的种类很多，有交响曲、交响诗、协奏曲、合唱、影视音乐等声乐、器乐作品 100 余首（部），您是怎样看待自己的作品以及创作的？

房：我一共创作了声乐作品 46 首，器乐作品 114 部，影视音乐作品 12 部，编曲声乐作品 12 首，编曲器乐作品 68 部。我觉得很庆幸的是，我创作的作品大部分都被出版、演出或者录音过，大部分都成为音响材料保存了下来，这么多年很感谢大家的帮助和支持。

赖：作品的演出、出版、获奖、录音在现在很多作曲家看来，确实是一件不容易的事，因为大家都知道，作为一位作曲家，坚持创作是一件很艰苦的事，需要很强的毅力。请问房教授，在这么长的创作过程中，有没有遇到什么困难？

房：困难肯定是有的，从创作的层面来看，创作不是简单的量的积累，我们创作者思考得更多的是作品的风格与文化内涵。我主张每一部作品都要有一个新的突破，突破以前的作品或者说突破自我，这就很难了。因此，要求作曲家在原有的基础上寻找到一条创作上的"出路"，而这也是我从事音乐理论研究的根本目的所在。从某种程度上来看，我从事理论研究是为了解决我创作上的瓶颈，为创作寻找一条属于自己的出路，这就是我写作《五行作曲法》的初衷。

赖：房教授，您的论著有好几部，您怎样看待自己的这些论著？

房：我的论著有三部，主要是《流行歌曲写作技巧》《五行作曲法》这两部。这两部论著的功能不一样，第一部《流行歌曲写作技巧》是一本通俗著作，它被广泛地应用在音乐教育领域；而《五行作曲法》则是一本比较高深的作曲技术专业书籍。我重点谈谈《五行作曲法》这本著作的特征。

《五行作曲法》以中国古老的《周易》阴阳哲学为依据。《周易》是中国最古老的哲学经典，是诸子百家的开始，是中华文化的总源头。台湾大学曾仕强教授说："《易经》是解开宇宙人生密码的一部宝典。"其中的"宇宙人生"包括宇宙万物和人生万事——医学、建筑、科学、天文、体育、教育等。当然，这其中也包括了音乐。因此，也可以说"《周易》是解开音乐密码的一部宝典"。然而，《周易》与音乐的关系是怎样的？《周易》里包含的"音乐密码"到底是什么？这些就成为我多年研究和探寻的最核心的问题。带着这些问题，我尝试从音乐的节拍、节奏、曲调、调式、和声、音高等多种要素上进行探索，最终找到了音乐与《周易》的对应关系，创立了"五行作曲法"。

"五行作曲法"是我首创的一种与传统不同的作曲技法，这套作曲技法，不管从观念层面还是技术层面，不管从理论层面还是实践运用层面，都是与众不同且值得参考借鉴的。因此，我认为"五行作曲法"具有被弘扬和发展的需要。但是，我们又遇到了另外一个问题——技法的深奥性，就是"五行作曲法"属于现代的作曲技法，学生们应该具备一定传统的技术基础以后再进行研习，这样，对于传统技术的延伸就有较好的意义。

作为一部学术论著，总需要被大众认知，甚至被大众付诸创作实践，然后对后人产生影响。我相信这是每一位热心于写作论著的人的共同追求之一。然而，这种追求是不会停止的，因为世界万物在变化、在发展；音乐也在变化、在发展；理论也需要不断地完善与发展。《五行作曲法》是一部写不完的书。实际上，这本书自 2003 年第一次出版后，我也在不断地往里面增添内容以达到不断完善的目的，这需要很多热心人在往后的日子里不断地努力。我认为努力的方向大致在技法的宽度与深度以及技法的通俗性、普及性等方面。20 世纪的音乐，我们不敢奢望所有的音乐作品都用同一种技法写成，用同一种分析方法对所有作品进行分析，我们也不希望音乐分析者单纯进入作曲家设定好的范畴做看似繁复的技术分析，我们渴望多层面、多视角去创作作品、认识作品。通过对《周易》的学习以及对"五行作曲法"的学习和研究，作曲者可以更好地处理传统与现代之间的平衡问题——如何在传统中发展现代、如何在现代中保留传统，以及现代音乐的文化内涵问题——如何在现代音乐创作中把握自己的音乐理念与哲学取向等问题。

赖：房老师，听您这么说，我们知道了您的理论是为了解决音乐创作的需要而创立的，那您是否在您的作品中大量运用了"五行作曲法"？

房：有的，我的大部分作品都有运用这个技法，比如《悟》《五行》等作品。这两部作品是我理论研究与创作同步的作品，所以技法比较明显。

《悟》创作于 1988 年 2 月，1988 年 9 月获辽宁省第二届音乐作品评奖二等奖；1988 年 11 月又获全国第六届音乐作品评奖纪念奖；并于 1991 年发表于《星海音乐学院学报》第 1、第 2 期。这部作品两次被作为音乐理论实践性作品收录在《五行作曲法》一书中。由此可见，该作品的重要性及该作品对《五行作曲法》在创作实践中的意义。该作品写于 1988 年，《五行作曲法》开始写作于 1984 年，作品的写作和理论的完成是同步的，每当在音乐创作中遇到困难，我就尝试去寻找一种理论上解决问题的方法，最后，理论找到了，理论完成了，作品也就完成了。近年来该作品被越来越多的演奏者关注，并在不同的地区和不同的场合演奏，是民族室内乐作品中不可或缺的优秀现代作品之一。

赖：房教授，您的创作与理论与您的教学之间是什么关系呢？

房：作为一位音乐学院的教师，以及音乐学院作曲系主任、教授、硕士生导师，我觉得教师这个职业对我的影响很大。我 1982 年毕业于沈阳音乐学院作曲系理论作曲专业，获文学学士学位。自 1982 年以来，我在沈阳音乐学院、星海音乐学院作曲系从事作曲、配器、曲式与作品分析、和声等多门课程的教学工作，现在我的主要研究方向为作曲、配器。我认为我的创作与音乐理论研究很多时候也是对作曲教育的一种探索，并且通过探索得出成果再传授给学生。我经常在思考一些问题：学生怎么才能学会技术？学生如何才能与众不同？学生如何独立创作？等等。

赖：很开心听您讲述关于作曲、音乐理论以及作曲教育方面的见解。我们对于您如何走上音乐这条路，并且有什么人对您产生影响也非常感兴趣。您是否可以跟我讲一下您的这些故事呢？

房：其实这些东西我以前很少讲起，但是过去的事情总是记忆犹新的。尤其是现在我退休了，闲下来了，还经常喜欢回忆往事。既然今天有这么一个机缘，我就来跟大家好好讲一下我的故事。因为故事比较长，我将其划分为几个时期来讲，大家感兴趣的话就耐心听我讲一下，我觉得我的人生经历了几个过程：出生、童年、知青时期、大学时期、上海音乐学院时期、广东时期。

1956年，我出生于沈阳的一个音乐世家（祖籍广东化州）。我的父亲房鸿明是1949年中华人民共和国成立后的第一批大学生，毕业于东北鲁迅艺术学院，是沈阳音乐学院原院长李劫夫最早的作曲学生之一，我父亲毕业后留校任教，主教歌曲写作，是当时国内比较有名气的作曲教育者。他的学生有傅庚辰、雷雨声、羊鸣、白成仁、谷建芬等。

童年的我对音乐有着非常浓厚的兴趣。在我很小的时候，每天早上，父亲都早早地起来创作，我也就从床上爬起来了。父亲创作的时候我就在外面偷听，觉得很有趣。父亲一投入就情不自禁地又唱又跳的，特别是在冬天，还经常会发生一些类似这样的事情：父亲一大早起来创作，很投入，经常把手套拿在手上当袜子，不断地往脚上套，很久都穿不进去，他自己还没发觉，直到在门外偷听的我把头从门外探进来对父亲喊一声："爸！那是手套。"他才回过神来。

每一位父亲都是孩子的偶像，父亲对音乐创作的热爱和投入我是看在眼里的。自然地，父亲和音乐就成了我童年的偶像。但我从小就是个很懂事的孩子，看到了父亲生活上和事业上的艰辛，我能理解父亲，所以我既想学音乐但又不敢向父亲提。怎么办呢？我想了一个办法——在家里，我瞒着父亲偷艺；在外面，我瞒着家人自学，走上了漫长的自学之路。

小学时期，我偷偷地跟小科班唱戏练功。"文化大革命"时期，我参加了忠字舞队和毛泽东思想宣传队唱"样板戏"。初中时期，我参加了各种宣传队，到农村跟农民学二胡和笛子。高中时期，我参加高中文艺宣传队搞舞蹈、唱"样板戏"，学习小提琴、钢琴。知青时期，我自编、自导、自演文艺节目、搞合唱指挥、写作歌曲和编曲。就是在今天的条件下，要学这么多的音乐学科也是很难的，何况当时几乎没有一个专业的音乐老师指导我，对于我来说，大部分情况就只能自学、苦心琢磨了。而学这些的前提条件是必须在课余时间和干完家务活以外的时间。

到底是什么力量使得一个小孩能够以这样的毅力不折不挠地进行这么多方面的音乐自学呢？天才式的兴趣？不是的。那是什么？答案就是：音乐是我内心唯一的"出路"。

初中的时候，我的父母都被抓了。每次在街上看到父母被批斗，我的眼泪就哗哗地流。那段时间我是非常痛苦的。面对生活的痛苦，我能做什么呢？我唯一能安慰自己的就是参加学校宣传队，到工厂、农村、部队去慰问演出。尽管当时的条件十分艰苦，几十个人睡在一个大炕上，冬天的时候冻到结冰，每天都换一个地方演出，又晕车，我在车上是没完没了地吐，但是这些对我来说已经不重要了。因为我知道，在这个时候只有去演出，只有音乐才能使我忘却人生的烦恼，只有音乐才能表达自己内心的苦闷。

四年知青生活，对我来说印象最深刻。对于体质不大好的我来说，这是个很难适应的环境。因为这一切都不是我擅长的，但是又必须把农活干好。那种生活非常苦啊！晴天去旱田，雨天去水田。每天天还没有亮就起来干活，太阳一出来我就希望马上日落，盼着天黑回去睡觉，觉得那段时间过得很慢、很慢，有时候累得趴在水田里都可以睡着。但是那段时间最美好的事情，就是可以偷偷给知青和农民拉小提琴。只要他们喜欢听，我再累也会给他们拉曲子。有时候拉着别人的曲子，拉着拉着就情不自禁拉出一些自己即兴创作的新旋律。那些知青和农民听着听着，就开始流眼泪，后来就稀里哗啦地哭起来。其实那并不是因为我拉得好，而是那段时间大家心里都很苦。在那个时候，音乐让人家笑是很难的，让人家哭就很容易。因为我拉出来的音乐，全都是我们当时生活的真实写照。

直到1978年，高考开始了。我欣喜万分，但又马上陷入困境。因为离高考只有四个月的时间了，摆在我面前的又是一条坎坷的、进退两难的路。放弃高考吧，意味着我将继续"面向黄土背朝天"的生活，意味着我和心爱的音乐越走越远。参加高考吧，意味着在四个月的时间内，我要重新把丢弃四年的文化课全补回来，意味着四个月内完成所有音乐学院招生考试的专业要求。我相信自己苦苦等待的机会来了，决不能放弃。我的执着终于打动了父亲，在最后的四个月，父亲教我作曲理论和钢琴曲写作。

事实证明，哪怕只有四个月的时间，我也可以创造奇迹，最后我以优异的成绩被沈阳音乐学院和吉林艺术学院两校录取了，但最终我还是选择了沈阳音乐学院。

那段时间我每天都只睡三个小时，再到后来，就连这三个小时的睡觉时间都觉得心疼，不过还好，我挺过来了。我终于靠自己的努力从乡下走进音乐学院，用汗水换取那一纸入学通知书。当收到通知书那一瞬间，我唯一的感觉就是——终于可以搞专业了。

历经磨难，我终于迎来了人生的第一个转折点。此后我作为沈阳音乐学院作曲系1978级的学生，开始了我专业音乐创作的道路，在这里我遇到了一班志同道合的人共同追逐梦想，如唐建平（中央音乐学院作曲系主任）、王宁（中国音乐学院作曲系主任）、高佳佳（中国音乐学院科研处处长）、姜万通（中国音乐学院图书馆馆长）……我们都是有着共同的追求和理想的人。但我很快就发现，我和同学们不一样，在这班同学里面，只有我一个人是知青，其他的同学几乎全部出自艺校、乐团、歌舞剧院等专业团体。这就意味着我的音乐基础没有同学们好，跟同学们存在比较大的距离。当时面对这样的问题，我的想法非常简单，就想着通过自己更多的付出来缩短这段距离。于是，我把在插队和备考前的生活模式搬到了学院——每天都是凌晨12点睡觉，半夜3点起床写作。

其中，还有这么一段小故事：当时，我和王宁是同宿舍的上下铺。王宁每天晚上都在外面创作，直到天亮才回来；而我每天都是深夜12点回来睡觉，凌晨3点钟又出去了。因为我出去的时候王宁还没有回来；等王宁回来的时候，我早已出去了。这样持续了几年，我们两个人在大学时期几乎很少在宿舍碰面。这也是当年沈阳音乐学院作曲系的一个幽默话题。

　　为了保持专业学习的旺盛精力，提高学习效率，磨炼自己的学习毅力和耐力，我每天早上坚持长跑，四年如一日，风雨无阻。这在当时的沈阳音乐学院是一段佳话。这样简单又快乐的生活，让我打下了扎实的作曲基础。1982 年我以非常优异的成绩毕业，是同班同学中唯一一个留校从事作曲专业教学工作的。

　　1986 年，我又迎来了人生的一个机遇，作为沈阳音乐学院的青年教师，我被派往上海音乐学院开始了为期两年的学习。在上海音乐学院的日子是我事业的第一个转折点，那里是我"悟道"的地方，上海音乐学院开阔了我的视野，拓宽了我创作的思路。更重要的是：在上海音乐学院，我学会了做人。上海音乐学院的老师们给了我人生最重要的启迪：要想作曲，先学做人，因为只有学会做人，人才有生活；作曲家有了生活，才有音乐。

　　1988 年，我学成来到了广州，我久违的家乡。虽然我在北方度过了难忘的32 年，但广东才是我的寻根所在。从小听爸爸哼唱广东民歌的时候，我就十分着迷。今天终于在我学业有成的时候回来这里，我做好了所有的准备——万事俱备，只欠东风了。我将全身投入到广东音乐创作之中。

　　广州是一座开放的国际化大都市，我在广州的星海音乐学院工作，很快就发现真正的广东音乐不在这里，而是在广阔的民间，于是我又做了一个决定：走进民间，扎下根去。于是，我开始了第三次下乡采风生活（1970 年第一次跟随父母下乡走"五七道路"，1974 年作为知青再次下乡插队），我几乎把所有的假期和业余时间都花在民间采风上。我亲自去拜访那些民间艺人，和他们生活在一起，跟他们交朋友，跟他们喝酒，听他们唱歌。20 年来，我听了无数场民间乐团的现场演唱和演奏。有时，一个晚上要跑好几个地方听客家山歌、咸水歌、广东音乐、潮州音乐、汉乐、粤剧、潮剧、雷剧、山歌戏、采茶戏……我像民族音乐学家一样几乎走遍了粤语地区，采集民歌、民间音乐、地方戏曲，研究他们的音腔，跟他们学唱。我要把音乐作为文化进行深刻的研究之后再进行创作，写出具有深度和内涵的音乐。

　　赖： 非常感谢房教授与我们分享这么精彩、励志、正能量的故事，也让我们有机会更好地了解您的作品，同时我们祝愿您身体健康，写出更多好作品，谢谢！

附：房晓敏主要作品目录

室内乐作品：

1. 1987 年，《觅》，小提琴与钢琴

2. 1987 年，《寺戒》，大管与打击乐

3. 1988 年，《悟》，扬琴、古筝、高胡三重奏

4. 1988 年，《五行》，梆笛、扬琴、琵琶、古筝、二胡五重奏

5. 1999 年，《花朝月夕》，高胡与钢琴

6. 2001 年，《五谷丰登》，打击乐六重奏

7. 2001 年，《梦海望月》，丝弦四重奏

8. 2002 年，《黄山意象二则》，扬琴独奏

9. 2002 年，《九野》，钢琴组曲

10. 2004 年，《童年回忆》，小提琴与钢琴

11. 2007 年，《变奏幻想曲》，钢琴独奏

12. 2008 年，《幻想曲》，长笛合奏

13. 2009 年，《穹艾修来》，琵琶与钢琴

14. 2010 年，《花朝月夕》，民乐六重奏

15. 2010 年，《悠悠》，箜篌独奏

16. 2010 年，《黄山意象》，扬琴组曲

管弦乐作品：

1. 1993 年，《冰上情火》，管弦乐组曲

2. 1993 年，《凤凰涅槃》，打击乐与乐队

3. 1994 年，《冥》，高胡协奏曲

4. 1996 年，《莱村女》，高胡协奏曲

5. 2000 年，《山寺》，民族管弦乐

6. 2001 年，《莲花山素描》，扬琴协奏曲

7. 2003 年，《湘西音画》，板胡与乐队

8. 2003 年，《金色的秋天》，民族管弦乐

9. 2003 年，《客风》，梆笛、二胡与乐队

10. 2005 年，《广东映象》，民族管弦乐

11. 2005 年，《月恋》，古筝协奏曲

12. 2006 年，《幻想曲》，二胡协奏曲

13. 2006 年，《川藏风情》，民族管弦乐

14. 2007 年，《龙飞凤舞》，扬琴与乐队

15. 2007 年,《花朝月夕》,高胡与乐队

16. 2009 年,《火之舞》,民族管弦乐

17. 2009 年,《珠江随想》,长笛协奏曲

18. 2009 年,《鸦片战争》,交响诗

19. 2010 年,《难忘的记忆》,交响叙事曲

20. 2010 年,《岳母刺字》,民族管弦乐

合唱作品:

1. 1993 年,《小溪和大海》,领唱与合唱

2. 1993 年,《钻石之光》,合唱组曲

3. 1993 年,《嘎耶》,无伴奏合唱

4. 1994 年,《老师啊!妈妈》,童声领唱、齐唱、合唱

声乐作品:

1. 1989 年,《月下独酌》

2. 1989 年,《你和我》

3. 1989 年,《东方巨龙》

4. 1990 年,《十月畅想曲》

5. 1990 年,《七色风》

6. 1990 年,《莱村女》

7. 1991 年,《欢乐的颂歌》

8. 1992 年,《走过这座山》

9. 1992 年,《苦涩的泪》

10. 1992 年,《玉洁冰清万古流》

11. 1993 年,《女人就是这样》

12. 1993 年,《人生就是一点点》

13. 1994 年,《说谎话的放羊娃》

14. 1995 年,《匆匆来去》

15. 1995 年,《尊长辈·习礼仪》

16. 1995 年,《家爱我·我爱家》

17. 1995 年,《月亮勾勾》

18. 1996 年,《南光·放飞你的梦想》

19. 1998 年,《香江谣》

20. 1999 年,《祖国我的亲娘》

21. 2003 年,《如花的母亲》

22. 2004 年,《红十字旗在飘扬》

影视剧配乐:

1. 1989 年,电影《阿罗汉神兽》,电影音乐

2. 1989 年，电视剧《莱村女》，电视剧配乐

3. 1990 年，电影《冰上情火》，电影音乐

4. 1990 年，电视剧《水之情》，电视剧音乐

5. 1991 年，电影《血战天狮号》，电影音乐

6. 1991 年，电影《朦胧中的罪恶》，电影音乐

7. 1991 年，电视剧《南沙的鹰》，电视剧音乐

8. 1991 年，电视剧《中国玉》，电视剧音乐

9. 1992 年，电影《复仇的女人》，电影音乐

10. 1994 年，电影《警魂》，电影音乐

11. 1995 年，电视剧《母亲桥》，电视剧音乐

12. 1996 年，电视剧《驮夫行》，电视剧音乐

13. 1997 年，电视剧《羊城骑楼下》，电视剧音乐

14. 1998 年，电视剧《热血长城》，电视剧音乐

15. 2001 年，电影《人命关天》，电影音乐

16. 2004 年，大型电视纪录片《国魂》，电视音乐

17. 2006 年，电影《我想跳舞》，电影音乐

八 交响乐创作是一种幸福

——访著名作曲家钟峻程

作曲家钟峻程

钟峻程简介

　　钟峻程，1954 年生于广西来宾，父母并没有给他提供接受专业的音乐教育的机会，但是当他从广播中听到各种音乐时便悄悄地在心中埋下了音乐的种子。1985 年毕业于广西艺术学院，师从徐月初教授学习作曲与作曲技术理论，同年考取武汉音乐学院作曲系和声学硕士研究生，师从童忠良教授。1988 年 7 月毕业，获文学硕士学位，同年分配到广西艺术学院音乐学院任作曲及作曲理论专业教师至今。1982 年创作了小提琴独奏《思念》，为其首部作品。他的代表作品有：1990 年创作的单簧管独奏《山祭》、2010 年创作的单簧管协奏《长歌行》、2011 年创作的钢琴独奏《侗族大歌》、2015 年创作的《第四交响曲——新生命》、2019 年创作的《第九交响曲——战争与和平》等。其中《第四交响曲——新生命》是他感情最深的一部作品。他长期从事作曲及作曲理论的教学、创作和科研工作，指导的学生在创作方面获得了各种等级的奖项，并经常举办师生新作品音乐会，许多作品在社会上获得了好评。

钟峻程撰写专著及论文多篇（部）。与童忠良教授、晏成佺教授合著的《基本乐理教程》由北京人民音乐出版社出版发行，论文《论半音中音关系和弦连接》《和弦连接的易经数理周期率》《序列音乐中的框架结构控制》《广西民间器乐中的微分音现象与西方微分音乐》在中文核心期刊发表并获得国家级奖项。此外，他还创作了几十部音乐作品，近五年创作了交响叙事曲《壮寨门》、交响诗《印象刘三姐》、合唱与交响乐队《灾难安魂曲》；电视连续剧《红问号》《反伪先锋》《导游小姐》《泪洒红城》《丈夫》全剧的音乐及主题歌；完成了广西壮族自治区教育厅立项的科研项目"现代作曲技术与广西民族音乐创作与教学"，并承担着"广西民族民间音乐的四音列结构"等多个科研项目。

采访人：冯林涛，广西艺术学院硕士研究生
采访时间：2019 年 9 月；2020 年 5 月
采访地点：广西艺术学院

采访人冯林涛与作曲家钟峻程（左）

　　冯林涛（以下简称冯）：钟老师您好，很荣幸能采访您。作为您的学生，之前在您的课堂上得知，您是在 20 世纪 80 年代毕业于广西艺术学院的，那么在此之前，您是从什么时候开始接触或者学习音乐的呢？

　　钟峻程（以下简称钟）：我大概是在十二三岁，应该是上初中时，刚开始接触音乐，我父亲教我拉二胡，当时还是"文革"期间，我接触的是"样板戏"。

　　小时候，我的父母并没有给我提供接受专业音乐教育的机会，但是当我从广播中听到各种音乐时，便悄悄地在心中埋下了音乐的种子。

　　冯：在广西艺术学院的学习对您的创作产生了什么样的影响呢？

　　钟：我记得我是 1975 年左右到了桂林，开始在桂林歌舞团从事小号、圆号等演奏工作。六年的工作经历让我受到了良好的文化熏陶，并积累了丰富的音乐工作经验。

　　在我 27 岁的时候，我报考了广西艺术学院，最终顺利被录取，来到著名的音乐教育家徐月初教授门下。从那一刻开始，便开启了我在广西艺术学院作曲专业的学习生涯。在四年的专业音乐学习中，为我的艺术发展打下了坚实的基础。毕业后，我又考入了武汉音乐学院作曲系童忠良教授的门下，攻读硕士学位。读研期间所接触的知识对我的创作起到了关键性的作用。在研究生毕业后，我回到了广西艺术学院音乐学院任教。我觉得，要创作出具有广西民族特色的音乐，我就需要扎根于广西的大地上，去充分吸收那无穷的民族文化养分。同时，我很想为家乡的音乐教育事业做出自己的贡献。

冯：我在广西艺术学院这几年的学习中，有许多难忘的经历。记忆最深刻的就是在您的课堂上，我不仅学到了知识，还听您说过很多您的经历。那么，在您读书期间有什么经历是令您难忘的？

钟：我最难忘的经历就是每一次的创作。每当我在电脑前进行音乐创作时，身心就感觉无比愉悦和放松，仿佛我是一个久经沙场的三军统帅，而多声部交织在一起的音符就是自己的军团，我正在运用自己的作曲专业知识组织和指挥一场重大的战役，并一定会取得胜利。

冯：钟老师，您创作了许多作品，在课堂上我听您讲过《第四交响曲——新生命》这部作品。您还记得您的第一部作品吗？

钟：在我刚开始创作的时候有些作品是乱写的，所谓的第一部作品我已不记得了，不过它记录在我的创作年表里面。

我印象最深刻的一部作品应该是1982年创作的小提琴独奏《思念》。其他的还有1985年创作的钢琴独奏《爻》，1987年创作的二胡与编磬《霓裳》，1988年创作的琵琶独奏《木楼赋》，1989年创作的器乐合奏《踩歌堂》和1990年创作的民乐重奏《猎山之舞》等，这些都算是我印象比较深刻的早期作品。

冯：钟老师，请问在您的作品中，哪一部是您最满意的？是不是您给我们讲述的《新生命》？还是其他的作品呢？

钟：我是希望我创作的每一部作品都能充满自己强烈的感情。比如我刚刚写完的《第九交响曲——战争与和平》，我对这部作品充满了感情，目前这部作品还没有正式演出，大概要等到东盟音乐周开幕式的时候才会正式演出吧。

但实际上，我对你刚提到的《第四交响曲——新生命》，倾注的感情会更加浓烈一些。《第四交响曲——新生命》是一部具有强烈音响色彩对比并表现作曲家内心情感独白的单乐章交响曲。我以"新生命"为创作主题，运用交响化的音乐语言表达了我对女儿的期盼、疼爱与担忧的情感。

冯：在我们刚步入大学时，有中、西方音乐史这两门课程，我们通过这两门课了解到许多中外作曲家。您最喜欢哪一位作曲家？他对您有无重要的影响？

钟：我喜欢的作曲家有很多，但没有特别喜欢哪一位。我喜欢一大群作曲家，我认为这一大群作曲家都很了不起，但是没有哪一位是让我产生一种崇拜偶像般的感觉。因为我们这个年龄段的人可能跟现在的年轻人不太一样，现在的年轻人可能会有最喜欢的一位作曲家，但我没有哪一位作曲家是最喜欢的。

但是，你若问我哪一群作曲家是我喜欢的，那有很多。比如，莫扎特、贝多芬、肖邦、穆拉文斯基，再如现在的梅西安等，这一群从传统到现代的作曲家，我都非常喜欢。

冯：钟老师，请问您如何看待技法与艺术创作的关系？

钟：技法是非常重要的，因为没有技法的话，一切都是白搭。比如多声部音乐的创作，特别是交响乐的创作，如果没有技法的话，纵使是天才都没法创作。所以技法是非常重要的。

当然，所谓的创作的感觉也是非常重要的。但是，我总是在想，一个人通过技法的学习，能够更多地了解全世界从古到今所产生的这些技法，只要你认真地去学，认真地去听这些作品，我相信所有的人都能够找到作品中的那种感觉。说句真心话，不可能每一个人都是天才，当然我所讲的天才的标准是很高的，包括我喜欢的一些作曲家，我未必认为他们就是天才。比如说贝多芬，我个人并不认为他就是天才，但是我却认为贝多芬是一个很努力、很刻苦、很有毅力的人。也许有很多比他有天分的人，但是没有成为作曲家，因此贝多芬能成为著名的作曲家不单单因为他有天分，更重要的是他对音乐的热爱与执着。再比如说像莫扎特这种从小就有名气的作曲家，之所以能够成名，我认为都是因为有一份对音乐的执着和热爱。

冯：钟老师，请问您最满意的作品是哪几部？能否请您对创作缘由、构思、过程、主要技法等进行详细介绍？

钟：我仅介绍一下我的《第四交响曲——新生命》，这是一部时长22分钟的单乐章交响乐作品，创作于2015年。这部作品的创作契机源于2014年11月我的小女儿天天的出生，"天天"取自天天享受上天恩典之意，心怀感恩。年过花甲而获"小棉袄"，我的欣喜之情无法用语言表达，呵护疼爱和期盼之心同样难以言表。生命的孕育、诞生、成长和轮回，构成了人类发展的历史，回望人生，百感交集，于是我逐渐有了创作交响乐的冲动。

这部作品第一部分是由民歌素材而来的主题，即小提琴演奏的"父辈"主题，温暖而宽厚。开头的前十二个音是一个音列，其中最重要的是E、A、B三个音，这三个音之间构成的音程关系是整部作品的核心，起到重要的结构力作用，通过移位、倒影、逆行等手法不断重现。第二部分主题是"新生儿"，以木管音色来模仿婴儿特有的、音高近似小三度音程的声音。同时出现的是无调性的弦乐队，试图以两者的反差描述婴儿的单纯和世界的复杂。第三部分是乐队的第一次全奏，激情厚重且光明向上，是对新生命的期盼，对人类命运精神层面的表达。主要旋律集中在圆号、大提琴、英国管、黑管等偏低的音区。第四部分转快板，主要用到一个固定九音列的卡农层，骨干音程仍然是纯四度、大二度、小三度，起到结构力作用。这一部分想要在四五拍中造成非重复的律动，同时在不同调式、调性移位，再配合不同的乐器配置，音色变得越来越复杂，以此来表达等待新生命诞生和新生命诞生后的复杂心情。第五部分出现的是小提琴独奏，同时出现的管钟意图模仿教堂里音高略带游移的钟声。虽然用了非三度叠置和弦，但整体音响效果和谐，体现出对孩子温暖呵护的感觉。第六部分出现不断转换和激烈碰撞的情绪，象征孩子长大后从被呵护过渡到独立成长，最终达到生命辉煌的顶点。这一段主要运用十二音序列主题模进、分裂与重合，频繁转换的节拍进一步增强了紧张度。第七部分再现，意为生命的轮回。这一部分我用了我自己非常喜欢的手法——一段宏大的效果之后，单独使用一件乐器，使之与之前形成对比。这里使用了英国管来作为独奏乐器。第八部分是尾声，小提琴独奏再次出现，管钟的音响如同天堂。新生儿主题在木管声部再次出现。

冯：钟老师，请问您在创作的过程中有运用一些特殊的技法吗？

钟：我个人觉得没有什么特殊技法，作曲技法就像其他技术一样，做任何东西大家都会从不同的角度去考虑，用不同的方法去处理。技术都是会用到的，并没有什么所谓特殊的技法。

我觉得可以在自己的音乐中用任何一种手法。当代作曲家所用的极其现代的手法中也一定包含着情感，只是各自的理解可能不尽相同。在他们创作音乐的过程中，是技术和情感的结合，而不是单纯地使用某些作曲技法，技术也应是为想要表达的情感服务。

冯：钟老师，请问您是如何看待音乐作品的民族性、世界性的问题？在您的创作中，如何处理现代作曲技法与民间音乐元素之间的关系问题，它们能否相对统一在一部作品中？

钟：民族性与世界性这个问题很有趣，我们很多人都说民族的就是世界的，我也同意这句话，但我不同意原始的民族的就是世界性的。

"古为今用，洋为中用"在很长一个历史阶段是我国文艺创作者遵从的理念。但是，传统音乐属于过去，西方音乐属于国外，当西方音乐的河流汇入我国时，必然会影响到我国的传统音乐与文化，传统音乐必然发生改变。我们留下经典，淘汰平庸，从而创作中华民族新时代的音乐文化。我认为，应融汇西方古典音乐、中国传统音乐与现代音乐的各种手法，植根于民族，立足于融合，从而形成一种体现个性特色、民族精神、时代气息的"融合"的音乐风格。

在交响音乐创作中，我一直在倾力寻求交响乐体裁传统作曲技法与现代作曲技法的结合，并与广西民族音乐元素三者做到融会贯通。交响音乐及其运用的传统与现代作曲技法均是西洋"舶来品"，其与广西民族音乐属于两种不同的文化体系，我们要努力做到融会贯通，做到多元文化的融合。我的"多元文化的融合"音乐创作观念，渗透在每部作品中。多元文化融合的音乐思想，饱含着理性和感性两个方面的思想：

其一，在理性层面上，主要体现出对传统作曲技法、现代作曲技法与中国民族民间音乐元素间的融会贯通。我的作品既有广西少数民族的音乐曲调，又融合了西方作曲技法的精髓，对那些短小精美的民间曲调做了交响化的演绎，创造出全新的音乐体验，践行出多元文化融合的音乐理想。

其二，在感性层面上，我的作品也表现出深刻的思想内涵，通过音乐"感性"上的认知，感染着每位欣赏者。

冯：钟老师，请问您在创作中如何处理现代作曲技法与民间音乐元素之间的关系问题，它们能否相对统一在一部作品中？

钟：它们当然可以相对统一在一部作品中，这是每位作曲家都能做到的事情。比如我的《第四交响曲——新生命》，就是用民歌写出来的，但是如果不跟你讲的话，你根本就听不出来所谓的广西民歌到底在哪儿。

冯：钟老师，请问岭南风格在您的作品中占有多大比例？您认为作曲家是否应该具有地域性特点？

钟：我对岭南音乐没有太多的研究，每个地方都有不同的说法。我也没有搞清楚两广的音乐是不是都是岭南音乐，我个人不太关注这个。

冯：感谢钟老师百忙之中抽空接受我的采访，在与您的访谈过程中我受益匪浅，期待您创作更多的新作品。

附：钟峻程主要作品目录

1. 1982 年，小提琴独奏《思念》

2. 1985 年，钢琴独奏《爻》

3. 1987 年，二胡与编磬《霓裳》

4. 1988 年，琵琶独奏《木楼赋》

5. 1989 年，器乐合奏《踩歌堂》

6. 1990 年，民乐重奏《猎山之舞》；单簧管独奏《山祭》，获全国高等音乐艺术院校单簧管中国作品评选优秀创作奖

7. 1991 年，竹筒琴合奏《山之情》；无孔笛与乐队《盘王祭》

8. 1992 年，唢呐与民乐队《山葬》，获广西壮族自治区第一届民族器乐比赛创作奖第一名；合唱与打击乐《野山》；单簧管与钢琴《山暝》

9. 1993 年，人声与广西少数民族乐器《大山人》，获广西第一届国际民歌节展演作品优秀奖；管弦乐曲《空间随想》

10. 1994 年，管弦乐队版《山葬》

11. 1995 年，管弦乐曲《花纸伞》

12. 1996 年，钢琴独奏《大山谣》

13. 1997 年，竹笛与古筝《山寨印象》

14. 1998 年，啵咧、马骨胡、琵琶、古筝与打击乐《哭嫁》

15. 1999 年，竹筒琴与马骨胡《喊山》

16. 2000 年，人声、古筝与二胡《阿妹谣》；民乐合奏《天地吟》

17. 2001 年，男高音、钢琴与打击乐《蜀道难》，2002 年获第四届广西壮族自治区职工艺术节优秀创作奖

18. 2002 年，钢琴独奏《遥远的山寨》，获广西壮族自治区首届中小型音乐作品比赛二等奖

19. 2003 年，少数民族器乐合奏《欢庆吹打》

20. 2004 年，钢琴独奏《山歌调》

21. 2005 年，丝管五重奏《烟雨漓江》；打击乐合奏《鼓妹》

22. 2006 年，长号、钢琴与打击乐《酒鼓·酒歌》

23. 2007 年，为八位演奏家而作《刘三姐叙事曲》；女高音、男高音与七位演奏家《风雨桥回响》

24. 2008 年，为六位演奏家与民歌手而作《虚拟四音列》；钢琴独奏《山寨臆象》；铜管五重奏《山之祭》；琵琶与交响乐队《十送红军随想曲》；合唱与交响乐队《天堂的路》

25. 2009 年，钢琴与交响乐队《古寨门》，获广西壮族自治区第五届音乐舞蹈比赛音乐创作类一等奖；第一琵琶协奏曲《木楼随想》获广西壮族自治区第

五届音乐舞蹈比赛音乐创作类二等奖；木管、铜管与钢琴五重奏《风雨桥随想》

26. 2010 年，单簧管协奏曲《长歌行》，获第八届中国国际单簧管艺术节音乐创作类金奖；第二琵琶协奏曲《骆越春秋》；交响诗《黑衣壮狂想曲》；交响诗《印象刘三姐》；合唱与交响乐队《北部湾组歌》；琵琶与交响乐队《红色经典随想》

27. 2011 年第三琵琶协奏曲《内触的天堂》；五重奏《溯——观花山壁画而作》，获广西壮族自治区第六届音乐舞蹈比赛音乐创作类金奖；琵琶与钢琴版《骆越春秋》，获广西壮族自治区第六届音乐舞蹈比赛音乐创作类银奖；单簧管与钢琴版《长歌行》，获广西壮族自治区第六届音乐舞蹈比赛音乐创作类银奖；钢琴独奏《侗族大歌》，获广西壮族自治区第五届"金钟奖"

28. 2012 年，四幕歌剧《大秦灵渠》，获中国第三届校园戏剧节最高奖"中国戏剧奖·校园戏剧奖"优秀剧目奖、优秀作曲奖，获广西壮族自治区第八届戏剧节桂花音乐创作奖第一名、桂花剧作奖；获广西壮族自治区艺术学院院长特别奖；钢琴协奏曲《壮天歌回响》；双钢琴与打击乐《山寨土风》；萨克斯四重奏《十二月的阳光》

29. 2013 年，《第一交响曲——骆越大地》；竹笛协奏曲《海平线》；弦乐四重奏《壮族嘹歌》，获广西壮族自治区第七届音乐舞蹈比赛音乐创作类一等奖；弦乐四重奏《漓江素描》，获广西第七届音乐舞蹈比赛音乐创作类二等奖；木管五重奏《苗寨印象》，获广西壮族自治区第七届音乐舞蹈比赛音乐创作类二等奖

30. 2014 年，《第二交响曲》；《第三交响曲》；长笛、萨克斯与钢琴《风之语》；长笛、单簧管、小提琴、大提琴与钢琴《天边的山寨》；长笛、单簧管、小提琴、大提琴、钢琴与打击乐《花山壁画》；单簧管与钢琴《空山吟》；长笛、单簧管、小提琴、大提琴与钢琴《苗寨的风》

31. 2015 年，《第四交响曲——新生命》；《第五交响曲——中国命运》，为反法西斯战争胜利 70 周年而作弦乐四重奏《情韵苗寨》；大提琴四重奏《林中的阳光》；双小提琴与钢琴《云山》；小提琴、大提琴《风过瑶山》

32. 2016 年，《第六交响曲——Ai Ge Ai Wa》；小号、长号、低音单簧管与男中音《远古的民歌》；混声合唱与钢琴《山之语》

33. 2017 年，《第七交响曲——尘Ⅰ》，获广西壮族自治区第八届"铜鼓奖"、广西壮族自治区文艺"山花奖"；高音萨克斯、中音萨克斯、琵琶、古筝与钢琴《尘Ⅱ》；古筝独奏《望云山》；四幕歌剧《大汉海路》

34. 2018 年，《第八交响曲——尘Ⅲ》；双钢琴《二音列民歌》；室内交响乐《疾风》；《大汉海路》歌剧序曲；室内乐九重奏《群山中的苗寨》

35. 2019 年，《第九交响曲——战争与和平》，管风琴、合唱与交响乐队

九　学贯中西的音乐大家

——访著名作曲家相西源

作曲家相西源

相西源简介

　　相西源，中共党员，博士，陕西西安人。现任星海音乐学院督导室主任，作曲系教授。毕业于上海音乐学院作曲指挥系，曾任第七届全国青联委员。先后担任陕西师范大学艺术学院副院长、暨南大学艺术学院常务副院长。曾赴澳大利亚格里菲斯大学交流、学习。

　　主要音乐作品有交响音诗《巴音河的回忆》（获建国40周年青海省政府优秀文艺作品奖）、电视连续剧《在部落废墟的那边》作曲（获第14届"飞天奖"）、《第二交响曲——江河源》、《第三交响曲——宗》、交响组曲《青藏写生》、管弦乐《西北之歌》、《"花儿"幻想套曲》、合唱《马莲曲》、《暨南大学校歌》、艺术歌曲《党的颂歌》《冼星海颂》《雪莲的歌》《倒淌河之歌》《梦中的油菜花》《遥远的可可西里》等。

　　中央电视台、中国国际广播电台、《人民日报》、《光明日报》、中国新闻社、《人民音乐》、《中国音乐》等新闻媒体曾专题报道和介绍其音乐作品。出版音乐理论专著《中西乐论》（人民出版社）、《配器》（高等教育出版社）、《相西源交响音乐作品专辑》（上海高教音像出版社）、《相西源管弦乐作品专辑》（中国唱片总公司）、《青海的歌·相西源独唱艺术歌曲选集》（青海人民出版社）。举办了相西源钢琴作品专场音乐会暨相西源钢琴音乐创作学术研讨会（首届粤港澳大湾区国际音乐节）等。

采访人：汪胜付，广东技术师范大学音乐学院副教授，硕士研究生导师
采访时间：2020 年 5 月
采访地点：广州，星海音乐学院相西源教授办公室

采访人汪胜付与作曲家相西源（右）

汪胜付（以下简称汪）：相教授您好，很荣幸能够采访您！您作为国内著名作曲家，创作了很多优秀的音乐作品，多年来在高校音乐教育教学一线辛勤耕耘，理论研究与教学成果丰硕。请问您是如何走上专业音乐道路的？

相西源（以下简称相）：我出生在青藏高原，从小在浓郁的文学和艺术氛围中长大，让我对音乐痴迷不已，并开始了一生的音乐艺术追求。在 20 世纪 70 年代，我在青海省西宁文工团参加专业音乐工作，当时叫"参加革命"。我在乐队里担任手风琴及打击乐演奏员，随后在领导的鼓励及老师们的指导下，逐步地开始了我初期的专业音乐创作。我在青藏高原这片美丽而又神奇的土地上生活、学习、工作、成长，这里的高天大漠、山水沃土滋养着我，这里丰富多彩的民族文化浸染着我，也让我的音乐创作从中汲取了养分。

我的音乐学习最早是师从我国著名音乐家、指挥家、青海省音乐家协会主席靳梧桐先生及青海省民族歌舞团著名作曲家施观林先生。1985 年我从西安音乐学院作曲系毕业，来到青海师范大学艺术系任教。1991 年后调入陕西师范大学艺术学院，先后担任音乐专业主任、首任艺术学院副院长、音乐学科带头人。2000 年，我考入上海音乐学院作曲指挥系，师从我国著名作曲家、钢琴家、音乐理论家赵晓生教授。2005 年，我赴广州筹建暨南大学艺术学院，并担任暨南大学艺术学院首任常务副院长。其间在 2006 年赴澳大利亚格里菲斯大学等交流学习，2007 年由于工作需要，又调入星海音乐学院作曲系，担任作曲专业教授至今。

汪：在您的音乐生涯中，对您的创作和学术影响最大的老师是谁？他对您产生了哪些影响？

相：在我的音乐生涯中，学院派的音乐前辈们对我的音乐创作和学术影响比较深刻。在西安音乐学院作曲系的本科学习是我一生中难以忘怀的一个阶段，这里培养了中国著名作曲家、中国音乐家协会主席赵季平先生及著名作曲家张大龙教授等一批享誉世界的音乐家。我有幸能够在充满中国古典文化气息的十三朝古都学习，这是我人生中非常难忘的一段学习经历，尤其是在大一、大二年级时，作曲主课老师高永谋教授让我们每个学生每周必须背唱两首中国民歌。我刚开始都是唱自己比较熟悉的几首民歌，稍后在《中国民歌集》里找比较短小、曲调较为简单的民歌，随后简单的找不到了，只能找一些曲调比较好听的民歌去视唱，再后来就找一些比较复杂的民歌进行演唱和分析，由此也逐步喜爱上了中国各民族、各地区的民歌。目前看来，高永谋教授的要求的确是让我们受益匪浅的，这对我个人后来的音乐创作打下了坚实的"民族音乐"的底子。还有令我尊敬的饶余燕教授、江静教授、姜同心教授、杜勃心教授等，他们的敬业精神，鼓励着我在今后的音乐创作上执着地追求。值得回忆的是中国著名作曲家丁善德先生在西安音乐学院作曲系讲学的那半年，我们在大师的指导下努力学习，并有幸为大师提供打饭、打开水等最细微的生活服务。最难忘的是我在上海音乐学院作曲系师从导师赵晓生教授、攻读作曲博士学位期间，赵晓生教授、杨立青教授、林华教授等对我的音乐创作和学术影响最大。他们学术积淀深厚，专业造诣非凡，集作曲家、钢琴家、理论家和教学名师于一身，对我的音乐创作和学术研究都产生了很大的影响。由此，在前辈们光环的照耀下，我个人也在努力地去追寻，并在自己的音乐道路上不断地去创新和思考。在跟随导师学习的三年生涯中，我也逐渐形成了自己的音乐创作风格，也与导师建立了亦师亦友的浓厚师生情谊。

汪：您还记得您创作的第一部作品吗？

相：时间过得真快，时至今日，我从事专业音乐工作及音乐创作已经有近40个年头了。说起我最早的音乐作品创作，我依然清晰地记起大约是在1977年青海省西宁文工团"纪念五四音乐会"上，我创作的第一部声乐独唱歌曲《青春的歌》由青海省管弦乐队伴奏、著名歌唱家王瑞英演唱。无疑，当时演出的成功让我的心情非常激动，这首作品充满着青春激情和对美好未来的憧憬。而我创作的第一部器乐作品应该也是在20世纪70年代，是根据青海地区一系列民歌改编的钢琴曲《花儿组曲》，由于时间跨度太长，现在已经印象不深了。我发表的第一部作品是1978年由中国旅游出版社出版的《清平调——为李白诗谱曲》，目前该书还珍藏在我的书柜里，偶尔得闲时我还会顺手翻一翻。

汪：您在青藏高原生活、学习和工作了近三十年，请问在您的音乐创作中，青藏高原上多民族文化的风情画卷是否给您留下了深深的烙印，特别是青藏高原所特有的地域性风格特征？

相：是的。音乐是文化的载体，所有艺术作品，当然包括音乐作品都包含着深刻的人文与历史文化内涵。我创作的很多交响音乐作品无论是在题材上还是在音乐语言上，都具有一些鲜明的青海地域特色，青海的自然、文化、民俗、音乐已深深地融进我的血脉中；高原的神秘、雪山的威严、西海的多情、草原的旷远……这些都构成了独具青藏高原精神与地域文化的音乐风格。想起 1988 年 8 月中国西北音乐周"西海音乐会"上首演的交响音诗《巴音河的回忆》（靳梧桐指挥），在当时引起比较广泛的关注。其由中央电视台现场转播，这在当时是非常难得的事情，这部作品在 1989 年获得建国 40 周年青海省政府优秀文艺作品奖。随后，中国国际广播电台《中国文化》栏目在 1991 年 5 月 16 日以《青藏高原上的青年作曲家相西源》为主题对外播出；《人民音乐》1989 年第 6 期进行《高原的音诗》专题报道。

1990 年首演于西北音乐周"天山之声音乐会"的交响组曲《青藏写生》，基本创作素材就取自青海省的藏族民间音乐。全曲由第一乐章《情歌》、第二乐章《转经》、第三乐章《酒歌》、第四乐章《节日》组成，从标题上我们就可以领略到青藏高原的风土人情。青海省著名作家葛建中曾经以《相西源交响组曲〈青藏写生〉听后随笔》为题写给我一封信："《情歌》奏响在明镜般的湖泊，激荡于高地的泉流上，漂浮在云端雪影，发祥于青藏高原的情歌哎，是江河的祝福，绵长的深情如同雪山神秘，不为人知。那种炽热如同雪野之光，创世的记忆与爱恋深藏于石头、阳光与河流之中，这是谁的爱？是何人悲壮柔情的手笔？"葛建中是我早年时期的"酒朋友"，作家的"酒"话是否能够在交响组曲《青藏写生》的意境与梦境中体现？是否能够在幻觉与幻想中实现？这的确是需要陶醉在音乐中并得到一定的升华后才能够亲身体验到的。

此外，由五个独立的乐章构成的交响组曲《河湟》也是表现西北河湟地区风土人情的一部作品。它是 1993 年在长春电影制片厂，由长影乐团演奏、我亲自担任乐队指挥录制完成的一部管弦乐队作品，该作品由第一乐章《花儿风情》、第二乐章《古村印象》、第三乐章《牧场写生》、第四乐章《山原之歌》、第五乐章《河湟抒情》组成，2013 年由中国唱片总公司发行的《相西源管弦乐作品专辑》中有收录。

汪：您的作品曾在 1994 年获得中国第十四届"飞天奖"，能否谈一下作品的获奖情况？

相：除了交响音乐的创作，我曾在一个阶段里也创作过一些影视剧方面的作品，1992 年为中央电视台、河北电影制片厂联合拍摄的电视连续剧《在部落废墟的那边》作曲，1994 年这部作品有幸获得中国第十四届"飞天奖"。这部作品完全采用了"青海音乐"的风格进行创作，在当时也引起了业内专家的关注。特别是当时中国影视剧的配乐大部分是以电声乐队为主的，而我在这部作品的作曲中则采用了管弦乐队的写作方法，并在创作中加入了一些新的声音元素，采用了《无词歌》等，做了一些尝试，播出的艺术效果还是非常不错的。这在当时是比较少见的创作手法，其中，主题歌曲《妈妈的歌》在中央人民广播电台

《每周一歌》中播出；女中音演唱的片头曲《无词歌》把人们带入了"废墟"的荒凉境界；民间歌手清唱的《马儿歌》《醉歌》让人回到了原始的部落当中；弦乐队演奏的《叙事曲》《花儿曲》使人感受到一种淳朴的心灵呼唤。

汪：您能否谈谈您表现青藏高原风格的艺术歌曲与室内乐创作呢？

相：好的，表现青藏高原的声乐作品创作是我非常喜爱的创作领域，可能也是我创作类型最多的音乐作品。女高音与管弦乐队《倒淌河》是专门为首届西北音乐周创作的一部作品，这部作品表现了青海特殊地貌倒淌河的风貌，讴歌这里淳朴善良的人民。这部作品 1989 年获得第五届全国城市音乐比赛创作类一等奖。

非常值得一提的是，我创作的艺术歌曲选集《青海的歌·相西源独唱艺术歌曲选集》作为青海省"青海文化记忆工程"项目之一，由青海人民出版社在2016 年出版。该书作为歌唱青海省地域文化的一部专著，完整地呈现了"青海文化记忆"的特点。全书由 39 首歌曲组成，以钢琴伴奏正谱形式呈现，热情赞颂了青海的名山大川、风土人情。正如青海省文联主席张民在书的后记中所说的："相西源先生从 1978 年到 2016 年间谱曲创作的歌唱青海主题的 39 首独唱艺术歌曲的出版，是对相西源先生多年来情系高原、梦萦青海之心迹、奉献的充分肯定，也是基于用歌曲形式讴歌大美青海，宣传这片高原上各民族人民为建设美好家园齐心奔向小康社会之精神风貌的长久愿景与具体实践。"

2018 年 10 月 10 日晚，在首届"粤港澳大湾区国际音乐节"上，我的专场音乐会——"相西源钢琴作品专场音乐会"（乔华演奏）在广州大学城星海音乐学院音乐厅成功举行。整场音乐会曲目由七个部分组合而成，其中《"花儿"幻想套曲》由四首相互独立又相互联系的乐章组成，第一乐章《"牡丹花令"幻想曲》、第二乐章《"水红花令"幻想曲》、第三乐章《"金晶花令"幻想曲》和第四乐章《"黄菊花令"幻想曲》都引起人们的关注。第二天下午又在音乐厅会议室举行了"相西源钢琴作品专场音乐会"学术研讨会，来自全国各地的音乐专家、学者们对我的音乐会进行了客观的讨论和评价，我关注的则是大家对我音乐创作的鼓励。值得一提的是，"相西源钢琴作品专场音乐会"首演的钢琴演奏家乔华博士，其在《星海音乐学院学报》2019 年第 3 期上发表了题为《相西源钢琴作品民族化风格的演绎——以钢琴曲〈青海"花儿"曲令为例〉》的学术论文，对这部作品进行了比较深入的分析与研究。

汪：能否谈谈您创作的岭南风格的音乐作品？

相：岭南音乐文化独树一帜，为华夏文明的历史长卷增添了绚丽多彩的一笔。南岭是长江水系与珠江水系的分水岭，它包括越城岭、都庞岭、骑田岭、大庾岭、萌渚岭。历史上，其独特的地理位置和自然资源，使其采中原之精粹，纳四海之新风，并孕育了多元、务实、开放、兼容、创新的独树一帜的岭南文化。我虽然很早就关注这一地区的社会与历史文化，但未能进行深入的田野调查工作，所以一直迟迟没有动笔。

2005 年，我有幸到广州工作，担任暨南大学首任艺术学院常务副院长。出于工作需要，我陆续去了广东省的许多地方，并且深入岭南民间进行采风活动，无疑也具有了一定的"岭南人"的生活经历。我先后创作了一些具有岭南风格的音乐作品，如《暨南大学校歌》《桃李芬芳》《枫叶红了》《冼星海颂》《新雨打芭蕉》《岭南之梦》《千年花城》《韩江潮》《南岭长歌》《江门颂歌》《丹霞山》《杨殷颂》等，有些作品发表后在社会上引起了一定的关注。

汪：能否举例谈谈您创作的岭南风格的艺术歌曲？

相：我比较满意的作品可能是具有诗篇风格的《韩江潮》，因为《韩江潮》体现的是岭南地区具有代表性的原始"标志"。艺术歌曲《韩江潮》作为广东省 2017 年"创新强校"人文社科重大项目的一部作品，音乐从整体上看是比较贴近岭南风格的。《韩江潮》是表现广东省韩江的一部作品，是专门赞美韩江的一首颂歌。特别需要解释的是《韩江潮》中的"潮"字，在这样一首表现"潮"的艺术歌曲中，是很难完全表现出它的气势的。我想把"韩江潮"写得形象化一点，表现出江水犹如"春江潮水连海平""滟滟随波千万里"般灌入大海里。韩江奔流不息，而这种乡音、乡情都融进了歌曲。大家共饮韩江水，聆听着古老的"潮"音，无疑，这就是我心中的岭南音乐。

汪：我听了《韩江潮》这部作品后，特别激动，心潮澎湃，百感交集。潮州的历史可以追溯到唐代，自韩文公来到潮州以后，潮州就在文化脉络上留下了浓重的一笔。潮乐、潮州弦诗乐、潮州锣鼓乐、潮戏、潮剧，这些都是我从书本上了解到的。《韩江潮》是一首非常好的艺术歌曲，为什么这么说呢？我深感作品人文气息浓厚，词曲结合完美，情景交融，情感真挚，《韩江潮》的旋律非常动人。

相：潮州的地名，千百年来一直没有变过，一直就叫潮州。潮州文化和大文学家韩愈是有关系的。所以说，潮州的风土人情都古色古香，充满着中国古老传统文化的气息，很淳朴，也很有地方特色。另外，这里的人崇尚读书、热爱读书。我曾经去过韩文公祠，韩文公祠的大门口有一本打开的"巨石书"。韩文公祠实际上就是为纪念韩愈而建的，只要一说到潮州，读书人基本上都能联想到曾在那里生活过的中国古代唐宋八大家之首——韩愈。所以说韩文公祠是中国中原文化的一个缩影，它承接了历史上由古长安延伸过来的一条线，承袭了古老的中原文化。潮州这个地方也出了许多的文化大师，如饶宗颐，还有当代词作家郑良文等。我所理解的潮州狭义的概念就是指现在的潮州市，广义的概念指的是潮汕大地。所以在这首艺术歌曲《韩江潮》里反映的基本上是岭南音乐与中原音乐的融合。

这部作品通过巧妙的转调以及调式的交替，再经过清乐调式的融合，对旋律的发展与抒发是一种巧妙的安排，然后又把潮州弦诗乐的因素巧妙地融在里面，因此这个情感是一浪高于一浪的。《韩江潮》是一部独唱作品，我感觉到它的"内容"已经发挥到了极致。它不是像那种"颂"一样的东西，非常张扬，而是以一种内敛与抒情的音乐主题呈现，真正地把那种内在的情感以朴素的韵味委婉地倾诉出来。我们在社会主义先进文化的引领下，能够创作这样一部作品，我觉得无论是对社会还是对我个人，都是一个非常好的启发。

汪：我谈一下我的直观感受，这部作品在风格把握上非常准确，运用了潮州的一些音乐元素，如弦诗乐、吹打乐等。这部作品很多地方让人感受到了"一韵三叹"，为什么这么说呢？这部作品一开始就用了三个休止符，没有哪一个乐种一开始就会用这么多的休止符；两句之后，"穿越北回归线温暖的目光，风调雨顺哟，汇集百川千河，轻舞飞向大海"这三句歌词，用了四个休止符，无疑这"一韵四叹"体现出了这首作品所包含的真挚情感。如果对这首作品没有刻骨铭心的感悟，是感受不到这个"韵"的。它不仅仅是词与曲的结合，更是"神"和"韵"的结合。中国所有的艺术就是体现一种"神韵"，要达到这种出神入化的境界是很难的。所以作曲家情感中的这个"潮"，是一浪高于一浪的。

相：的确是这样，关于《韩江潮》的宣传报道也很多，首唱发布会举行后，《南方日报》《潮州日报》《岭南音乐》等报刊均对此进行了报道。

汪：历代文人墨客钟情岭南文化，当代岭南文化更是绚丽多姿。中国作家协会副主席蒋子龙、著名作家刘兆林等到韶关采风，蒋子龙亲笔题写了"文化是旅游的灵魂"，助推岭南文化的传承与传播。不久前，中国音乐家协会主席叶小纲带领主创人员历时两年精心打造的大型人文交响组曲《新韶九章》在广州大剧院举行了首演，向世界展示了岭南文化的精彩与壮丽。今天，您和郑良文先生共同创作的艺术歌曲《南岭长歌》为岭南文化增添了浓墨重彩的一笔。您能详细解读一下创作《南岭长歌》的初衷与过程吗？

相：我作为西安人来到广东，对这里富饶美丽的土地充满着热情，并且不断地去学习和领会岭南地区的文化。我在广东地区生活快二十年了，这里无疑也是我的第二故乡了，由此也激起了我用美好歌声赞颂南岭的想法。很多从别处来到广东地区安家落户的人称自己为"新客家人"，我感觉自己也是"新客家人"。作为一名新客家人，为"新家乡"做点事情是应该的，也是合乎情理的。

韶关地处粤北，是南岭的重要区域，也是岭南文化的发源地之一。近年来，被南岭山水吸引的文化名家接踵而至，他们面对山水作诗赋文，留下了隽永篇章。艺术歌曲《南岭长歌》无疑就是一曲赞颂美丽南岭的颂歌，抒发了对南岭山水的热爱之情。

中国有很多的丘陵、山脉，如昆仑山脉、天山山脉、祁连山脉及秦岭、南岭、大兴安岭、小兴安岭等名山，这些山脉构成了我国丰厚的、不同区域之间的"山脉"文化。从大的区域文化来讲，历史悠久的南岭在我国山脉文化中，占有非常重要的文化地位。有意义和有趣味的是秦岭与南岭的共同点。秦岭是东、西重要的分水岭，南岭则是南、北重要的分水岭。秦岭与南岭作为我们国家山水文化的重要组成部分，其内涵是博大精深的。其他的山脉文化也是相互交融在一起的，但是各地区的地域文化色彩又各不相同。

词作者郑良文先生对岭北的文化充满了执着与热情，这无疑也深深地感动着我、激励着我。南岭和我也有渊源，因为我是西安人，是秦岭地区的人，所以从北和南的遥相呼应来看，在 2 000 多年以前的秦始皇时期就开始交往了，由此从区域文化来看，这也是非常有意义的。

汪： 在《冼星海颂》的首唱发布会暨冼星海音乐创作学术座谈会上，您提到通过艺术歌曲的形式来弘扬星海精神、传播星海声音、展示星海形象，可以赋予这首颂歌新的时代意义。《冼星海颂》词曲结合非常完美且精妙，旋律意境深邃、激情跌宕、震撼感人、隽永绵长、民族风格鲜明，对我的启发和感触都非常深。您能否谈谈冼星海在您心目中的地位、您创作这首颂歌的初衷以及这首艺术歌曲的主要风貌？

相： 星海音乐学院庆祝建校 60 周年活动之际，举行了歌颂伟大的人民音乐家冼星海的艺术歌曲《冼星海颂》的首唱发布会。这首歌是第一首专门歌唱冼星海个人的艺术歌曲，意义重大。我认为有机会在以人民音乐家冼星海命名的星海音乐学院举行发布会是非常有意义的。

冼星海创作的《黄河大合唱》影响力比较大，冼星海创作的《第一交响曲——民族解放》《第二交响曲——神圣之战》等作品也是中国最早的一批交响音乐作品。冼星海是中国民族新音乐事业的先锋，一生中创作了两百多首大众歌曲、四部大合唱、两部歌剧（其中一部未完成）、两部交响乐、四部交响组曲、一部交响诗、一部管弦乐狂想曲，以及许多器乐独奏、重奏曲和大量的艺术歌曲，还写了许多音乐方面的论文。从冼星海的创作来看，他对中国的音乐事业做出了重大贡献。

我创作的艺术歌曲《冼星海颂》就表达了三方面的意思：一是为刚刚顺利闭幕的党的十九大献礼，二是遥寄和致敬冼星海这位杰出音乐家，三是为星海音乐学院的 60 华诞庆生。我个人认为好的音乐作品的诞生，不光需要艺术工作者们的辛勤努力，更需要一个伟大的时代。艺术歌曲《冼星海颂》的创作开始于2015 年，中共星海音乐学院党委组织部部长、词作者郑良文同志由于党建工作需要，特地花了很长时间酝酿创作了歌曲《冼星海颂》的歌词，这首歌词创作得非常好。郑良文毕业于星海音乐学院声乐系声乐专业，并且演唱过冼星海的许多音乐作品，对冼星海的声乐作品非常熟悉。创作《冼星海颂》歌曲的确是一个非常艰巨的任务，在长达两年的创作过程中，我们走访了冼星海的故地，我们还开展了社会调查，特别是花费较多时间对冼星海的作品进行了梳理。社会调查是一项非常复杂而又有意义的工作，我们访问了各类人员，经过近千人次的问卷调查，我们发现，人们普遍比较熟知的冼星海音乐作品是《保卫黄河》《在太行山上》《二月里来》；专业音乐工作者熟知的是《黄河颂》《黄水谣》等；而其他的社会群体对冼星海基本不了解。冼星海离开我们已经有大半个世纪了，但冼星海的音乐创作为战争年代的中华民族鼓舞了士气，他的民族情怀、时代精神将一直鼓舞着我们前进。那么，在我们祖国日益强大的今天，又有谁还会专门讴歌冼星海呢？因此为冼星海高唱一曲《冼星海颂》，用歌声和旋律赞颂人民的英雄是非常有必要的，也是非常具有社会现实意义的。

我在《冼星海颂》歌词的感染下，在音乐写作主题上采用了《保卫黄河》《在太行山上》《二月里来》《黄河颂》《黄水谣》的曲调进行主题的构思，最后将《国际歌》的一点旋律特点融入其中。这部作品是为男女高音演唱而创作的，具有一定的专业演唱难度。首唱发布会当天给大家放送的版本是由著名男高音歌唱家、星海音乐学院声乐系主任杨岩教授演唱的版本。杨岩教授演唱得非常好，音乐表现把握得非常精确。之后，人民网、《中国新闻周刊》、《光明日报》等媒体都对此作了专题报道。

汪： 在您的交响乐创作中，您较满意的是哪几部作品？能否谈谈该作品的创作缘起、创作过程与主要技法？

相： 人们常说艺海无涯、艺无止境，用在我所创作的音乐作品中都比较合适。的确，我在近四十年的音乐创作过程中，交响曲或管弦乐作品数量是比较多的，有一些作品我个人还是比较喜欢的，如早期创作的交响曲《巴音河的回忆》等。但是，真正完全满意的作品应该是不存在的。粗略地回忆我的交响音乐创作之路，我认为在上海音乐学院时创作的《第三交响曲——宗》是我比较重要的一部交响乐作品。这部作品以中西文化的相互交融为创作背景，通过"宗"字的宽泛含义，表现了一种独特的音乐哲学创作理念。作品采用西方交响乐体裁，透过细腻而凝重的笔触，向人们诠释了深邃的中国音乐文化，展现了人们追求东方神韵与西方作曲技术在艺术层面上的深度契合，从而在一定程度上印证了东西方文化的"和而不同"与"殊途同归"。

我生长的青藏高原东部是典型的多民族聚居地区，多年的研习使我对宗教、哲学等有着相当程度的感悟与理解，这让我学会了独立思考与顿悟：音乐的纯粹与圣洁、节奏与韵律、神秘与虔诚、超凡脱俗与出神入化等诸多方面均受到了藏传佛教的影响。如《第三交响曲——宗》的第二乐章甚至直接以对青藏高原人民精神生活极为重要万字符"卍"的符号外形为基础，并对其进行视觉转化后形成乐谱。纵向的竖线代表对应乐器在指挥的提示下整齐地演奏任意音，横向演奏的音符由主题旋律开始的音调进行至全音阶构成，低声部则以倒影形式与其对应，从而将不和谐的现代音响感、偶然音乐创作技法等与具有明显地域特色的宗教文化进行有机结合，表达对藏传佛教纯粹、神秘、虔诚的教义与特质的冥思与敬意。同时，道家的老子主张"无为""大音希声"等，这些观念都被运用在这部作品的创作中。《第三交响曲——宗》是哲学思考与总结，源于对生命本质的思考，"宗"即"生命之源"。在摒弃一切世俗杂念后，在对各种宗教思想和东西方古典哲学思想，尤其是以藏传佛教为代表的青藏高原地域宗教思想进行融会贯通的基础上,对人的生命本质进行深思与冥想。通过音乐与灵魂的对话,从"形而下"到"形而上",把最朴素的音乐内容提升到哲学的高度。当然,该作品中还运用了许多现代作品技法,这里就不一一列举了。

汪:您在创作中是如何处理现代作曲技法与民间音乐元素之间的关系问题,又是如何做到技巧与艺术的完美统一的?

相:我通过以下几部作品的创作实践来说明这个问题。如钢琴套曲《"花儿"幻想套曲》是用钢琴来演绎西北独特的"花儿",就是想让西方的乐器叙说中国的故事、让西方的乐器"学说中国话"。这是为建设中国音乐理论话语体系做出的某种创新与探索。特别是在我的钢琴作品专场音乐会中,《"土舞"幻想曲》《殇歌——青海民歌主题变奏曲》以及《恋歌——云南民歌主题变奏曲》等都展示了多民族的风情画卷,风格迥异,但都非常巧妙地运用了现代创作技术为表达乐思而服务,这是为了更好地表现作品的音乐艺术形象。正如王小玲教授所说:"作曲家运用民众熟悉的民歌素材、流水般却又极具张力的民族性格音响,从音乐会观众的掌声可以感受到他们的认可与肯定。在主体性格鲜明的框架中,作曲家加入不属于民族传统的爵士流行节奏等西方音乐因素是显得那么自然、出新。作曲家的作品音乐会为我们民族和声理论与技法的前沿课题研究,提供了很多很有价值的研究资料和开启了很好的研发思路。"暨南大学文艺学博士生导师刘绍瑾教授说:"作曲家的音乐带有文化与哲学的特色,在视野上作曲家丰富的经历开拓了他的视角,作曲家成功的条件是他的家国情怀。"这些也的确是我的所思、所想、所念,是我内心的真实写照。

汪:在您的音乐创作中,您更倾向于哪一类体裁的创作?

相:在我的音乐创作中,虽然室内乐作品和交响乐作品占了很大比例,但在近些年,特别是到广东工作以来,我更倾向于艺术歌曲的创作,相对于前者来说,后者(艺术歌曲)更容易演出和传播,在艺术性上也并不逊色。如2016年青海人民出版社出版的、我创作的独唱歌曲选集《青海的歌·相西源独唱艺术歌曲选集》就是真实写照。还有我近三年创作的《党的颂歌》《大爱无疆》《冼星海颂》《遥远的可可西里》《韩江潮》《南岭长歌》《雅鲁藏布江》《亲吻沱沱河》《逆行风度》以及《杨殷颂》《丹霞山》等艺术歌曲,还有合唱《援疆歌》等影响都很大。

汪:音乐创作人才的培养应该注重哪些方面?

相:首先,要学习本民族的优秀传统音乐文化,从中华五千年的灿烂文明中汲取养分;其次,要扎实学好作曲"四大件"(和声、复调、配器与曲式);再次,需要创作素材的积累,读万卷书、行万里路、会万家才,才能推陈出新,写出好作品;最后,要不断完善自己的人格,才能不辜负这个伟大的新时代,创作出艺术精品。

汪：拜读了您的鸿篇巨制《中西乐论》，深感您学术积淀深厚，对中西音乐文化深度剖析，学识渊博，方家之言，硕果累累，令读者受益无穷。

相：学术研究与音乐创作二者并不矛盾，是相辅相成、相得益彰的。我的专著《中西乐论》是一本音乐文化方面的书，并不是一本纯音乐理论的书。该书由人民出版社出版，我的导师赵晓生教授为其作序并题写贺词"勤研至学贯中西，细育心乐觅本源——贺西源贤弟《中西乐论》问世"。赵晓生教授的"鼓励"语言实际上是一种对我的鞭策，作为他的弟子，我很感激他的教诲与勉励。

汪：您除了创作很多大型音乐作品外，童声合唱《马莲曲》还被收录在小学教科书《音乐》第六册。请问您是如何兼顾音乐创作与学术研究这两者并做到极致的？您是如何看待音乐作品的民族性、世界性问题？

相：是民族的，当然也是世界的。立足于本民族，才能更好地与世界接轨，走向世界。童声合唱《马莲曲》是 20 世纪 80 年代创作的一首童声合唱，当时是由北京中央人民广播电台少年儿童合唱团演唱的，时间已过去了二十多年，没想到会被收录在小学教科书《音乐》第六册里。当然作为一首比较纯净的艺术歌曲，在中国的大地上由中国的下一代进行传唱，这无疑是我一生当中最值得骄傲的一件事情。

汪：您能否对正在学习音乐的年青一代提些建议并寄予希望？

相：对于当下的青年学子们来说，在科技和传媒迅猛发展的今天，在校大学生打好扎实的专业基本功仍然十分重要，但同样需要对本民族文化有深入的了解与挖掘，先学会"用母语说话"才能创作出好作品。希望青年学子们不负韶华，为新时代创作出更多的优秀艺术作品。

汪：谢谢您！今天您的真知灼见让我受益匪浅！

附：相西源主要作品目录

1. 1978 年，舞蹈音乐《葡萄架下》

2. 1980 年，管弦乐《吟春》

3. 1982 年，钢琴前奏曲《秋之金色》

4. 1983 年，小提琴与钢琴《随想曲》；小提琴与钢琴《阿丽玛》

5. 1983—1987 年，钢琴组曲《画页》

6. 1984 年，弦乐四重奏《第一号弦乐四重奏》；钢琴曲《殇歌——青海民歌主题变奏曲》《恋歌——云南民歌主题变奏曲》

7. 1985 年，钢琴与乐队协奏曲《山忆》

8. 1986 年，独唱歌曲《美丽的西宁》；管弦乐组曲《玻琼印象》；广播剧《蔷薇架下》

9. 1987 年，艺术歌曲《雪莲的歌》，中国西北音乐周"西海音乐会"首演；《第一交响曲——山颂》

10. 1988 年，舞蹈音乐《心灵》，获青海省首届少儿艺术节创作类二等奖；管弦乐《龙年好》；交响音诗《巴音河的回忆》，1989 年获建国 40 周年青海省政府优秀文艺作品奖，1988 年 8 月中国西北音乐周"西海音乐会"首演，并获青海省"歌唱青海"征歌比赛优秀作品奖；钢琴曲《小回旋曲》

11. 1989 年，女高音与管弦乐队《倒淌河》，西北联合管弦乐团 1990 年首演于西北音乐周"天山之声音乐会"；艺术歌曲《倒淌河之歌》，获 1989 年第五届全国城市音乐比赛创作类一等奖

12. 1990 年，小歌剧《寻找赖宁的足迹》，共青团青海省委主办大型文艺晚会"学英雄赖宁"首演；钢琴与管弦乐组曲《青藏写生》，1988 年 8 月中国西北音乐周"天山之声音乐会"首演

13. 1992 年，大提琴与乐队协奏曲《叙事曲》，1993 年长影乐团演奏；交响组曲《河湟》，1993 年长影乐团演奏；协奏曲小提琴与乐队《怀旧曲》

14. 1993 年，女中音与乐队《无词歌》，1993 年长影乐团演奏；女中音独唱《魂的歌》，1993 年长影乐团演奏；电视连续剧插曲《在部落废墟的那边》，1994 年获第 14 届"飞天奖"

15. 1995 年，《第二交响曲——江河源》

16. 1999 年，钢琴曲《"土舞"幻想曲》

17. 2001 年，弦乐四重奏《安召》，中国天津国际音乐节暨全国中青年作曲家新作品交流会首演

18. 2002 年，室内乐《经一》《经二》

19. 2003 年，大型交响诗篇《砺剑》

20. 2004 年，交响曲《第三交响曲——宗》

21.2005 年，合唱《暨南大学校歌》；管弦乐《升旗曲》，2005 年首届亚洲大学生田径锦标赛开幕式首演；管弦乐《西北之歌》，甘肃省管弦乐团 2005 年演奏；艺术歌曲《新世纪之梦》，上海 APEC 会大型文艺演出"APEC 之声"首演

22.2007 年，电影音乐《特级院线》

23.2008 年，电影音乐《戴俊》

24.2009 年，弦乐四重奏《弦乐四重奏——土歌》

25.2013 年，《相西源管弦乐作品专辑》，中国唱片总公司 2013 年发行

26.2014 年，艺术歌曲《柴达木的歌》，发表在《音乐创作》2014 年第 2 期

27.2015 年，混声合唱《雪白的鸽子》，第三届西北音乐周"绚丽甘肃音乐节"首演

28.2016 年，艺术歌曲选集《青海的歌·相西源独唱艺术歌曲选集》由青海人民出版社出版；艺术歌曲《遥远的可可西里》，2016 年 10 月 28 日在星海音乐学院学术报告厅举办首唱发布会暨学术研讨会

29.2017 年，艺术歌曲《冼星海颂》

30.2018 年，艺术歌曲《党的颂歌》，星海音乐学院音乐厅"庆祝中国共产党成立 97 周年庆典"首演；钢琴套曲《"花儿"幻想套曲》，2018 年 10 月 10 日首届粤港澳大湾区国际音乐节暨相西源钢琴作品专场音乐会首演；艺术歌曲《韩江潮》，2018 年 7 月 9 日在广东省潮州师范学院音乐学院学术报告厅举行首唱发布会暨学术研讨会

31.2019 年，艺术歌曲《亲吻沱沱河》，广东省 2017 年"创新强校"人文社科重大项目，同年 9 月，在青海省美术馆举行首唱发布会暨学术研讨会

32.2020 年，艺术歌曲《南岭长歌》，同年 1 月在广东省韶关学院举行首唱发布会暨学术研讨会；男女领唱与合唱《大爱无疆》，星海音乐学院出品《感恩 2020》专题 MV

十 在交响与民族之间

——访著名作曲家蓝程宝

作曲家蓝程宝

蓝程宝简介

　　蓝程宝，广州交响乐团一级驻团作曲家，星海音乐学院岭南音乐基地专家，广西艺术学院客座教授，是广东省较早探索广东音乐交响化的作曲家之一。其学生时期主要作品有：《第一弦乐四重奏》（发表在 1991 年《音乐创作》上）、管弦乐《高塬鼓声》（获第五届"羊城音乐花会"创作奖）、钢琴组曲《十二生肖》（获 2007 年上海之春国际音乐节"圣卡罗杯"中国钢琴新作品征集活动创作奖，其中《鼠》发表在 1991 年《黄钟》上）。主要获奖作品有：交响音画《古老的明珠》、交响合唱《东方的太阳》（均获第六届"羊城音乐花会"金奖）、弦乐合奏《咏怀》（获第六届"羊城音乐花会"室内乐银奖）、民族交响音画《南粤今朝》（获广东省岭南风格新作品比赛银奖）。主要委约作品有：大型民族交响套曲《海丝粤韵》之六《归来》，民族交响音画《晨钟暮鼓》《漓江画卷》，民族交响组曲《粤之歌》，二胡协奏曲《风中花》，民族交响音诗《天宁寺的钟声》，交响史诗《南越王——赵佗》（合作），交响合唱《红土·蔚蓝》（总谱已出版），大型交响清唱剧《咸水歌》，大型舞蹈叙事诗《广州往事》。曾担任广东省许多重大音乐晚会的总监和作曲，如第十六届广州亚运会会旗交接仪式、吉祥物发布仪式等。另外，其部分作品在美国、加拿大、欧洲、新加坡及中国台湾、香港和内地等国家和地区公演。

采访人：陈旸，朱越文，星海音乐学院硕士研究生
采访时间：2018 年 10 月；2020 年 6 月
采访地点：广州，蓝程宝教授家中

采访人朱越文与作曲家蓝程宝（左）

陈旸（以下简称陈）：蓝教授您好，非常荣幸能有机会对您做专访。音乐学者何平教授在谈及您的交响音乐创作时说，您的作品体现了对广东音乐交响化的探索和传统与现代作曲技法相结合的特点，您能说说您创作的基本思路吗？

蓝程宝（以下简称蓝）：我创作的基本思路用一句话概括，就是"把交响音乐民族化，把民族音乐交响化"。我在管弦乐创作中基本上就是将交响音乐民族化。中国原来有三大音乐节——"上海之春"国际音乐节、"哈尔滨之夏"音乐会、广州"羊城音乐花会"。而 1999 年我的作品《古老的明珠》获得第六届"羊城音乐花会"唯一的金奖，得到包括杜鸣心、杨立青等评委的高度评价。这首曲子就是用了广东素材进行创作的。

陈：这首曲子可以说是您探索交响音乐民族化道路的起点，也是您最满意的作品之一。您具体是如何进行创作构思的？

蓝：正是因为这部作品得到了北京、上海一批作曲家的肯定，才让我坚定了将民族音乐与交响思维进行结合的创作道路。《古老的明珠》以广东粤剧中很有特色的"乙反调"为主题素材贯穿全曲，全曲结构比较自由，由两大部分组成，分别描写了古老的香港美丽怡人的景色以及人民浴血奋战、英勇反抗侵略者史诗般的悲壮。第一部分由两个段落组成，第一段主题通过长笛吹出"乙反调"音节式的线条，表现了香港美丽的景色，音乐充满诗情画意。第二段采用的是主题动机多调性的发展，纵向是十二音的现代和声，因此给人一种既古老又现代的听觉感受。第二部分同样以"乙反调"旋律作为主题，由两个比较大的段落组成。第一段主题动机是 sol – fa – re – do，第二段是其倒影 fa – sol – si – do，这样形成

了很强的音乐结构力。整部作品尽管采用了音级集合、多调性、偶然音乐、十二音等许多现代作曲技法，但是由于全曲以"乙反调"为核心音调来贯穿发展音乐，所以具有鲜明的广东音乐风味。

陈： 我发现您近几年来开始将重心转到民族管弦乐的创作上。我所了解到的几部作品包括 2014 年为第五届"东盟音乐周"开幕式音乐会作的《漓江画卷》，2016 年在国家大剧院北京新春音乐会（由中国广播民族乐团首演）上演的作品《晨钟暮鼓》、在星海音乐厅由广东民族乐团首演的民族交响组曲《粤之歌》，以及 2017 年在国家大剧院演出的大型民族交响套曲《海丝粤韵》第六乐章《归来》。

蓝： 除此之外，还有为常州民族乐团创作的民族交响音诗《天宁寺的钟声》、受广东民族乐团委约的二胡协奏曲《风中花》以及 2013 年我参加广东省岭南风格新作品比赛获得银奖的作品《南粤今朝》。我的民族管弦乐的创作也是通过交响化的思路来进行的，这也是我这么多年总结出来的创作方向。之前我一直以交响乐为基础，探索如何用中国的语言来写交响音乐。从 2012 年开始，我创作民族管弦乐后就发现传统的民族音乐大多比较简单，比如广东音乐，强调旋律化。于是我就考虑如何将民乐交响化。我写《南粤今朝》时正处于民族管弦乐创作的起步阶段，到后来创作《粤之歌》时就逐渐成熟起来。《粤之歌》在星海音乐厅首演，后来又去台湾演出，观众反响热烈。据指挥家张列说："当时在台湾演出时台下有三位从外国回来的指挥，他们听后也震撼了，说他们原来认为的广东音乐就是《步步高》《平湖秋月》这样的小曲，没想到还有这样交响化的表现手法的作品。"所以，我认为广东音乐一定要创新发展，才能够走出去，得到更多人的喜爱和认同。这也令我产生了"把交响音乐民族化，把民族音乐"交响化"的思路。

陈： 关于《粤之歌》的构思，我了解到您是采用了广东的四首民歌素材进行创作的。

蓝： 对，这部作品是广东民族乐团委约的，2016 年 6 月在星海音乐厅首演。曲子充分兼顾了雅与俗，既有技术层面的专业性，又通俗易懂，受到了听众的好评。这部作品充满浓浓的粤味，如你所说，四个乐章分别以不同的独具特色的广东民歌为核心素材来贯穿全曲。在此基础上，我通过民族管弦乐团多声部思维，用丰富的和声与配器创作出了与素材原本音乐形态截然不同的恢宏震撼的音响效果。第一乐章《落水天》采用了客家山歌"落水天"的素材。第二乐章《百鸟争春》我使用了潮州家喻户晓的"画眉跳架"的音乐素材，陈佐辉团长说："没想到我们潮州家喻户晓的素材能被你写得这么有趣生动，富有新意。"第三乐章《渔歌》采用了中山咸水歌"海底珍珠容易搵"的素材，基本保留了素材的全貌。第四乐章《号子》就用了广州地地道道的劳动号子"抬杠号子"的素材进行创作。这首曲子采用了多种现代作曲手法，从而形成了良好的音响效果和音乐形象，是我认为非常有意思的一次创作尝试。

陈：民族管弦乐的创作给您带来了什么新的感悟？

蓝：自从创作了民族管弦乐作品以后，我的观念有很大的改变。一方面，我过去对于民族音乐了解不够透彻，所以对中国民族音乐有一些"偏见"，就认为跟西方的管弦乐比较起来，没有西方管弦乐的声音音响那么丰满，音乐的旋律逻辑思维性也没有那么强。因为西方人的创作思维是逻辑思维，讲究的是动机贯穿。可是中国传统民族音乐恰恰不是那么表达的，更多的是带有写意的性质在里面，中国民族音乐的语言也有它自身的特点来进行创作。这是我在构思民族管弦乐时与以往有所不同的地方。另一方面，民族管弦乐队的乐器编制确实有一定的局限性，但是我现在的理解是这种局限性恰恰也成了它的特色。比如说，西方管弦乐队中就没有弹拨乐器组这种音色，虽然它不是很响亮，可是在民族乐队中就形成了一种特色。所以我现在就结合西方的音乐思维、中国民族器乐以及中国音乐的特点来进行创作。再比如，中国音乐中出现对行腔的运用，在西方音乐中是没有的，这就是中国乐器与音乐特点相结合所产生的音乐语言。总之，在运用西方作曲思维结合中国音乐素材创作时需要注意扬长避短。

陈：您早年接受采访时谈到自己的创作感悟时曾说了以下几点：一是扎实的作曲技法功底，熟悉古典与现代西方技法与创作观念；二是用想象力来构思自己表达的音乐思想或者音乐形象；三是要有感而发；四是要具有创新性。关于这方面我想做一个追问，您有着扎实的西方作曲技法功底，那么您在采风或者面对民间传统音乐的时候，是抱着一种什么样的心态呢？它们是富有特点的音乐元素，还是一种文化状态？

蓝：这两个方面我都是会注意到的，或者说这两件事是同时在进行的。我现在在采风的时候，是结合了音乐文化的视角来对这些原生态的音乐素材进行考察与提炼的。

陈：您看待传统民族民间音乐的方式已经具有了音乐人类学的学术视野。说到采风，我了解到您刚从中山采风回来，正在为一部大型清唱剧《咸水歌》做准备。可以谈谈这次采风您有什么新的收获与感受吗？

蓝：这次采风让我感受到，中山的咸水歌确实是一个很具有特色的民歌种类。我之前也跟曹光平教授讨论过，中山咸水歌的特色就在于它的调式与众不同。它是一个徵调式，最后的结束音却往往落在角音上。我个人认为这可能是跟他们的语言特点有关，通过虚词把这个角音带出来了。而且咸水歌有一些固定的音调，非常具有自己的特色。还有一个重要的特点就是咸水歌的旋律与歌词紧密相连。每一首咸水歌若歌词有了改变，演唱的时候为了搭腔，就会改变旋律。有些民歌换词但旋律是不变的，这样咸水歌中语言与旋律的关系就会体现得更加紧密了。

陈：这是您之前写《岭南风情》时所没有关注到的一些新特点吗？

蓝：对，写《岭南风情》时更多的是关注到它的调式特点，这次就发现了它的旋律跟语言的紧密联系。还有就是节奏上比较自由，往往唱第一遍与唱第二遍时会有一些变化，所以咸水歌是很难记谱的，唱的每一遍节奏都不尽相同。所以我总结起来，咸水歌与其说是音乐，不如说就是本地原生态的语言文化的体现。

陈：从您的创作中可以看到，您偏爱有标题指向的描绘性音乐，这是您的个人喜好还是民族交响乐创作过程中您遇到问题后被动做出的选择？

蓝：这主要是跟委约作品的要求有关。我早年写过的弦乐四重奏和钢琴曲中也有表达抽象内容的作品，这部分是属于我的个性化音乐创作，主要体现在钢琴作品和室内乐作品中。从我个人来讲，乐队作品是为了让大众能够接受，所以大多具有描绘性，以兼顾雅俗性的问题。钢琴或室内乐作品就比较小众一点，我就在其中做了很多个性化的探索。这里边也包含了"蓝程宝中国风格——钢琴作品音乐会"，当时也很轰动。那场音乐会的曲目安排上我顾及了音乐的方方面面，一是可听性与专业性上的平衡，二是民族性与个性化的平衡。《十二生肖》就是民族的东西，但我的《第一钢琴奏鸣曲》完全是描写宇宙、生命、时间的抽象的、个性化的现代音乐语言，可以说这部作品代表了我钢琴创作的最高水平。

陈：我发现您的创作总是有一种打通"形而上"与"形而下"的努力。我想搞清楚的是，描绘性音乐表达与抽象性音乐表达是如何统一在您的创作中的？

蓝：无论是描绘性的音乐还是抽象性的无标题音乐，一切围绕的核心就是要表达精彩的音乐、动人的音乐。音乐不是写给自己的，是要有听众的，一切的素材积累、技术运用都是为了更好地表达音乐，通过一部作品呈现出来。这是我的目标，而不是为了表达一个好的技术，这是一个创作方向的问题。

陈：同样是使用民族元素，不同作曲家在写作上会体现出不同的特点。如同样是使用"落水天"作为创作元素，有的作品一听就是西方现代音乐，有的一听就有浓郁的中国民族风味，您觉得从创作角度来看，造成这种差异的主要原因在哪里？

蓝：最主要还是思维上的差异。你在音乐创作过程中想要表达什么，是想表达音乐的技术还是音乐的风格？我特别强调音乐风格的重要性。作曲家的音乐性格决定了他的音乐风格。有的作曲家具备的是西方的音乐性格，那么他写出来的作品一定是西方样貌。而如果我想要表达的是中国的语言，那么我最终呈现出来的作品就有中国风格。技术上我可以用西方交响化的思维，一个是主题贯穿，一个是配器上立体的思维方式，但最终一定具有中国风味。我认为现在大家比较认可接受的，包括格什温、科普兰、欣德米特等作曲家，他们的创作都属于多调性、泛调性的风格，现在我基本也是这样的思路。作品中横向、纵向都可以具有多调性，如在五声调式中通过泛调性的写法，可以产生丰富的变化音以供使用，同时又都属于五声调式的风格。调式决定风格，所以我使用的调式是多样化、丰富立体的，但呈现出的又是中国的民族音乐风格。

陈：泛调性的交响化思维是您创作的主要立足点吗？

蓝：是的。立体思维一直在我脑海里，所以不管是创作交响乐还是民族管弦乐，这都贯穿于我的创作中，要有结构感，这也是我认为作为一名作曲家应该具有的能力。

陈：古人有"师造化"一说，您也建议要多亲近自然，与社会生活、文化素材产生互动，才能滋养出音乐创作的灵魂。

蓝：对，一定要强调这一点，技术不是音乐的唯一，它只是音乐表现的一个手段而已。音乐涵盖的方面太多了，首先是作曲家文化修养的积淀，其次是独特音乐语言的形成，你的脑子里有多少原生态素材，对中国文化理解有多深，这些都会直接影响到作曲家的创作。在这之后的第三点，才是需要具备一定的作曲技术，且更重要的是如何将作曲技术与素材结合起来，只有一点技术那是远远不够的。

陈：所言极是！著名哲学家、美学家李泽厚讲到"三种积淀"，即历史积淀、生活积淀和艺术积淀。作为一位作曲家，要创作一部优秀作品，这三种积淀是非常重要的。关于这个方面，我所认识的许多作曲专业的同学常常在创作过程中饱受困扰，可能是这种"积淀"他们付之阙如。您作为学院派出身，又常年走在民族音乐与交响化结合之路上的作曲家，对正在学习音乐创作的年轻人有什么建议？

蓝：首先，要扎实地打好基础。像斯特拉文斯基、巴托克、鲁托斯拉夫斯基、李盖提、布列兹等现代作曲家，他们都有着深厚扎实的传统音乐功底，同时又不断地探索新的现代音乐语言。最终，他们都创作出了个性鲜明的现代音乐作品，从而形成了自己独特的音乐语言，成了当今著名的作曲大师。其次，一定要"走出去"。像学院里作曲专业的学生，他们的中国作品为什么很难写出来，我认为病根在于他们总是在闭门造车。学习技术是对的，这一点我们要肯定，作为学生作曲技术一定要扎实，但是问题在于他们对中国民族音乐文化缺乏必要的认识和了解。以格什温来举例，他对流行音乐非常了解，他写《蓝色狂想曲》和《一个美国人在巴黎》都是在掌握大量一手的原生态资料的基础上完成的。巴托克也是这样的，用了十年的时间采风，掌握了大量的民歌素材。所以我给同学们的建议是，一定要先把地方的戏剧、民歌了解一下，总结出它们的特色，这样才能避免创作过程中只靠凭空想象来完成的情况。我是从学院里出来的，所以我常常会反思，所谓"巧妇难为无米之炊"，院校的学生没有"米"，那必然在创作中只能偏重作曲技术的运用，但创作的目的归根结底是要表现音乐，而表现的内容正是源于这些原生态的素材。我希望学生们能更善于挖掘与众不同的东西，这也是创作者必须具备的素质。

陈：最后想问您，岭南音乐风格在您的创作中占有如此大的比重，您认为作曲家是否应该具有地域性特点？

蓝：当然。我作为常驻广东的作曲家，更是有责任与义务把广东音乐、岭南音乐的创作做好，使其在良性的道路上得到发展，在国内乃至国际获得更高程度的认可。

附：蓝程宝主要作品目录

1. 1988 年，《第一弦乐四重奏》
2. 1989 年，阮族五重奏《塬》
3. 1990 年，民乐合奏《灯会》
4. 1991 年，男高音独唱《古老神秘的土地》
5. 1991 年，管弦乐《高塬鼓声》
6. 1994 年，女声独唱《啊，珍珠的海》
7. 1995 年，中国民歌钢琴曲集《神州韵律》
8. 1996 年，弦乐合奏《咏怀》
9. 1997 年，交响音画《古老的明珠》
10. 1998 年，钢琴组曲《十二生肖》
11. 1998 年，《少儿钢琴曲集》
12. 1998 年，交响合唱《东方的太阳》
13. 1999 年，交响诗《太空随想》
14. 1999 年，交响组曲《岭南风情》
15. 1999 年，为男中音与合唱、弦乐队、钟琴而作，《大雪压青松》
16. 2001 年，交响诗《山》
17. 2001 年，大型舞蹈叙事诗《广州往事》
18. 2002 年，双钢琴曲《流水》
19. 2002 年，双钢琴曲《霸王卸甲》
20. 2006 年，交响序曲《2008》
21. 2006 年，交响序曲《粤风飞扬》
22. 2007 年，交响大合唱《红土·蔚蓝》
23. 2009 年，《第一钢琴奏鸣曲》
24. 2010 年，交响组曲《顺德风情》
25. 2011 年，钢琴独奏《风》
26. 2011 年，钢琴独奏《京戏》
27. 2012 年，钢琴组曲《童年印记》
28. 2012 年，钢琴独奏《山·泉》
29. 2012 年，民族交响音画《南粤今朝》
30. 2012 年，民族交响组曲《粤之歌》
31. 2014 年，民族交响音画《漓江画卷》
32. 2014 年，民族交响音画《归来》
33. 2015 年，合唱《游子吟》
34. 2015 年，民族交响音画《晨钟暮鼓》

35. 2015 年，二胡独奏曲《渔歌随想》

36. 2015 年，二胡协奏曲《风中花》

37. 2016 年，民族弹拨乐三重奏《抢花炮》

38. 2016 年，民族交响音诗《天宁寺的钟声》

39. 2017 年，民乐六重奏《花城景秀》

40. 2017 年，为单簧管、钢琴、打击乐而作，《塬上的歌》

41. 2017 年，为二胡、大提琴、打击乐而作，《客家风韵》

42. 2017 年，交响史诗《南越王——赵佗》

43. 2018 年，大型交响清唱剧《咸水歌》

44. 2021 年，民族交响诗《泥土芬芳》

45. 2021 年，双唢呐协奏曲《以笔为枪》

46. 2021 年，民族交响序曲《盛世锣鼓》

十一　以音之气概书写岭南山水之温情

——访著名作曲家严冬

作曲家严冬

严冬简介

严冬，作曲家，毕业于中央音乐学院作曲系，现任星海音乐学院作曲系系主任、民族声乐系系主任，教授、硕士研究生导师，中国音乐家协会会员、音乐创作委员会理事，广东省粤港澳音乐创作与研究基地负责人，广东省委宣传部"十百千工程"培养人才，曾获广东省"南粤教坛新秀"荣誉称号。

其作品《小提琴随想曲》获第三届中国音乐"金钟奖"并入选中国小提琴作品"百年经典"。交响诗《拓》获第七届广东省"鲁迅文艺奖"，钢琴与大提琴《龙舟畅想》获第十七届"文华奖"，民族管弦乐《围屋情怀》获第四届中国民族管弦乐作品征集铜奖，民族管弦乐《客家新春》入选中国民族管弦乐作品征集展演优秀作品，舞蹈音乐《老火靓汤》《飞翔的梦》分别获第六届、第十届"群星奖"，歌曲《银色的鸽子》被选定为第二届金鸡百花电影节晚会主题曲。

　　出版有《严冬音乐作品集》，主创并编辑出版《岭南风格室内乐作品集》《岭南风格钢琴作品集》《岭南风格原创艺术歌曲》《青少年合唱与管弦乐原创作品集》，个人原创音乐 CD 系列专辑《拓》《希冀》《师德颂》等。

采访人：梁奕琦，星海音乐学院硕士研究生

采访时间：2018 年 6 月 28 日；2020 年 10 月

采访地点：广州，星海音乐学院严冬教授办公室

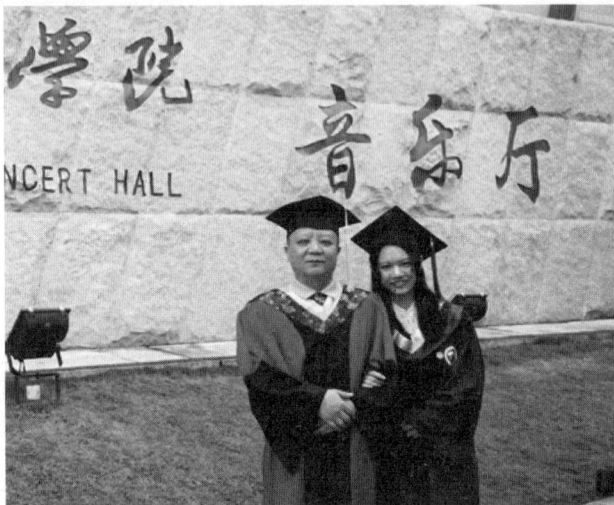

采访人梁奕琦与作曲家严冬（左）

梁奕琦（以下简称梁）：严老师，您好！我想借着这次访谈机会，更深入地了解您音乐创作思路。从您开始学习音乐创作到从事教学兼创作，至今已经有四十余年了，您最初是如何开始学习音乐的？还记得您的第一个音乐创作成果吗？

严冬（以下简称严）：我的音乐启蒙源于我的母亲，她是音乐教师。我成长于 20 世纪 60 年代，革命歌曲、"样板戏"等音乐在当时正兴，那时候时常可以跟着宣传队唱歌，我成长在充满音乐的大环境当中。而我真正踏上专业音乐道路的契机是 1977 年艺术招生，我考上贵州省艺术学校的作曲班，当年只招 8 个人，我从那时开始接受系统的音乐基础和作曲技术理论的训练。我学生时代的第一次获奖是以毕业作品参演了贵州第一届贵州省"苗岭之声"音乐节，分别是民乐合奏《苗岭欢歌》、独唱作品《晚会的日子》和女声合唱《螺号—吹啵啰啰》，一共获了四个奖。

梁：从您的作品可以看出来，您偏好运用民间音乐素材作为音乐主题。而您的家乡在贵州，我们都知道那里的民族民间音乐文化很丰富，可以说是得天独厚，您以前是如何利用这个环境学习音乐与创作呢？

严：贵州确实是采风的宝地。我在中学的时候，就曾经训练自己每天背一首民歌，后来我在贵州省歌舞团参与过大量群众文化的工作，也参加了许多采风活动，所以对侗族、彝族、苗族等少数民族的音乐都有一定的了解。

梁：在您学习作曲的过程中，是否有什么人或事对您影响比较大？

严：在中央音乐学院学习的五年对我影响比较深远，那几年的学习经历主要是拓宽视野，不仅仅是进一步提升作曲技术和丰富理论知识，更重要的是对思维的影响。因为在学院中会有更高的目标，无论从技术难度方面出发，还是在艺术深度方面考虑，创作的自我要求都会提高许多。其间我练习创作了大量室内乐、声乐、舞蹈作品，还写过流行歌，那时候的我创作很大胆。

20世纪80年代是我比较好学的阶段，开拓性很强，在北京可以接触到很多不同类型的音乐以及与艺术相关的文化活动，如话剧、电影周、绘画等。而且当年大部分学生和我一样，有一定的工作经验和社会经历，我们都在文艺团体工作过，甚至生活中经历过一些挫折，与他们以及大师、前辈们的接触，对我的音乐欣赏观、艺术观所产生的影响，是让我一辈子都很受用的。

梁：说到社会工作经验，您可否也介绍一下您早期的工作经历？

严：相较于学习训练，社会工作确实更加锻炼人。我当时算是从头做起，但是好在有基础，相对容易上手。初到广州，我当过演出现场的键盘手，我的即兴演奏能力，对流行音乐和声的敏感度、合成器的熟悉掌握等，都是那时候锻炼出来的。再后来我写了大量的晚会音乐和舞蹈音乐，还去学习了录音。事实上，学音乐不只是在学院里写管弦乐、室内乐，还是要到社会上了解、接触各种需求，写作品做到"量身定做"，符合社会需求是很重要的，但并不代表我们所谓的"活儿"要独立或脱离于学院派创作，相反，这些工作经验会反哺到学院派创作中。比方说我在20世纪90年代创作过一部舞蹈音乐《剑魂》，获得广东艺术节比赛金奖，《飞翔的梦》获得"群星奖"，以及后来从星海音乐学院附中到2009年真正来到星海音乐学院作曲系，这些年间我的许多创作，都得益于那一段时期的工作经历，对我而言，是很好的磨炼。

梁：我在整理创作年表的时候，留意到您创作的速度很快，作品的类型也很多样化，有面向普通群众的音乐，也有具有更大艺术价值的作品。在这么多作品里面，有没有哪一部是您最满意的？

严：暂时没有。我现在的职务是作曲系系主任，我也在民族声乐系任教，我们的"第一战场"应该是课堂，其后是创作。我们要带动教学，创作就是一个很重要的部分，所以想要出成绩，还是需要从创作上入手。但听过大量大师们的作品以后，我认为我们真正要做的不是写几首歌曲再简单配器就可以的，从更长远的角度来看，越是向前走，面对的平台就越大，因此未来要写的东西还有很多。

梁：我个人很喜欢您前几年写的《拓》，保留有民族音乐的特色，同时兼具艺术性。目前许多作曲家都倾向于把民族民间音乐素材融进作品里，或者让民族器乐进行非传统演奏，挖掘新的音色。但是对于学生而言，通常容易走极端，要么过"俗"，要么为了"现代"而"现代"，把握不好民族性和艺术性之间的平衡。

严：《拓》这部作品原是深圳歌舞团委约的诗歌舞，后来改成管弦乐，因为有曲笛和琵琶，旋律本身有民族性，外加舞蹈音乐有一定的律动性，这样更容易抓住听众的耳朵，同时运用一些近现代的作曲手法，能增加一定的艺术性。

至于把握民族性和艺术性，这需要艺术观的支撑。首先说民族性，你要善于挖掘它骨子里的东西。比如我去采风的时候，会注意音乐里最有特点的地方，然后反复唱，写作品的时候也不需要再翻找资料，因为它就在心里面了。即使是不同地域的民族文化，它们之间也有很多相似的东西，你学到的每一个地方的文化特点，都是可以相辅相成的。创作过程中，并非一定要从某一首具体的民歌或民族音乐中，把一整句旋律都拿过来用，那是对民族民间音乐比较表层的理解。你可以只选择旋律中最具唱腔特色的部分，利用乐器特性把"语气"表达出来，再通过改变节奏、主题分裂、变调等手段对素材进行发展。在作品录音或排练阶段，也能对演奏员提出更具体的演奏建议，例如，哪里作为气口，哪个音需要再滑一下，哪个地方稍慢一些，作品中的"语气"就可以比较准确地表现出来。当你理解地道的地方文化以后，创作的作品就不一样了。

再说艺术性，假设你要创作声乐作品，就需要一定的钢琴思维甚至是乐队思维。这时候加上对民族文化的理解，如什么时候呼一口气，什么时候音乐进来……总而言之，整体的想象空间要高一些，因为单纯想象声乐，音乐很难有和声变化，所以需要这种立体思维。只写单旋律是不太成功的，就如即兴伴奏，只能相对被动地考虑声乐，而不是声乐与钢琴的立体思维。

梁：说到这二者的结合，您的协奏曲《岭南叙事》是为钢琴与乐队而作的，在音乐会中演奏效果非常好，作品中同样是把岭南音乐韵味和西方音乐创作技术两种元素相融合。

严：《岭南叙事》是立足于岭南文化而创作的，主要强调岭南文化的特点。同时，作品的定位也需要音乐具有可听性，所以在创作时我会特别注重主题的旋律性，但总体上比较传统。至于和弦选择，这是个人对和弦色彩的喜好和感悟不同。

梁：主题旋律具体参考了哪些岭南音乐素材？您可否介绍一下创作这部作品的时候是从哪些方面作为切入点来进行构思的呢？

严：作品主题没有具体的来源，还是要归结于多年来对岭南音乐的理解和对音乐材料的积累。写作过程也仅用了十天，但是动笔前构思了一个月，其间要听许多钢琴协奏曲，阅读大量总谱，包括拉赫玛尼诺夫、肖斯塔科维奇、柴可夫斯基、斯克里亚宾等作曲家的作品。

我在构思作品的时候，最初考虑的是编制和体裁。尽管是单乐章的钢琴协奏曲，但我不会一味地追求大编制，而是从演奏乐团的条件出发，如乐队规模、演奏水平、演奏特点等，同时考虑此编制是否足以达到所需的音响厚度，能否表现出音乐要传达的内容。实际演出也只有三十个人，但效果还不错，也足以表现音乐所需的厚度。作品音乐内涵重在表达岭南文化，音乐是深沉的、抒情的。所以主题和声方面我以小三和弦为主，为主题定下情绪基调，当音乐需要明亮色彩的时候，可以通过同主音大小调的转换，使用大三和弦。音乐整体以协和为主，个别地方有和声上的对置，和弦转换得很快，这样可以平衡岭南风格主题与和声、音响的关系。结构上的布局就是复结构，序奏情绪推上去之后出来抒情主题，情绪逐渐累积，在展开部分转为大调，再一次把情绪推到高潮然后转入快板，其间钢琴反复穿插。快板与后面的抒情慢板作对比，调性回到小调，这样音乐既可以统一流畅，又能达到较大的音乐情绪张力效果。这是比较传统的写法，有可听性，音乐会中效果也不错。

梁：除了《岭南叙事》，您还有许多具有岭南音乐特点的作品，仔细算来，您在广东生活已经有三十余年了，应该也十分熟悉广东的民族音乐文化。您是如何理解岭南音乐的？

严：岭南文化是一种包容性很强的文化，它整体的音乐形象并不是很外露、很有爆发力、很有冲劲的。从地理环境的角度看，北方是奔腾的黄河，但广东的珠江是缓缓地流，所以广东人的性格总体比较平和。在音乐上无论广东小调、广东音乐、潮州音乐，还是湛江一带的渔歌，整体都比较平缓，只有客家山歌会稍微高亢有冲劲一些。而且广东人说话语气大部分都向下降，所以创作的时候很多东西不能"亮"，因为字的发音不符合，音乐创作难点也在这里。这就是它的文化特点，很温和。

梁：粤剧也是，它的唱腔不像京剧那样铿锵，也有别于越剧的温婉。

严：对，广东音乐也是这个样子，这就是地域特点带来的文化特色。近些年，广东外来人口数量庞大，外地甚至外国的文化都给这个地区带来一定影响，广东音乐的发展道路愈发开阔了。随着商业发展而创作的作品，通常会有一些比较大气的音乐，虽然这样的作品有一部分是"近利"的，但是可以很快流传开来。因此我们要带着创作的思维研究广东音乐，写作的时候也要考虑音乐会的演出效果，设计一些高潮性的段落。所以这样的音乐要写得特别好也是不容易的。

梁：那您在这么多年的岭南音乐创作里面，有没有遇到过瓶颈期？

严：我没有遇到过瓶颈期。在刚开始的时候，写不好是正常的，尝试创作就不需要有太多顾虑。我认为问题的关键是要了解岭南文化。至于怎么去做到这一点，首先要做一个基础工作，就是对岭南文化的各个方面都有所了解。也就是除了岭南音乐的积累，还要有其他文化的积累。你要去采风、要看戏剧、看美术、看影视作品，才能充分了解这个地方的文化。再者，岭南音乐创作不是用岭南音乐的材料只创作一部管弦乐曲或者一首歌曲就足够了。作为创作者，我们要考虑得更加多元，从多方面去构思一部作品。比方说音乐诗剧、舞蹈、说唱、表演还有戏曲等，这样综合地考虑，你才能很完整、全面，或者很接地气地运用和把握一段音乐材料。当然，最后能使这些元素在音乐中体现出来，还是要靠技术手段，同时需要有前瞻性，如借鉴其他作品里面的创作技巧，最终才能呈现一段好的音乐。

这样的作品，它的立体感会更强一些，而不是仅限于某一种形式。因为我们现在所说的雅俗共赏，其实就是创作普通群众认为的喜闻乐见的东西，所以作品也需要更加偏向大众的喜好。如果你只局限于一种形式、一种体裁，就会把自己的思维束缚在一个非常小的圈子里。例如，我之前创作的交响声乐套曲《水润岭南》，以声乐为主要形式来体现民俗文化，这里面声乐的表现方式就比较多样化，包括说唱、独唱、对唱、合唱，还有表演，如用说唱式的叙事表演方式与小提琴或二胡、高胡结合起来，它呈现的音乐表现力会比较强，同时也是中西文化的一个对撞，再加上运用更多的乐队写法，演出规模达到两百人，在音乐会演出时就比较容易让听众产生情感上的波动和共鸣。

梁： 您认为岭南音乐风格创作的现状如何？

严： 现在岭南音乐的发展趋势还是很有前景的。因为政府有扶持资金，广东省文联、省委宣传部、文艺团体还有星海音乐学院等，一直坚持做这方面的工作。从文化发展的角度来看，想要创作出像传统民间音乐一样地道的广东音乐，也需要好好构思、慢慢琢磨，才能写出符合心理预期的作品。

梁： 面对粤港澳大湾区的发展，可否谈一下今后您在创作上的想法和计划？

严： 岭南音乐文化的发展一定要有特色，所以需要新作品。我现在是广东省粤港澳音乐创作与研究基地负责人，也是中国音乐家协会音乐创作委员会的理事，从这个角度来讲，我有一个很好的平台，有更多机会施展才能，也能更好地带领团队一起把岭南文化弘扬出去。

所以作为学科负责人，星海音乐学院学术委员会的要求和定位不一样，我需要考虑的不是自己一个人，而是一个系、一个团队的发展。在我主持的项目里，我也要带头写一些作品，如前些年主持的岭南音乐系列音乐会，有钢琴作品专场和室内乐作品专场，我都要带头参与创作。同时还要负责出版工作，在音乐会后把这些作品以作品集的形式出版成书，并留下影像资料。其后的项目也一样，后续还要出版《岭南风格原创艺术歌曲》和《青少年合唱与管弦乐原创作品集》。我现阶段正在实施创作歌剧的计划，目前处在创作剧本阶段，表达形式还是以民族声乐为主，音乐创作上也正在构思。

这些工作的目的，都是为了从岭南音乐文化的各种层面进行延伸，不同的平台、不同的受众、不同的音乐表达。同时让这些作品不仅仅是音响形式，拘于学院中的音乐会，还可以是书面形式的，这样才能被保存下来，留有痕迹。这些工作可能还不够完善，但我们也一直在改、在调整，我认为做总比不做好。

话又说回来，从我个人角度出发，首先要立足于自己的身份，做一个好老师，以培养学生为主要目标，另外再做一些项目，让团队能站在更大的舞台展示岭南特色的文化。但一个人的能力总归是有限的，我能做到多少算多少吧。

梁：说到民族音乐创作，我知道您经常会到购书中心选购新出版的音乐作品，想必您也非常了解当代作曲家的作品风格，您怎样看待现在部分作品因极具个性而忽略可听性的问题？

严：是这样的，主要是因为平台不一样。在音乐学院这样一个环境里，肯定是实验作品比较多，追求音乐的个性，追求音乐的特殊性，追求色彩性或者音响性，这是锻炼技术，也是和国际接轨，我们不能总是在迎合市场，是不是？音乐总是要从各方面发展的，区别只是受众不同，好不好听根据个人的喜好判断，作品只要能出版、能演出，起码可以说明它是有质量的。但想要让自己的音乐作品多演出几遍，当然还是需要受众面广一点，每个人的创作态度、涉猎范围、所在平台和生活环境不一样，作品中自然有创作者的个性。很多创作者始终在面向普通群众，他们有很广的受众面，但同样的作品放在学院里，也许会欠缺创作技术和艺术性。反过来说，学院派的作品在社会上也不一定能行得通。总的来说，不管是音乐、文学还是其他文化，可以百花齐放才是理想的状态。

梁：您个人有没有偏爱的中外作曲家或音乐作品？

严：从技术上来讲，有部分创作者主要受日本音乐、美国好莱坞音乐或者是音乐剧的影响比较大，有一定模仿的痕迹。我听过一些作品，它们技术比较成熟，听起来很顺畅，但是要像西方一些音乐流派那样，形成专属于自己的音乐语言或风格，还是需要继续摸索。因为中国的音乐作品，在大体上还是处于逐步走向世界舞台的阶段，仍然有成长的空间，不过近些年发展得很快。如果要说我个人的喜好，在听作品的过程中，有时会有一闪而过的惊喜，但是要像古典的作品让人沉静下来，反复欣赏，这些作品依然需要时间甚至是历史的考验。

梁：那么在近代或近代之前的作曲家中，有没有哪些大师的作品对您影响比较大？

严：影响最大的是近代的一些作曲家。我很喜欢普罗科菲耶夫、巴托克、斯特拉文斯基，还有理查·施特劳斯，而这些大师的作品，我相信不仅是对我，对许多作曲者都有比较大的影响。因为这些作品有适用于当下的创作技术，还有十分浓厚的民族音乐元素。就拿理查·施特劳斯来说，他的作品无疑是深厚的、沉重的、具有交响性的，但更多是思考性的作品。但现如今的音乐，从体裁到内容，普遍都较小。因为如今的听众很难集中注意力连续听三四个乐章的新作品，从演出机会的角度看，也比较少有这样的机会呈现，所以现在都是单乐章的作品比较常见。

梁：的确，人们的生活节奏越来越快，时间碎片化，逐渐影响着人们的偏好和选择。市场需求会在一定程度上影响音乐创作的方向，而现在流行音乐的迸发不可避免地对艺术音乐需求有所挤压，您如何看待艺术音乐面临的生存空间问题？

严： 流行是一个大概念，要看你如何理解。例如，美声、民声的歌唱可以很流行；很多传唱度高的歌曲，就是我们所说的流行音乐，也是一种流行；爵士或者音乐剧，同样可以用流行来理解。那更狭义地理解，单纯是某一段时间里，大街小巷、商店、广场都在播放某一首歌曲，过一段时间，又变成了另一首，那就是更简单通俗的作品了，这个也叫流行。但是，太流行的东西都有一个特点，基本上是来得快去得也快，就是我们所说的快餐式文化。而一部真正的好作品，是包含技术和内涵甚至是具有哲思的，虽然现在看似不为大众所知，可最终只有它能够在时间的流逝当中沉淀、保存下来。

一部作品，也许对于今天而言是热门，十年以后，你再去看它是否还存在并保有价值，这才是我们衡量和判断一部作品好坏的标准。还是那句话，一部具有真正艺术价值的作品，它里面一定包含有技术含量及音乐的内涵和深度，这才是真正的精品。

梁： 您认为学生或年轻的创作者应该如何处理艺术性和大众甚至演奏员审美的关系？

严： 这要明确一点，审美是很主观的，不是说演奏员认为不好听就是真的不好听，你首先要对自己有信心。也许换一个人或者换一个环境就是好听了。当然，如果是演奏技术方面存在问题，还是要听取演奏员的意见，或是在约稿、以创作为生的情况下，创作出来的作品也是要考虑听众的。对于音乐的评价，你还要看受众面，你的受众目标和听众群不一致，理解上产生断层是正常的，不能因为这样得不到预想的评价，就把自己否定了。最有效的解决办法还是要回到之前所说的，不能局限于一种思维里，要多写、多听、多看，以后自己心里就会有底，可以甄别他人的评价是客观存在的问题，还是主观感受到的表达。而我们最终要关注和把握的，依然是创作的本身。

梁： 您能否对正在学习音乐的年轻人提出一些建议？

严： 学音乐首先要爱好。不能否认的是，现在有一种现象是，很多人只是为了得到学位而学音乐，并不是真正的爱好，但可能有些学生在学习的过程中享受到乐趣，也真正喜欢了。不管初衷如何，学生想要学进去而不被淘汰，必须要打好基础。无论做哪一行、学哪一个专业，都要有基本功，没有基础，一切都很难进行下去。

其次，不管是西方音乐还是民族音乐，是创作还是表演，最终也都要有情怀。这种情怀表现在行动上就是要有中国本土文化的积累，其中包括中国民族民间音乐、文学、美术等各种艺术形式，要提高这些文化素养，才能够通过技术去表现自我、表达自我。

最重要的还是要一步一步地提高自己，磨炼技术，在哪一个学习阶段，就踏踏实实地掌握、学透那一个阶段的内容。现在社会是开放的，我们总是有很多磨炼和表现的机会，也有许多学习途径，就看你愿不愿意吃苦，尽你所能地去追求。所以我也总是在和学生说，能脱颖而出的人总是刻苦的人，要思维灵敏地去捕捉机会，并且愿意花费心思去实现。如果你不在这方面多加思考，机会永远只会从身边溜走。

梁：我在日常跟您学习的过程中，也能感受到您对待创作、对待工作有极强的信念感和行动力，对我也有非常大的指导意义。期待您的每一部新作！

附：严冬主要作品目录

1. 1992 年，音乐艺术片音乐《生命之光》；电视风光艺术片音乐《五陵源》

2. 1993 年，舞蹈音乐《银色的鸽子》，被选为第二届金鸡百花电影节晚会主题曲；舞蹈音乐《剑魂》获第五届广东艺术节比赛金奖

3. 1994 年，电视剧配乐《五羊城下》

4. 1996 年，舞蹈音乐《飞翔的梦》，获第六届"群星奖"

5. 1997 年，电视艺术片音乐《魂系归途》；电视散文音乐《木棉花红》

6. 2003 年，《小提琴随想曲》，获第三届中国音乐"金钟奖"

7. 2004 年，出版《严冬音乐作品集》

8. 2009 年，交响合唱《岁月情怀》（合作），获第八届广东省"鲁迅文艺奖"；歌曲《花缤纷》，获广东省第七届精神文明建设"五个一工程奖"；管弦乐、人声与乐队《拓》，获第七届广东省"鲁迅文艺奖"

9. 2012 年，钢琴弦乐五重奏《瑶山风》

10. 2013 年，为钢琴与大提琴而作《龙舟畅想》，获第十七届"文华奖"；出版专辑《师德颂》《希冀》《拓》

11. 2014 年，民族管弦乐《围屋情怀》，获第四届中国民族管弦乐征集铜奖；民族管弦乐《素歌》；交响组曲《远山》《钢鼓舞》

12. 2015 年，叙事合唱《短歌行》；民族管弦乐《饮灯酒》；管弦乐《龙腾粤韵》；出版专辑《醉情》《送情》

13. 2016 年，民族管弦乐《客家新春》，入选中国民族管弦乐作品征集展演优秀作品

14. 2017 年，出版《岭南风格钢琴作品集》；出版《岭南风格室内乐作品集》

15. 2018 年，交响合唱《心向大海》（合作）

16. 2019 年，交响声乐套曲《水润岭南》

17. 2020 年，出版《岭南风格原创艺术歌曲》；出版《青少年合唱与管弦乐原创作品集》

十二　从审视的角度出发，对音乐执着地追求

——访著名作曲家李方

作曲家李方

李方简介

李方，作曲家，星海音乐学院作曲系教授，硕士研究生导师，珠影乐团特约作曲。

1958年生于上海，从小喜爱音乐，11岁起学习小提琴。1977年上山下乡，在广州市郊黄陂果园农场当知青。1978—1985年任珠影乐团小提琴演奏员；1985—1990年就读于广州星海音乐学院作曲系，师承著名作曲家施咏康先生；1990—2001年任珠影乐团专职作曲，其间，1990年6月在广州友谊剧院成功举办个人作品音乐会，1994年受聘为华南师范大学音乐系和声、复调专业教师，1997年受聘为星海音乐学院作曲系配器专业教师；2001年底调入星海音乐学院作曲系任教至今；2003年受聘为珠影乐团特约作曲。

曾荣获"百老汇"（BROADWAY）舞蹈国际比赛最佳作曲奖、文化部"金狮奖"、"全国教育改革优秀教师"、"广东省优秀音乐家"、星海音乐学院"优秀教师"等奖项与称号。

采访人：黄骏中，星海音乐学院硕士研究生
采访时间：2019 年 4 月；2020 年 9 月
采访地点：广州，星海音乐学院李方教授琴房

采访人黄骏中与作曲家李方（右）

黄骏中（以下简称黄）：李老师，您好，很荣幸能得到本次采访您的机会。我们知道您的创作题材丰富，对于创作理念您是如何思考的呢？

李方（以下简称李）：关于创作理念，我们这一代人基本上都是在自己的成长和创作过程中逐渐形成的。我最开始走上创作道路的时候，初衷很简单，心里就想着创作的东西应该是贴近生活的，要把学院里学到的创作技巧结合起来，创作出接地气的、民族的、有价值的音乐。在那个年代，创作的音乐怎样能够被社会承认和演奏出好的效果我就怎样创作。2001 年回到学院以后，在教学和音乐创作过程中，我逐渐思考着这样一个问题：西方音乐也是从民间音乐一步步演变过来的，为什么他们的音乐能做得这么强大？这些年我也在思考：中国的民族音乐包括岭南音乐怎么样才能够让更多人接受、引起共鸣？而这里的"更多人"不仅仅是岭南人，而是全世界的人。2013 年我去美国西雅图办音乐会感触很深的一件事是，在我见到演奏我作品的美国小提琴家时，她特别开心。她表示这个作品让她很兴奋，很幸运能和中国作曲家合作，把我们中国的文化通过她来展现出来。而且，她在整个演奏过程中，是非常积极主动和渴望合作的。同时，她对广东舞狮的场面、舞狮的特点、场景鼓点的特点等非常感兴趣。通过那次音乐会中西文化的交流，我感受到交响乐这个平台是全世界共享的，而不是西方人独有的。我们怎么样在这个平台上依据我们的文化底蕴，在包括对民族文化的理解、对中国历史的理解、对岭南文化的理解上去创作，通过我们大家所共有的平台把它展现出来，中国的音乐才能在现有基础上有更大的影响力。我觉得这是目前值得去做的一件事情。而不是说，单纯地强调民族的、原汁原味的。如果我们没有

一个交流的平台，并且不主动去占据这个平台的话，那么我们始终只能跟在西方的后面。

对于民族音乐的交响化创作，并不意味着写交响乐就是交响化创作。交响化创作是用一种大家都能够接受的审美、音乐手法去诠释我们的民族文化，让人们更容易接受你对民族文化的解释。这才是我们现在的音乐人应该做的。

黄：我们知道您曾任珠影乐团小提琴演奏员7年，后又在珠影乐团任专职作曲工作了11年，您觉得这些经历给您的创作带来哪些影响？

李：从课堂上学的知识，如果能够加上实际的感性体会，可能会更利于实践，更利于创作吧！回过头来看看音乐发展史，几乎所有的作曲家都有这样一个实践的经历，所以这个是很正常的现象。反倒是我们现在出现了很多从学院到学院，从课堂到课堂，然后一辈子把自己关在象牙塔里面的作曲家。我倒希望我的学生们将来不要这样子，而是多多实践，多和乐团沟通。即使不打算从事演奏员的职业，也应该多了解、多跟乐团互动，不要把作曲当成一个独立的、不需要沟通的工作，这是大错特错的。

黄：您的创作所涉及的音乐题材众多，这当中哪一部是您觉得创作印象最深刻、效果最满意的？

李：到现在为止没有。作为一个搞创作的人来讲，我对自己的作品总是从一种挑剔、审视的眼光出发，总觉得每次创作都会留下一些遗憾，所以只能说哪一次创作给我自己留下的印象比较深刻。2017年我创作的《围屋沧桑》和《瑶村印象》由广东人民音乐出版社出版发行，是我印象比较深刻的作品。20世纪90年代开始我在连南瑶山采风，跟瑶族的同胞们接触了解，后来我还结识了当地的瑶王，也就是老歌王，并与他建立起一种很深的友谊。《瑶村印象》就是在这样一个长期的体验中创作出来的作品。所以《瑶村印象》虽然是一部小型作品，是小提琴、大提琴、单簧管和钢琴的室内乐，但里面寄托的是一种对瑶山的情感，包括对瑶族同胞的情感、对瑶山情景的描写等，这些东西都是用心去做的，所以创作体会是比较深的。

而《围屋沧桑》是我以广东客家音乐素材创作的，我跟广东客家地区有着比较深的渊源。在珠影乐团任专职作曲家的时候，我就经常去河源。河源是广东的客家地区，当时珠影乐团经常举办新年音乐会，闲暇时我就会跟朋友去客家地区采风，所以对客家文化了解得比较多。我觉得客家文化在岭南不能单纯地等同于潮剧、汉剧、越剧或者笼统地说成是广东音乐。客家文化应该看作是中华文化的一个重要组成部分，这样比较恰当。当然客家文化基本上是在历史上多次战乱下客家先人由中原地区南迁的过程中逐步形成的，岭南地区分布有许多客家地区。我在《岭南雅韵》一书中曾经谈到过，客家人通过建筑、饮食等这些生活中能看到的点点滴滴来表现他们对族群的凝聚力，对故土、对家乡、对亲人的眷恋，这些是客家文化里核心的东西。所以，《围屋沧桑》这首曲子其实也就是在多次客家采风和在客家地区生活的体验中写成的一部作品。

黄：您能谈一谈关于《围屋沧桑》这作品的创作构思吗？

李：这部作品的创作构思基本上用的是客家的音乐素材，采用的是"落水天"这样的主题，是通过对主题的不断裂变发展而成的作品。这个主题本身的设计就包含了一种多调性的思维。我是通过这样一种作曲手法来表现客家地区既古老又现代的感觉的。对于传统文化，在一定的情况下我不赞成那种墨守成规的一脉相承，我希望的是用一种与时代发展同步的方式去继承。我之所以会用一个多调性的思维，用一种裂变的手法来创作这部作品，就是想通过音乐的解释，表达我作为一个现代人是怎么样去观察和理解客家文化，怎么样去寻找客家文化的根的，而且这种解释要能被大家所认可，这种音乐要让别人感动。对于一位作曲者来说，这应该是最重要的职责吧！我是这样认为的。

黄：您如何看待"感性创作，理性梳理"这个说法？

李：这两者不是绝对分开的。创作也需要理性，梳理也需要感性。创作应该是建立在对生活细致入微的观察上，而不是走马观花的，而且最好是带着情感去观察生活。如果说我写一个东西是为了去拿个奖或者去挣点钱，这样就永远置身于生活之外。只有把自己全身心投入进去，创作才会有感情。在瑶山，跟瑶族同胞们一起吃、一起住、一起玩，这种感情是不一样的。如果创作没有感情的话，连自己都感动不了，怎么可能去感动别人？根据原有作品的模式把它模仿出来的音乐是不会感人的。但是作为专业作曲家来讲，如果你的创作完全没有理性，完全没有技术，完全没有技巧，这种作曲是没有内在价值的。专业作曲家不允许这样子，专业作曲家必须带有理性的、哲学的思考。你要很感性地投入到生活中去，但所掌握的作曲技巧、美学、哲学、人生经历等各方面的综合修养，决定了你在创作的时候不可能是纯理性的。比如，在《围屋沧桑》里，一开始切入了多调性的手法，我完全不是因为有这样一个技术所以要拿来用一用。而是因为我觉得这样的手法是最贴近我的感受的。但如果没有理论功底，没有这样的技术水准的话，我根本不可能想着用这个手法去做。我记得很清楚，这部作品第一次在星海音乐厅演奏的时候，引子一出来，有弦乐的持续音，有竖琴的一种很单调、很枯燥的拨弦。同时有竹筒的声音作背景音，然后全体演奏员用鼻腔把这个主题哼出来。当时我在现场就留意到很多观众在寻找这个声音，想知道这是从哪来的。我想，有没有另外一种表达方式来代替这种手法呢？答案是没有，这是最好的一种表达方式。这些手法没有一定的基础积累是没办法想到的。这部作品到现在为止演奏了很多次，每一次演奏之前都会有一点点改动。这种改动也并不是完全靠理性的东西就能做到的。所以，创作就是将理性的东西跟感性的东西同时结合起来的一个过程。创作是一个很严肃的事情，但它又是一件很开心的事情。

黄：从您的创作中可以看到，您会根据作品的需要加入一种或数种中国民族乐器在西洋管弦乐队中，这就涉及音响、音色、乐队表现等各方面问题，对于中国民族乐器融入西洋管弦乐队，您是如何思考的？

李： 中国民族乐器每一样的个性都非常地独特、强烈。二胡也好、唢呐也好、笛子也好，甚至是中国的打击乐器，我们讲到这些中国的乐器时，谈到的不单是它的音色，还有它的表现方式。中国民族乐器的表现方式跟西洋乐是完全不一样的。例如，它的滑音的运用，所表达的音乐语气等，有一种无法取代的优势在里头。但从另外一个角度来讲，我觉得它又有弱势，中国民族乐器在合作的交响性方面比不上西洋的管弦乐。现在的中国民族乐队去演奏一些西洋音乐的时候，总有点不自然。当然你说我们用西洋管弦乐队来模仿二胡、笛子或者其他民族的韵味行不行呢？这是一种想法。那么在交响性的作品里面，充分发挥西洋管弦乐队的整体优势，在西洋管弦乐队的基础上加上一些独奏民族乐器，使中国民族乐器的韵味很好地展现出来，是不是就能更好地从交响性里去展现民族特性的东西，能够更好地结合在一起呢？我觉得这是一个很好的出发点。

黄： 您认为作曲家应该具有地域性吗？

李： 在我自身的文化结构里面，地域性的影响是无法避免的，我们所讲的文化结构说的是自身在一个什么样的文化状态下生活。像我出生在上海，但从小到大生活在广东，小时候每年我都会随我母亲回上海，这些经历都会影响我个人的文化结构，江浙和岭南的文化对我都有很大的影响。因为小时候我经常喜欢听江浙地区的评弹，一边弹一边唱，用的乐器是三弦和琵琶，唱着上海的方言。长大后我长时间生活的地方是广东地区，我是那种对生活中的各种事物充满好奇的人，在乐团里做过演奏员和专职作曲，会接触到各种各样跟音乐相关的事情。如采风，旁人看我们是在游山玩水，但其实这是一种积累。在这些年的创作实践中，我慢慢体会到，创作需要生活经验的积累和作曲技术的积累，这对个人的创作来说是缺一不可的。

黄： 岭南，是我国南方五岭以南地区的概称。岭南音乐就涵盖了很多地区的地方音乐，您如何看待当下岭南音乐的创作现状？

李： 我认为不是很理想，当然这些年很多单位也做了很多工作，像广东从院校到文化单位，再到文化单位下属的各个专业团体，如广州乐团、民族乐团、省歌舞剧院、星海音乐学院等。我推崇的是艺术家们发自内心地去创作、去体验生活，但这几年功利性比较强，这也是商业社会带来的一个特点吧。但是，只要有人在做这个工作，我相信情况就会慢慢好起来的，尤其是国家现在比较重视文化。国家的强盛最终还是需要文化的支撑。

黄： 您对现在学习音乐创作的年轻人有些什么建议呢？

李： 建立起好的人生观，建立起好的世界观，建立起好的艺术观，这个是最重要的。我觉得现在的年轻人面临一个缤纷多彩的时代，可以看到的东西、听到的东西比我这辈人在年轻的时候丰富多了，这是现在年轻人的优势。同时，当代的年轻人会面临一个所谓眼花缭乱的生活环境，最后都不知道自己该干什么了。所以更应该注意去形成自己的观点，形成自己的世界观，让自己成为一个有思想的人，而不是一个随大流的人。

附：李方主要作品目录

管弦乐与室内乐：

1. 交响诗《蓝花豹》，珠影乐团，广州友谊剧院，1990 年 6 月首演

2. 协奏曲《b 小调狂想曲》，珠影乐团，广州友谊剧院，1990 年 6 月

3. 独奏曲钢琴组曲《风情》，广州友谊剧院，1990 年 6 月

4. 室内乐弦乐四重奏《觅》，广州友谊剧院，1990 年 6 月

5. 交响组歌《广钢颂》，珠影乐团，广州友谊剧院，1998 年 8 月

6. 交响乐、协奏曲、室内乐《珠江潮》，珠影乐团，星海音乐厅，1999 年 12 月

7. 交响组曲《五羊传奇》，根据同名大型木偶剧音乐改编，珠影乐团、广东民族乐团，2001 年 10 月

8. 管弦乐《中山魂》，珠影乐团，广州中山纪念堂，2001 年 10 月

9. 交响素描《传奇》，珠影乐团，星海音乐厅，2003 年 4 月

10. 协奏曲《梦，归》，珠影乐团，星海音乐厅，2003 年 4 月

11. 管弦乐《唱支山歌给党听》，珠影乐团，星海音乐厅，2004 年 6 月

12. 管弦乐《花好月圆》，珠影乐团，星海音乐厅，2004 年 9 月

13. 管弦乐《电波》，珠影乐团，星海音乐厅，2005 年 7 月

14. 独奏曲《梦》，星海音乐学院作曲系，星海音乐厅，2007 年 6 月

15. 室内乐《瑶村印象》，星海音乐学院作曲系，星海音乐厅，2007 年 6 月

16. 交响变奏《月光光》，珠影乐团，广州中山纪念堂，2007 年 8 月

17. 管弦乐《红棉》，珠影乐团，星海音乐厅，2008 年 1 月

18. 交响变奏《围屋沧桑》，珠影乐团，星海音乐厅，2008 年 7 月

19. 管弦乐《魂》，广州乐团，2008 年 8 月

20. 管弦乐《征途》，珠影乐团，星海音乐厅，2009 年 7 月

21. 室内乐《秦俑》，广东省太平洋影音公司出版发行，2009 年 12 月

22. 交响变奏《围屋沧桑》修改版，星海音乐学院作曲系，星海音乐厅，2010 年 10 月

23. 交响组曲《客徙风云》之二《崖山叙事曲——为古筝与乐队而作》，广东江门乐团

24. 室内乐三重奏《海·韵》，星海音乐厅，2011 年 11 月

25. 协奏曲《醒狮狂想曲》，美国小提琴家 Sharyn Peterson 独奏、Rogger Brigs 指挥、美国西雅图辛辛那提交响乐团，2013 年 4 月

26. 室内乐《雨》，星海音乐厅，2013 年 12 月

27. 交响叙事曲《良口烽烟》，广东中山大学交响乐团，广东中山大学南校

区梁銖琚堂，2014 年 11 月

28. 管弦乐《春郊试马》，广东中山大学交响乐团，广东中山大学南校区梁銖琚堂，2014 年 11 月

29. 管弦乐组曲《校园回响》，广东中山大学交响乐团，广东中山大学南校区梁銖琚堂，2014 年 11 月

30. 交响乐、协奏曲、室内乐《珠江潮》修改版，星海音乐厅，2015 年 12 月

31. 室内乐《无题》，星海音乐学院作曲系，星海音乐厅，2016 年 11 月

32. 室内乐《岭南音画二幅》，星海音乐学院作曲系，星海音乐厅，2016 年 12 月

33. 室内乐民乐三重奏《悯》，星海音乐厅，广东民族乐团张列指挥，2017 年 11 月

34. 交响组曲《岭南组曲》，星海音乐学院交响乐团，星海音乐厅，2017 年 11 月

35. 室内乐《瑶韵》，美国西雅图辛辛那提音乐学院，2017 年 12 月

舞台剧音乐：

1. 话剧《龙舟湖恋歌》，广东省话剧院实验剧团，黄定宇，1991 年 6 月

2. 神话剧《夜明珠》，广东省话剧院儿童剧团，娄乃鸣，1991 年 11 月

3. 话剧《特区打工妹》，广东省话剧院实验剧团，熊源伟，1992 年 8 月

4. 儿童剧《走进天才星座》，广东省话剧院儿童剧团，1993 年 2 月

5. 人偶剧《长袜子皮皮》，广东省木偶剧团，大宇正秋（日），1993 年 10 月

6. 话剧《最后一战》，广东省话剧院实验剧团，1994 年 7 月

7. 儿童剧《狼孩》，广东省话剧院儿童剧团，娄乃鸣，1994 年 10 月

8. 话剧《火红的木棉花》，广东省话剧院实验剧团，王佳娜，1995 年 9 月

9. 芭蕾舞《夜深沉》，广州乐团、广州战士歌舞团，广州中山纪念堂，1996 年 11 月

10. 舞蹈《中山·中山》，广州乐团，广州中山纪念堂，1996 年 11 月

11. 大型音乐舞蹈《孙中山》音乐主创，广东省委宣传部，1996 年 11 月

12. 舞剧《迎亲》编配，青海省歌舞团，广州中山纪念堂，2000 年 8 月

13. 舞蹈《七彩袖》编配，青海省歌舞团，广州中山纪念堂，2000 年 8 月

14. 舞蹈《快乐的龙鼓》编配，青海省歌舞团，广州中山纪念堂，2000 年 8 月

15. 舞蹈《猎人与大地仙女》编配，青海省歌舞团，广州中山纪念堂，2000 年 8 月

16. 舞蹈《康巴汉子》编配，青海省歌舞团，广州中山纪念堂，2000 年 8 月

17. 舞蹈《在那遥远的地方》编配，青海省歌舞团，广州中山纪念堂，2000 年 8 月

18. 舞蹈《回旋曲》编配，青海省歌舞团，广州中山纪念堂，2000 年 8 月

19. 舞蹈《袖》编配，青海省歌舞团，广州中山纪念堂，2000 年 8 月

20. 大型音乐舞蹈《梦回唐古拉》编配，青海省文化厅、广东省文化厅，2000 年 8 月

21. 木偶剧《五羊传奇》（广州市文化局重点剧目），2003 年 9 月

22. 舞蹈《剑·袖》，德国德累斯顿，2006 年 4 月

23. 历史剧《与妻书》编配，广东省话剧院，2010 年 1 月

24. 话剧《笃行》，广东中山大学南校区梁銶琚堂，2019 年 11 月

影视音乐：

1. 电视剧音乐《法律顾问》，1986 年 3 月

2. 电视剧音乐《赌城迷梦》，1987 年 6 月

3. 电视剧音乐《魔鬼工程》，1987 年 8 月

4. 电视剧音乐《寻找快乐谷》，1991 年 6 月

5. 电影音乐《痴男靓女》，1992 年 7 月

6. 电影音乐《龙中龙》，1992 年 11 月

7. 电视剧音乐《工会主席》，1994 年 10 月

8. 电影音乐《广州故事》，1995 年 8 月

9. 电影音乐《1 000 万元大劫案》，1995 年 12 月

10. 电视剧音乐《漠江春晓》，1996 年 5 月

11. 电影音乐《徐霞客传奇》，1996 年 7 月

12. 电影音乐《省港双雄》，1997 年 10 月

13. 电影音乐《神警天降》，1998 年 8 月

14. 电影音乐《五福临门》，1999 年 4 月

15. 电视剧音乐《您好！110》，1999 年 4 月

16. 电影音乐《红蝴蝶》，1999 年 10 月

17. 电影音乐《使命》，2000 年 5 月

18. 电视剧音乐《绝不回头》，2001 年 8 月

19. 电视剧音乐《别忘了回家》，2002 年 3 月

20. 电影音乐《母亲快乐》，2002 年 6 月

21. 电影音乐《阿秀》，2004 年 6 月

22. 电影音乐《这个假期特别长》，获柏林金熊奖，2004 年 8 月

23. 电影音乐《惠待农民》，2005 年 5 月

24. 电视剧音乐《相遇》，2006 年 8 月

25. 电影音乐《情系青山》，2006 年 10 月

26. 电影音乐《最爱你的人是我》，2012 年

27. 电影音乐《步步惊魂》，2014 年

十三 追寻岭南梦 再奏幸福曲

——访著名作曲家郭和初

作曲家郭和初

郭和初简介

郭和初，"文华奖"、"金钟奖"以及广东省"鲁迅文艺奖"获得者。华南师范大学音乐学院副院长、教授、作曲家、硕士生导师。

曾任中国教育学会音乐教育分会理论作曲学术委员会委员、国家级期刊《音乐创作》特约编辑、广东省文化艺术系列高级专业技术资格评审专家、广东省委宣传部"文艺精品项目"评委、文化部"群星奖"广东省赛区以及广东省"群众音乐舞蹈花会""少儿艺术花会"等许多音乐艺术大赛的评委。曾荣获广东省优秀音乐家突出贡献奖。

1977年恢复高考后，考入湖南师范学院（现湖南师范大学）艺术系音乐专业，主修作曲专业。1981年以优异成绩毕业并留校担任作曲、作曲技术理论课教学工作。曾任理论作曲教研室副主任。1985年师从我国著名作曲家、广州星海音乐学院副院长施咏康教授等专家，研修作曲及作曲理论。1993年到北京迷笛音乐学校学习电脑音乐制作技术；同年晋升为副教授。1996年调入华南师范大学音乐系，历任理论作曲教研室主任、音乐系副主任、音乐学院首任副院长、华南师范大学教学指导委员会委员。1997年起开始担任广东省首届音乐专业硕

士研究生导师，多年获得华南师范大学"课堂教学质量优秀教师"称号，2013
年荣获华南师范大学科研最高奖"贡献奖"。曾长期任教的课程有：曲式与作品
分析、管弦乐队配器法、歌曲作法、乐理、和声、复调等。培养、指导的理论作
曲专业学生有多人已经成长为我国音乐专业领域的人才。

长期担任湖南、广东两省音乐高考乐理、视唱练耳、作曲等科目的命题阅卷
负责人，为两省音乐高考的科学与规范化、生源专业水平的大幅度提高做出了重
要贡献。

曾在《人民音乐》《黄钟》等学术刊物发表过《多媒体 CAI 应用于乐器法教
学的探讨》等十多篇论文。主持完成了广东省教育厅课题"151 工程"——多媒
体音乐教学软件《管弦乐队乐器法》的研制工作，多次获得省级奖励或被选送
教育部主办的展示会展示，在推动广东乃至全国数字化音乐教育方面曾起到领
先、示范的作用。

曾担任过中央电视台主办的纪念毛泽东 100 周年诞辰大型文艺晚会、湖南省
庆祝建党 70 周年献礼片等许多大型文艺晚会、电视音乐片的作曲、配器或指挥，
并在国家级、省级电台、电视台或音乐刊物上发表过声乐、器乐、室内乐、钢琴
曲、管弦乐、舞蹈音乐、电视剧音乐等近百首（部）；国家级与省级获奖作品数
十首。

采访人：周宁波，青年作曲家，星海音乐学院硕士研究生，惠州学院音乐学院
　　　　讲师

采访时间：2020 年 4 月 9 日；2020 年 9 月 8 日

采访地点：广州，郭和初教授家中

采访人周宁波与作曲家郭和初（右）

周宁波（以下简称周）：郭老师您好，非常荣幸有机会对您做一次专访。您
能谈谈您从什么时候开始接触或学习音乐的吗？

郭和初（以下简称郭）：我记得我第一次参与音乐活动是在小学三年级的时
候。我是湖南省邵阳市人，就读于邵阳市六岭小学，在我读三年级时，全市中小
学联合举办了一个文艺比赛，我们学校出的节目是合唱，唱的作品是当时很流行
的电影《花儿朵朵》里几首著名的插曲。我已记不清学校为什么会选我做合唱
指挥了，可能是之前老师发现了我在音乐方面有些天赋与特长吧。我指挥的作品
中有一首三拍子作品。我大哥当时是邵阳市团委书记，二十世纪五六十年代的大
型集会特别多，我大哥经常指挥万人歌唱，所以他能教给我一些指挥手势，如三
拍子的"三角形"的打法。有一次校长来审查节目，他是师范学校毕业的，懂
一些音乐知识，他看到我指挥后就跟我说："三拍子不是像你这样打的，应该横
着打，即由内向外点击三下。"但我受大哥的影响先入为主，已经打习惯了，所
以最后指挥的时候还是采用了我大哥教我的打法，并在市里的比赛中获得了一等
奖。这件事给我留下了很深的印象。

要说正经学习音乐，我是从小学五年级开始的，并且同时开始学习竹笛和二
胡。竹笛是跟我四哥学的，他当时读中学，他在外面学一点曲调回家就吹给我
听，我就跟着学一点。我学得很快，后来发展到了很高的水平，还能在台上独
奏，因此我在家乡曾有"魔笛"之美称。我开始学二胡是受我三哥的影响，后
来可以演奏一些小型的独奏曲了。我中学一年级的时候"文革"开始了，当时
最活跃的是毛泽东思想文艺宣传队，在全国多如牛毛，几乎每个单位都有一个。

宣传队的队员往往是多面手，吹拉弹唱样样都行。我能唱很高的音，又能很快学会"打旋子"，还因此被省京剧团的培训老师挑选出来饰演过"样板戏"《沙家浜》第八场"奔袭"中的男一号郭建光。我学乐器特灵，只要看到别人演奏某种乐器，如唢呐、手风琴、京胡、扬琴、小号、长笛、单簧管、萨克斯、风琴等，自己再细心琢磨，认真练习练习，很快就能掌握基本的演奏技法，可以达到参与乐队伴奏的水平。这些对我后来的发展非常重要。虽然我直到上大学之前都没有跟任何一个专业老师学习过一节课，包括各种乐器的演奏、和声、配器、作曲等，都是我自学的。我通过听音乐、看谱子、抄总谱、参加乐队、登台演出，积累了很丰富的实践经验，也曾非常艰难地啃过一些和声、配器、作曲的教材。我后来进了专业剧团，当时我写作的东西（包括配器），乐队同行很愿意演奏，他们都觉得挺好的，这对我的鼓励很大！现在回想起来，当时的乐器演奏或配器、作曲等肯定存在很多"不太专业"的毛病，但这些都是我特别宝贵的财富。

　　我一般不愿意跟别人谈这些历史，在专业行当里别人可能会说我的"出身"不算太好，不是专业老师教出来的。但从我的内心来讲，我觉得很自豪，我不需要别人教也可以琢磨出很多东西。当然，如果有专业老师教的话肯定会有更大的进步和更优秀的成果，但当时我完全没有这个条件。

　　周：郭老师，您可以介绍一下您的专业音乐学习经历吗？在您的音乐学习道路上，有谁对您产生过有重要的影响吗？
　　郭：这个问题要从两个方面来讲，一是从对我的引路、提携方面讲，二是从专业技术方面讲。

　　我回答上个问题时所讲的是上大学之前的一些事情。后来，就有专业老师发现我、招收我……那可以说是对我人生、命运和专业学习产生了最重要的影响。

　　1973年，我不想总是演奏别人写的东西了，想朝作曲方面转，便开始正式创作，即创作独立、完整的作品。我第一个月就写了九首歌曲。那时，初生牛犊不怕虎，刚写好的作品马上寄给出版社。当时他们没有歌曲类月刊，但有一个不定时出版的歌曲集。我投稿后不到一个月的时间就收到出版社的回信说要发表我的作品，这让我非常激动。因为我所接触到的身边的一些作曲前辈，他们从事作曲十多年了，但还没有在国家级的刊物上发表过作品，而我懵懵懂懂地写了几部作品就得以发表，那种刺激真是太强烈了！这件事就坚定了我向作曲方向发展的决心和信心！那一年，邓小平复出，并立即决定改革大学招生方式，不能只靠所谓的"推荐"，还要进行专业考试。湖南师范学院艺术系余笃刚、朱辉两位老师被派到我们邵阳地区负责招生。大学老师居然有权力、有机会选择优秀学生了，他们也非常高兴，特别用心、来劲。他们一到邵阳，就到处打听哪里有音乐方面的好苗子。我在家乡音乐圈里是个很出名的人，老师们听说后就开始来找我。但我当时不在邵阳市，已经"上山下乡"到邵东县去了。二位老师听说后又乘长途汽车到邵东县来找我，到县城里后又没有找到我，因为我已被借调到部队空军文艺宣传队工作。部队离县里还有几十里地，交通不便，老师们就从县文教局打电话到部队，请他们通知我到县里来面试。

当时，我一接到面试的通知，高兴得不得了，爬上军车就往县里跑。到了县招待所，朱辉老师和我稍微聊了几句后，就叫我演奏竹笛，我一连吹了三四首曲子，还把带去的几首原创作品请他审阅。他看完作品后马上表态说："我是湖南师范学院艺术系派到邵阳地区招生的老师，听了你的演奏后，我很满意。我希望你报考我们湖南师范学院艺术系。"至今，任何时候一想起朱老师说的这句话，我都会非常激动！这次见面只是一个了解的过程，不算是正式考试。考试必须先在县里报名，再由县里推选去参加市里的正式考试。在市里正式考试之后，两位老师把我叫到邵阳饭店，明确告知已决定录取我，让我做好被录取的准备。然而，天有不测风云。当年又发生了一件大事，在应该发录取通知单前的某一天，我看《人民日报》头版头条有一篇文章题为《一份发人深省的答卷》，文章中对当时的高考录取方案提出批判性思考，我立刻预感到录取无望了。果然，录取方案被迫大反转，"唯成分论"又来了，我未被录取。

不过，这次高考让我知道了湖南师范学院艺术系，我的音乐技能得到了大学专业老师的赞赏，我的心中产生了通过高考进入大学学音乐、改变命运的梦想。余笃刚、朱辉两位老师是我人生中的指路明灯！

第二年，即1974年，湖南师范学院又来邵阳招生。这次来的是湖南省的音乐家协会主席储声虹教授，一位老革命音乐家，他是湖南音乐界的权威。这一次是我从县里到市里去找的他。他见到我后说知道我这个人，去年来招生的两位老师都向他推荐了我。但这一年的三个招生名额已经直接分到另外三个县了，我所在的县没有名额了。不过，储声虹教授说，他已经去过冷水滩两次了，都没有发现令他满意的考生，他打算再去一次，如果当地推荐的考生他还不满意，他就想办法把那个指标调到邵东县来，把我招走。我与储老师素不相识，他这样一个大音乐家，居然这么重视我这个"出身不好"但热爱音乐的小知青，真是令我十分感动！然而，由于当地政府坚持不肯放弃这个指标，储老师的这个设想并没有实现。这一年，我又一次与湖南师范学院艺术系失之交臂。

此时，另一位偶然相识、十分同情我遭遇的邵阳师范学校的李民雄老师建议我再报考邵阳师范学校，针对我所谓的"出身不好"但表现非常好的特殊情况，他向学校党委书记申请并且得到了同意，与邵东县文教局招生办的领导据理力争，强行把我招进了邵阳师范学校。从此，我脱离了农村。李民雄，一位同情弱者、正气凛然的好老师！

当时我有两个志愿可以填，由于各种原因，我两个志愿都填了中文。两年中文班的学习为我的文化修养打下了良好的基础，对我今后的文学修养、音乐创作、理解、感受等方面都起到了很大的作用，这个选择至今看来仍是十分正确的。在校期间，我作为音乐创作者、表演者、组织者，没有间断过音乐活动，还参加了市里许多音乐创作活动。到我毕业时，学校党委决定让我留校当音乐老师。但学校党委书记到地区教育局人事处开会报留校人员名单时，人事处处长说我不能留校，因为邵东县委宣传部三个月前就打了报告，说我毕业后一定要分配回邵东县去，要重用我。当时学校分配毕业生有三个原则，叫"社来社去，厂来厂去，哪里来哪里去"。但有一个特殊政策，如果是知识青年则可以留在家乡工作。由于各种原因，我还是没能留在家乡工作，又被迫回到了邵东县。在邵东县剧团乐队担任演奏及一些编曲工作约两年的时间里，我得到了更多的实践机会。

"文革"结束后，1977年全国高考恢复。当时报纸、电台都声称，任何单位不得以任何名义阻碍年轻人报考。我又想报考湖南范学师院艺术系，我相信自己能考上！但又非常害怕"政审"再次通不过，我曾经受尽伤害的心会再次受伤，思想斗争非常激烈，几近崩溃。在报名截止日前三天，我痛苦地做出了不报名的决定。我去邮电局给我大哥打长途电话，告诉他我决定放弃报考。说完我就号啕大哭起来，因为我心里意识到这可能是我最后一次改变命运的机会，而我自己却放弃了！我大哥大惊，叫我马上回邵阳，向他说明原因。我爬上一辆货车回到邵阳大哥的家，把我的矛盾心理和巨大痛苦都向大哥倾诉。我觉得我能考上，但十年"文革"的经历让我担心再次受伤。我大哥听完后沉思了很久，临别时只对我说了一句话："我认为，你把不利因素考虑得太多，把有利因素考虑过少。还有三天时间，你回去再认真思考，再做决定。"大哥的话像敲了我一棒子，我三天三夜没合眼，十分紧张地反思。在报名截止日当天上午，我想出了一个方案，先报名，反正从报考到正式考试还有一个来月的时间，还有思考的余地。我向剧团书记递交了报考大学的申请报告，我对他说："我觉得我考不上，只是去试一试而已。"我这是不想让他们觉得我能考上，想让他们放松警惕，别提前琢磨怎么卡我。剧团书记好言好语地劝我不要去报考，挽留我，但最后还是签字同意了。一离开书记办公室，我的心里突然燃起了希望，单位居然同意了我的请求，不敢卡人——天确实变了！我争分夺秒地备考，当时只考政治和语文，哪怕是演出时，我也拿着复习资料抽空学习。那年湖南师范学院艺术系的招生名额最初只有30个，但全省报考的有一万多人，光是邵阳地区可能就有几千人，仅我们邵东县报名的都有一百多人，报考作曲的就有十几个人。当时是由县里先选拔后再推荐到市里考试，我报考的是作曲。我记得我们在县教育局的一个大饭堂里，考试的内容是华国锋主席送来的《毛泽东选集》第四卷，我写了首女声小合唱。我很顺利地被推荐到市里去参加考试，我提前一天到了市里，邵阳市还在搞选拔考试，考点设在邵阳市一中。我闯到各个考场去，想看看湖南师范学院艺术系哪些老师来邵阳招生。我推开了某个考场的大门，四年前来招生的余笃刚老师正好面对大门，他一眼就认出了我，问："你是郭和初吗？"然后把我叫到身边坐下，问："你今年报考了没有？"我说报考了，他说："好，太好了！"那一年来了六位老师招生，包括之前来过邵阳的几位老师，还有邵阳市歌剧团的乐队指挥等老师，都对我印象很好。歌曲写作那场考试是三个小时，各县市经过选拔后到邵阳考作曲的仍然还有三十多人。考试发了三首歌词，这使我在选择上稍微感觉到有些"麻烦"，三首歌词中第一首是结构较大、颂歌风格的，第二首是典型的民歌歌词，第三首是带有少儿风格的歌词。我半个小时没有动笔，反复思考到底要写哪一首。我想，如果写成单旋律的，说不定其他考生也能发挥得很好。

因此，我最后决定放弃单旋律的写作，选择了气势比较大的那首颂歌进行写作，写成混声四部合唱，只用了两个多小时就完成了，且信心百倍！我当时在想：旋律写得好的，和声不见得比我强；和声写得好的，旋律未必写得比我强，我用综合实力和别人比拼。进了大学后，当时的系主任还特别提到这个事情，在大会上说："我们这一年招生的质量确实是非常高的，像郭和初在作曲那场考试中用三个小时写了一首混声合唱，老师们的评价是很高的，这在我们湖南师范学院招生历史上是史无前例的，是一个经典的案例。"

到此为止，我是第三次和湖南师范学院艺术系相遇，终结良缘！十分可敬可亲的老师们、恩人们终于把我招进了大学，彻底改变了我的命运！

刚才提到的招生老师对我的命运有决定性作用，进大学之后有的老师则是在写作技术上对我有很大的影响。我们当时的作曲与作曲技术理论老师几乎都是上海音乐学院、中央音乐学院毕业的老教师，如陆明德、张一希、黄明、杨善乐、卢森森等，师资力量很强。我的作曲主课老师杨善乐，20世纪50年代毕业于上海音乐学院作曲系，与施咏康、汪立三等是高、低班的同学，他在学生阶段的成名作小提琴独奏曲《夏夜》是中国小提琴民族化的经典之作，流传至今。我毕业后留校任教，有机会进修。我当时很想在配器方面继续加强，以后多写一些管弦乐作品。所以，我想如果去中央音乐学院进修就找陈培勋教授，如果去上海音乐学院就找施咏康教授学配器。后来，在上海音乐学院已经接收我进作曲系助教进修班时，施咏康教授正好调任星海音乐学院副院长，我也就跟随他到广州来了。这些老师在作曲技术上对我有很大的影响，后来我之所以能够走上专业道路，学校对我的教育是很重要的。大学之前我虽然已经发表过一些作品了，但仍属于业余作曲，真正走上专业道路还是通过学校的教育，它使我在写作技术，艺术观点，思考问题的深度、广度等方面和以前有了很大的不同。

还有两位老师对我的影响也很大，我随施咏康教授到星海音乐学院后，刚从中央音乐学院调来的孙谊老师的曲式课对我有很大的影响，他教得很好。我的曲式基础本来就挺好的，但孙谊老师的教学对我的启发仍然很大。

苏克教授的复调课上留的习题很多，把我的手头功夫练得更扎实、灵活了。我的旋律感本来就很好，我写的复调作业经常会得到苏克教授的喜爱和赞赏。有好几次他改题后，叫我把练习本留给他，说："我要抄一下你这几个习题，以后可以用来编写复调教材。"

另外，中央音乐学院的杨儒怀教授对我的影响是很深刻的。1989年12月11日至14日，文化部委托中央音乐学院主办的全国音乐艺术院校首届"曲式与作品分析课"教学研讨会在北京市平谷县召开，当时全国曲式学科的专家、学者人数很少，仅有40余人参加了会议，其中只有我一人是高等师范院校的曲式学专任教师。首席专家杨儒怀做了题为《探求更有机和完整的作品分析教学体系》的学术报告。从此，我与杨先生相识并联系密切。我曾认真研读过他发表的所有学术论文和专著、译著，如《音乐的分析与创作》，这些对我的作曲观念、作曲及作曲技法乃至曲式与作品分析课的教学产生了非常重要的影响。我任教曲式与作品分析课约 26 年，得到了学生很高的评价，这其中杨儒怀教授对我的影响功不可没！杨教授仅仅教过十二位博士研究生，其中有三人就是我曾教过的学生（本科生、研究生或旁听生），他们因为受我的教学影响而爱上曲式与作品分析这门课，进而改换专业方向，主攻作曲技术理论，后再投奔杨儒怀教授。

当然，还有其他一些老师、专家、学者也曾对我的成长也产生了很重要的影响，如湖南师范大学和声学教授王安国、上海音乐学院管弦乐配器教授毛宇润和民族管弦乐配器教授朱晓谷等。

以上是我学习音乐的一些重要经历，其中既有些很曲折离奇的故事，又有十分痛苦的回忆，但今天回过头去看，那些经历也是人生的一笔财富。也就是说，正因为你经历过那么多的痛苦，你才会很珍惜后来的这些学习机会，更加努力地学习。这些经历对我的人生观、价值观、艺术观的影响都是极大的，甚至奠定了我一生的发展基础。比如，我在写东西的时候，与你们年轻人相比肯定有共通之处，因为我们同处一个大的时代，但我们在年龄、经历、阅历上有差异，所以我们肯定会有一些不同的地方，我在写作品的时候既要注重有创新又要让别人容易接受，这是由于我们长期在艺术团体里表演积累了比较好的舞台感觉，就像是当老师当久了以后就知道怎样讲课学生会爱听了。

周：郭老师，我们都知道您创作了非常多的作品，您比较满意的是哪一部呢？

郭：其实任何作品都会有遗憾，但我确实也有自己比较满意的作品。现在我的代表作可以说是《雨打芭蕉——为长笛、单簧管、大提琴与钢琴而作》，它属于室内乐，我相信除了我自己，别人也会认为这是我的代表作。我过去虽然写过很多东西，但那些未必可以代表我的真实水平，这一部就可以代表我的最高水平。近年来，高校里有种说法是：评价一个人不能只看其发表文章的数量，要看其代表作的水平。我觉得这个说法是对的，一个人不管有多少作品，他的代表作就代表了他的最高水平，就像屠呦呦一生都在搞科研，但只有发现了青蒿素让她获得了诺贝尔奖，那就是她的最高水平，大家也认可那是她的最高水平。我们看一个人就是看他的最高水平，他的思想、艺术在某个时期、某部作品上表现出他最高的智慧。过去，我们崇敬的大师级人物，包括音乐界在内的很多权威人士，一生可能也就创作出一两部著作，但是具有非常高的水平，成为传世经典。当然，我自己满意的作品，不仅是这一部。

周：郭老师，您能列举对您影响最大的作曲家吗？

郭：要说对我影响最大的，那就是德彪西了。像贝多芬等作曲大师的钢琴奏鸣曲之类的作品，在上大学之前我是一无所知，没有专门去弹，因为我不是弹钢琴出身的。不过，进大学学钢琴半年之后我就可以弹贝多芬的奏鸣曲了，也可以给人家弹钢琴即兴伴奏了。许多古典、浪漫主义作曲大师和许多中国作曲家的作品对我的影响都很大。但是在艺术创作上让我能够写出高水平、创新性很强、思想非常解放的作品的人，我觉得是德彪西。从创作的观念和技法上来说，我曾两次受到德彪西的很大启发，使我的创作上了一个台阶，有一个飞跃，然后再上一次台阶，再有一次飞跃。

我上大学期间，当作曲"四大件"基础课等都学得差不多时，却有点迷茫了。因为我们所学的全都是传统的，即古典主义、浪漫主义时期的作曲技法，而当我搞创作的时候却要写中国风格的作品，我不能写出像贝多芬、莫扎特、肖邦、柴可夫斯基等的作品一样的东西，那样就没有意义了。我觉得用西方的作曲技法（如和声手法等）来写中国作品总觉得别别扭扭，风格上不协调。其实我们的前人和周围的音乐家都有这个过程，写出来的东西也觉得不对。大约是1979年冬季，第一届全国和声学学术报告会在武汉召开，这在中国音乐史上是一件非常重要的事情，全国著名作曲家与研究和声学的专家学者们齐聚武汉，把他们几十年来在和声理论、和声教学、和声民族化等方面的研究成果做了一次集中展示。我的和声、曲式老师黄明出席了那一届会议。后来，湖南省音乐家协会举办了一期作曲理论培训班，聘请黄明老师来讲学，就和声学学术报告会上重要的研究成果做一个全面、系统的学术分享，全省作曲界大部分人都参加了这个培训班。该讲座对我们的启发很大，怎么灵活地运用和声，怎么让西方和声手法与我们中国作品写作的风格比较协调……这些对我的影响非常大。但这和德彪西有什么关系呢？我记得，其中有一篇论文是关于和声发展史的，和声最早是怎么回事，后来发展成什么样，怎么从巴洛克发展到古典主义，又发展到浪漫派、印象派。这篇论文给我非常大的启发，我发现和声不是总是在变化吗？开始是这样写，哪些不能写，后来不能写的又开始能写了，不能用的能用了，越来越自由、多样化，到德彪西的时候我发现平行五度到处都是，我慢慢就开窍了，心想：和声不就是作曲家想怎么用就怎么用吗？我就产生了这样的观念，你不能用的我用，你用得少的我多用。最后怎么来决定好还是不好，终究还是需要一个价值和美学的判断，不能乱七八糟地用。这时我觉得要靠自己的艺术修养、审美来判断，你全部的音乐素养决定了你的审美判断，想怎么用都可以，但是最后好不好，是由我自己的内心感受决定的，我干吗要跟前人是一样的呢？有了这个观点以后，我再写东西的时候，我自己来决定，上手就轻松很多了，怎么写都可以了。

第二次重要的影响，是我带研究生的这些年，因为必须要研究新问题，近年来，我不让我的研究生研究别人研究过的东西，所以他们研究的都是中国最新出版或获奖的作品，这样就彻底避免了他们模仿或抄袭他人的东西，这是一个底线。最重要的是要跟上时代，从创作来讲必须要创新，要跟前人不一样。黄明老师给我的毕业赠言是："创作不但要和别人不同，也要和自己过去写的作品不一样。"我长期都有这样的观念，我们搞创作就是要创新，没有创新的作品对我来讲就是在"干活"，干活的作品很容易写，但是内心真正想写的东西才是你的创作，而这些东西必须要有追求，就是追求你写的东西和别人不一样。我主要带研究生们研究近现代的作品，如此一来，我就要去关注近现代的作曲理论。过去我们读本科时没有系统地学过这些理论，后来接触到了也没有人教，都得自学，像十二音体系、欣德米特、梅西安、巴托克等都需要自己去看书、看作品。开卷有益，再加上长期的积累，还是可以领会这些理论及作品的意思的。我曾很有兴趣、比较系统地研究过德彪西的作品，很仔细地研究过他的和弦怎么写、材料怎么用、调性怎样布局等。更多、更深入地分析了德彪西的作品以后，更坚定了我"作曲家想怎么样写就怎样写"的认识，我后来写的一首钢琴独奏曲《雪·峰·潭·瀑》获得了全国高校作曲教师钢琴曲创作大赛一等奖，评委老师让我说几句话，我说："音乐创作就是根据音乐创作内容及创作意图随心所欲地去运用技术。"这位评委在大会点评时说，要想随心所欲并不容易啊。但是我心里就是这样想的，所谓的随心所欲不是乱用，而是我心底的审美判断决定我用什么。你们已经学习过很多技术了，像你们现在的年轻人在这个年龄段比我们那个时候学得多，那么多的技术怎么去用呢？你的作品想表达什么？你要用符合你艺术想象的手法去创作。我最欣赏的就是德彪西的创作观念和技法，与前人相比，他非常自由。

从技术理论方面对我影响最大的是阿伦·福特的音级集合理论。音级集合本来是个分析音乐的理论，但是我不这样认为。其实我并没有把他那本讲音级集合理论的书研究完毕，因为很难读，但我读懂了它的原理就够了，读书不能死板地读，重要的是你要能悟出人家的道理。他最核心的原理你领会到了，就算是有收获了，剩下的就是在创作中怎么用的问题了。我的学习方法就是这样，因为没有老师教，我靠"悟"而得到了这一点东西。我对我的自学能力还是非常自豪的，我从年纪很小的时候到现在一直都有很好的领悟能力。我们传统的作曲知识和音级集合有没有关系？有着密切的关系！古典、浪漫时期最重要的手法就是动机展开。音级集合，即随机取几个音结合在一起，可不可以把它当作动机来想呢？这几个音怎样去玩，可以自己决定。音级集合让我明白作曲可以随便"玩"的，作曲技术说到底就是变形技术，但古典时期、浪漫时期的变形还是有限制（如调式调性、三度叠置、和声功能……），而音级集合是没有限制的，我想怎么用就怎么用，这样我在写作品的时候就感觉很放松，可以随便"玩"，这就是认识、观念再加上技术理论带给我的开悟。音级集合理论虽然是音乐分析理论，但对我来说相当于作曲技术，可以用于创作。我并不赞成很多人仅把它用于音乐分析。音乐的理论研究不能是终点，而应该是音乐创作的前期准备，音乐理论研究的最终目的是要指导创作，这是我很重要的一个观点。我认为好的理论可以用于创作或用起来很自由。有的理论让人觉得不好用，比如申克的理论，我也去研究过它，但我学了之后发现对我没有什么帮助，它没有让我的作曲思维变得更加自由，思路没打开，技术上没有活跃。这是我个人的观点。

音级集合让我解放了思想，我的《雨打芭蕉——为长笛、单簧管、大提琴与钢琴而作》就是用音级集合来写的。我只用了fa、mi、sol三个音，我认为这三个音是广东音乐里面最具特色，最容易让人直接、迅速地感觉到广东味道的一个集合，这部作品中横向是fa、mi、sol，纵向上也是fa、mi、sol，从头至尾都是这三个音，用"文华奖"评委主任刘锡津的话说："你这个作品到处都是fa、mi、 sol。"这是在该曲获奖一年后刘锡津来广州，我去拜访他时他对我说的话。我认为音级集合可以有无限的可能。但是，要想甄别某种作曲技术理论的价值并能自由地运用它，需要达到一定的积累，没有相应的积累是做不到的。《雨打芭蕉——为长笛、单簧管、大提琴与钢琴而作》在北京音乐厅举行的获奖音乐会上首演时，坐在我旁边的都是中央音乐学院的老师或学生，当时由中国歌剧舞剧院的四个乐团首席演奏我这部作品，在座的专家学者都表示很喜欢。有位中央音乐学院的老师对我说："郭老师，你这个作品配器配得很好，有印象派的风格。"我回答她："对，看来你还是有一定阅历的。不过，这个印象派不是法国的印象派，而是中国的印象派，因为我写的是中国广东的音乐。"

我后来在写东西的时候十分注意怎样将现代作曲技术与中国本土民族音乐结合，这个也是我长期思考的问题，并且我在探索过程中也取得了一些成绩。特别是到广东以后，我非常留意广东风格的写作。我跟我很多学生讲过这样的话："我们学过贝多芬、莫扎特、柴可夫斯基、德彪西这些大师的作品，他们是一个个里程碑。浩瀚如烟海的作品摆在我们前面，我们的存在价值是什么？我能写过贝多芬吗？我能超过莫扎特吗？我们干吗还要作曲呢？后来我想明白了：我存在的价值是我今天所创作的东西，贝多芬一定写不出来，我的一定是我的，一定是非常独特、创新的，前人没有写过的，这就是我存在的价值。"我今天之所以还愿意作曲就是因为还有这么一点自信。

周：郭老师，岭南风格的音乐在您的创作中占的比重有多少？

郭：不能算很大，我更多的时间是待在湖南，43 岁才来到广州。过去，各个省都有大量的文艺晚会，这种"干活"的作品写得太多了，即使是拿到全国去比赛，也是电视台拿着我们的作品参加电视比赛。在中国音乐创作领域，每一个省都强调自己的地方特色，我的音乐母语肯定是湖南传统音乐，现在我都还可以很随意地哼出湖南民歌，广东的音乐文化不是我的音乐母语，而且我一来到广东就很快承担了学院里非常繁重的教学任务与教学管理工作，没有过多的精力和时间去各地采风、学习民间音乐。但作为我个人来讲，必须要向广东的民间音乐学习，"向民间音乐学习"这个观念我在上大学的时候就已经十分明确了。尽管我对广东音乐不是很熟悉，但心里还是经常想着，要唱一唱、听一听广东民间音乐，有创作的机会时就特意用上一点广东音乐元素。我在湖南的时候很少写舞蹈音乐，到广东后写舞蹈音乐的机会比较多，经常会用到广东音乐元素。我一般都不会完整地用它们，都是我自己感觉到某些元素特别具有广东风格的，在作品里面用一些就够了，我完全用广东民歌改编、变奏的作品并不多。

如果说我的第一代表作是《雨打芭蕉——为长笛、单簧管、大提琴与钢琴而作》，那么民族管弦乐《小蛮腰遐想》可以算是第二代表作，这是广东省委宣传部指示并委约我们为广东省民族管弦乐团写的作品。我当时就想：我一定要写一部特别好的作品，我给自己定的目标就是要写一部非常具有广东味而且是一部具有代表性的作品。那要写什么题材呢？我思考了很长时间。我想让这个题材使别人一看到或一听到就立刻想到广东。我一两个月的时间没有动笔，因为他们给我们半年的时间进行创作。有一天，我突然想到广州塔——"小蛮腰"，顿时热血沸腾，一股热流从心底涌起，我的很多好的作品在创作的时候就是这个感觉，这是一种生理反应，而往往在这个时候，我马上意识到可以动手写了，而且非常有信心，一定能写好。第一，"小蛮腰"是广州市的地标；第二，它是非常现代的建筑，而我用民族管弦乐来表现它，这是一个很有趣的结合。用中国的民族管弦乐来表现最现代的建筑，这是很有意思的事情，创作的选题有意义、有意思、有趣味！接下来就是创作过程中具体技术上的构思。"小蛮腰"最显著的特征是很高，有 600 米，那如何用音乐来表现高呢？我马上就想到广东音乐《步步高》，采用了《步步高》主题头的 mi、mi、sol 这三个音作为动机，那这三个音怎么能表现高呢？第一个是寓意，熟悉广东音乐的人就会立即感觉到其中有《步步高》的元素并捕捉到曲作者的寓意。但作曲技术还要表现出"小蛮腰"之高，那么，用这个材料不断上行模进不就可以了吗？此外，可以从很少的乐器开始，逐渐发展到很多的乐器，从弱的音响发展到很强的音响，不就可以表现高了吗？然后我又想"小蛮腰"最美的时候是什么时候？从我家卧室就可以看到"小蛮腰"——肯定是在夜晚彩灯亮起的时候最美。所以我就想到著名的广州童谣《月光光》，并采用了其主题头 do－re－sol－mi－re，以钢片琴、颤音琴、管钟等乐器用不同的节奏同时奏出，描绘出一幅星光闪烁的美好夜景。作为乐曲结构整体构思来讲，它又是一个很好的对比。还有一个问题，"小蛮腰"最引人瞩目的时刻是什么时刻？那就是过节放烟花的时刻，烟花是从底部螺旋式地冲上去，冲到顶部时烟花向四处飞溅，给人们留下了特别深刻的印象。这是最有代表性的景象，作品中一定要描绘这个重要特征。烟花飞溅会发出"啾啾"的响声，所以我就用竹笛演奏超高音，把唢呐的哨子取下来吹，高胡、二胡等弦乐器则采用大幅度的滑音，乐队全都采用自由节奏的演奏方式，发出喧嚣的声声，非常形象地描绘了出节日焰火的景象，这也算是一种现代作曲的思维方式和表现手法吧。最后还有一个最重要的东西没有出来，那就是"小蛮腰"究竟是什么形象呢？其实是中国传统窈窕淑女的一个形象，我得写出个美女的形象来，而且必须是广东的美女。那广东的美女又怎么写呢？我得要采用广东的音乐元素来表现，我要写得非常中国化、广东化，用传统的戏剧性的音调可能是最佳选择。我记得最开始先写出的一个音调，是 mi－la－sol－la－do，然后马上构思如何用这个材料去变形、去发展。写了一些后，我把我爱人喊来听。我说："我用这个素材写一个'小蛮腰'的美女形象，你听听。"我爱人听了以后说："好听是好听，但这个不是广东的美女，是个北京的美女。因为旋律似乎有点京剧的韵味。"其实我内心深处也有一丁点这种感觉，经我爱人这么一说，我就确认了是有点京剧韵味，那我就坚决地抛弃它，我必须要写出广东的味道来！那广东的味道怎么写呢？我一时想不出来。幸好我的一个好习惯又帮了我的忙！即如果在创作中一时想不出好的主题、动机，我就会开口"念"，就像在写歌的时候把歌词念出来。我反复地念"小蛮腰"这三个字，根据念字的声调起伏来设计旋律。由于我是用普通话的声调念的，我不放心，于是又把儿子叫来念，他的粤语比较标准。听他一念，我又想到了那个具有广东音乐符号的 fa、mi、sol 三个音。但怎么唱都感觉音调起伏的关系不太对，那就变一下，"小"字是上扬的，那就变一下 fa、sol、mi，不就行了吗？fa – sol – mi – sol 这样一调整就有点广东味了。但还是觉得有点问题，"小蛮腰"的"腰"的声调是高平，于是我就改写成 fa – sol – mi – do，这样一改，感觉就对了，音调的高低关系就比较贴切了！我是根据粤语"小蛮腰"的声调来写出这个动机音调的。至于听众会不会想到我的这个创作过程，这个不重要，只要好听，而且一听就知道是广东音乐，就很好了。

事实证明，《小蛮腰遐想》的演出效果很好，乐队的演奏家们、广东音乐的研究专家们都非常喜欢，给听众们留下了深刻的印象！

周：听了郭老师对作品的介绍，非常希望能有机会去研究郭老师的这两部作品。

郭：其实真正创作一部作品是件不容易的事情，我指的是真正意义上的创作——并不是写出来一个东西就称得上是创作，我很早就不再这样给自己定标准了。必须是我真的特别富有创造性地写出来一个东西，那个才是我的作品，"干活"状态写的东西我也会认真对待，但我往往不觉得那是我真正意义上的创作，哪怕写得还很好听，但是干完就干完了，有些作品我甚至都不愿意再跟别人谈起。我觉得你们年轻人都受过很好的专业训练，我在你们这个年龄段没有学过那么多东西的，但我能坚持自学、善于自学，对自己要求很高，所以，我才能不断进步，跟上时代的步伐。

周：感谢郭老师用了近三个小时的时间跟我们分享您的音乐历程，谢谢您！

附：郭和初主要作品目录

1. 二胡独奏《桑木扁担软溜溜》，荣获 1982 年首届全国民族器乐独奏作品比赛优秀奖

2. 管弦乐曲《哈萨克舞曲》，郭和初改编，1985 年 12 月在广州音乐学院更名为星海音乐学院的庆典音乐会上首演

3. 《湖南师范大学校歌》，1993 年在中国音乐家协会主办的"狮王杯"全国歌曲创作大奖赛中荣获"优秀创作奖"

4. 男声独唱《妈妈，我回来了》，荣获 1999 年第六届"羊城音乐花会"作曲三等奖

5. 女声独唱《山里的教师》，荣获 2006 年广东省"反腐倡廉"歌曲创作评比一等奖

6. 艺术歌曲《汶川啊，汶川》，2010 年荣获全国高校作曲教师艺术歌曲创作大赛一等奖，并于 2017 年收录进人民音乐出版社出版的全国高校 21 世纪声乐教学曲库《中国艺术歌曲选》

7. 钢琴独奏曲《雪·峰·潭·瀑》，荣获 2012 年全国高校作曲教师钢琴曲创作大赛一等奖

8. 室内乐《雨打芭蕉——为长笛、单簧管、大提琴与钢琴而作》，2013 年荣获"文华奖"，2014 年荣获"金钟奖"；2018 年荣获广东省"鲁迅文艺奖"，并由人民音乐出版社出版的《中国当代作曲家曲库·室内乐》收录

9. 民族管弦乐《小蛮腰遐想》，2014 年由广东省委宣传部和广东省文化厅委约创作，后出版发行专辑，广东民族乐团演出，荣获第十二届广东省艺术节优秀剧目二等奖，2015 年应邀在联合国日内瓦总部展演

10. 琵琶、长笛与乐队《望春风变奏曲》，2015 年 9 月在北京国谊宾馆、中国致公党建党 90 周年庆典音乐会上，由中央歌剧院交响乐团长笛首席丁冀伟和中国音乐学院琵琶演奏家栾越首演

11. 无伴奏混声合唱《江南》，荣获广东省委宣传部 2016 年"文艺精品工程专项扶持资金"；2017 年 10 月荣获第十四届中国国际合唱节混声组金奖

12. 无伴奏女声合唱《月光光》在 2016 年 11 月"南粤和声"——广东省合唱精品音乐会上展演，同年由广东教育出版社发行唱片

13. 女声独唱《我就想生个女娃娃》荣获全国电视音乐片大赛一等奖

14. 女声独唱《生活呀，我爱你》，由湖南省委宣传部、湖南省文联选编进《纪念改革开放十周年优秀音乐作品集》

15. 男声齐唱《湖南人》，湖南省庆祝建党 70 周年献礼片《人间正道是沧桑》主题曲，荣获全国电视音乐片大赛最佳奖

16. 管乐合奏《走马灯》

17. 无伴奏混声合唱《一根竹竿容易弯》，荣获第十届"群星奖"优秀演出奖

18. 古筝与钢琴《孟姜女随想曲》，郭和初、王温豪改编

十四 在中心与边缘之间
追寻生命本真

——访著名作曲家马剑平

作曲家马剑平

马剑平简介

马剑平,作曲家、音乐教育家,海南大学艺术学院教授。早年寻梦京华,后登岛闯海,专注于人才培养与教学研究,创作了大量体裁多样、形式风格多变的作品,其中包括交响曲、交响音乐会幻想序曲、交响组曲、协奏曲、室内乐、合唱、钢琴、声乐及舞蹈、电影的配乐等。1955年9月生于贵州省贵阳市,自幼学习小提琴与作曲,1978年考入中央音乐学院作曲系,师从石夫。1983年本科毕业后在首都师范大学任教,主讲配器、复调、作曲技法等课程。1984年为北京舞蹈学院创作舞剧音乐《屈原》,引起极大反响。1986年进入北京交响乐团驻团作曲,交响幻想曲《六月雪》获全国第二届舞蹈比赛音乐创作一等奖、全军文艺优秀作品奖;同年为电影《晚钟》配乐,获第九届中国电影金鸡奖最佳音乐提名。1989年调入海南大学任教,1993年创作管弦乐作品《结构》和《幻想序曲一号》,分别获单乐章管弦乐中国作品作曲比赛二等奖、鼓励奖。1996年,《幻想曲》获台湾交响乐团第五届征曲比赛佳作奖,出版《马剑平实用钢琴音阶练习教程》。2000年,《跳皮筋》等钢琴作品在21世纪中国儿童钢琴曲征集评选活动中获奖,《小星星》被收入《钢琴基础教程》,作为高等师范院校教材使用。

2003 年，钢琴作品集《纯真集》获首届"金椰奖"器乐作品金奖。2006年，钢琴作品《狂想曲》被辑录为 13 位中国著名作曲家近年来创作的代表性钢琴作品，并汇编成《中国当代钢琴曲选（1980 年以后）》出版发行。2008 年，作品《交响音乐会幻想序曲集》出版发行。

1993 年获海南大学艺术学院"优秀教学奖"；1994 年及 2003 年获海南大学"吴乾齐、吴潘彩金科研奖"二等奖；分别于 1999 年、2001 年、2002 年获海南大学"最受欢迎教师奖"；2001—2002 年获海南大学"先进工作者奖"等。

采访人：王晓平，海南师范大学音乐学院教授，硕士研究生导师

采访时间：2018 年 9 月；2020 年 8 月

采访地点：海口市

采访人王晓平（左二）等与作曲家马剑平（右二）

王晓平（以下简称王）：马老师您好，很高兴见到您，感谢您接受采访。近几年，星海音乐学院正在进行有关岭南乐派的研究，选择了一批常年居住在岭南地区、具有代表性的音乐家进行专访，您是海南省的唯一代表人物，今天我想就您的音乐创作和相关教学问题对您进行访谈。

马剑平（以下简称马）：不客气。非常感谢星海音乐学院相关老师将我纳入其中。关于岭南乐派，我不太了解，但是就自己的音乐创作而言，我的作品是有民族性的，必然也包括地域特征，这在我的一些作品中多有体现。

王：从 1978 年进入中央音乐学院系统学习音乐创作技法开始，您的创作一直延续到 2006 年。回望创作历程，我认为您的创作应分为两个时期，即 20 世纪 80—90 年代和 20 世纪 90 年代以后，也就是在北京和海南的两个时期。这两个时期，您的创作倾向不同，所表达的思想境界和人生追求不同，所运用的表现手法也有所区别。北京时期偏重于大题材、大体裁的音乐创作；海南时期偏重于短小、精致的小品创作与教学研究。

马：我赞同你的观点。我 1983 年毕业以后在首都师范大学任教，后又任北京交响乐团驻团作曲，这一时期写了大量的作品，尤其是交响乐的创作。1990 年前后，我调入海南大学任教，又去美国学习半年，直到 2015 年退休，所以我的教学主要在海南。

王：1991 年 3 月 23 日，您在北京音乐厅举行了个人作品音乐会，得到首都音乐界的一致好评。同年 5 月 3 日又在海口举办了"马剑平交响作品音乐会座谈会"，大家一致认为，音乐会作品思想深刻，表现手法娴熟，较好地将西方古典

作曲技法与现代音乐融会贯通，产生了广泛的影响，您怎么看？

马：1991年我的个人作品音乐会是由中央交响乐团在著名指挥家韩中杰和谭利华的指挥下演出的，一共演奏了我的五部作品：《幻想序曲一号》《结构》《幻想序曲二号》《白光——为弦乐队而作》和《第二交响曲》，它们的创作时间为1984年至1989年。这场音乐会想体现三个意图：一是所谓"新、奇、怪"的现代音乐同古典音乐一样具有很强的可听性。二是古典时期的创作技法也要体现现代特点。三是突破以纯技巧和"为怪而怪"的现代音乐探索的超越。这次音乐会受到了前辈老师和同时代青年朋友的一致好评，也有一些关于这次音乐会的新闻报道和社会评价。

王：您在20世纪80—90年代创作的音乐作品既有哲理性，又有艺术性，更关注家国情怀和人类生命本质的探索，情系民族发展、关注时代建设的内容在交响乐作品、电影音乐以及合唱作品等体裁中多有涉及。改革开放的环境使得创作充分利用西方音乐体裁来表达中国人的思想，所以那时的音乐是热情奔放、有朝气、充满生命力的，有英雄气概，甚至还有些悲剧色彩。您那时在驾驭百余人的大型乐队时显得手法熟练，且有很多独到之处。

马：是的，那时我的作品里面确实是体现了对宇宙、国家、民族的人文关怀。恰恰交响乐体裁适合表现这些内容，将历史事件、现实命运、国家民族等大的题材通过我的理解加以运用。音乐技法只是为表现音乐服务的，不要为了技术而技术，而是要表现出人的思想感情和对人类时间命运的思考和探索。我在作品中为了体现尖锐的戏剧性、悲剧色彩和英雄气概，运用庞大的管弦乐编制，结构宏伟而精致，音响既浑厚而又细腻，力度对比强烈。正如卞祖善先生在座谈会上所说："他的音乐尤其在乐队全奏时，音响是饱满宏伟的，不是狂躁的，有像斯克里亚宾那样史诗般的音响和气势。"①

王：在音乐创作领域，创作手法因人而异，这与作曲家的经历、阅历、知识结构有很大关系。一些人喜欢民族风格的，便运用民歌基本旋律加以扩充拓展，深化音乐形象；一些人喜欢古典风格，则运用西方发展音乐的手法，塑造音乐形象。在您的作品中，您特别强调运用古典时期的创作技法，如用"动机写作"的手法，这与有些现代创作手法不太一样，您怎么看？

马：我的创作偏好运用"动机写作"的手法，就是对西方古典时期创作手法的继承运用。《幻想序曲一号》运用了贵州民间特性音调的动机，迂回跳进贯穿全曲，音乐流畅、结构紧凑、一气呵成，给人以粗犷质朴的感受。写法上采取了主题呈示的直接展开，偶然音乐的手法造成的音响空间，具有很强的动感，令人感慨大山的空旷与沉默。《纯真集》中有两首民间舞曲：一首来自贵州苗族飞

---

① 杨善朴：《迟到，但也欣慰——青年作曲家马剑平交响作品音乐会听后》，《中央音乐学院学报》，1991年第2期，第95页。

歌的特性音调，一首来自黎族"打柴舞"的音调。我选择这两种民族音乐元素来体现最原始、最本真的情绪和思想。有些人喜欢以一个乐句或乐段为基本素材，而我则偏重于特性音的发展与运用，汲取里面的某些情绪或某种精神加以继承与发展。所以，我说我的音乐比较抽象。

王：在您整个创作生涯中，作品内容丰富、体裁多样，但我注意到了没有涉及歌曲创作？是否歌曲创作可能是受限于词的内容？

马：你说得对，我的音乐都很抽象。我认为，音乐是抽象的，音乐是用音符来表达思想、传递感情的，它依靠特有的手法、技法来发展，因而有很大的不确定性。有了歌词，就具象化了，所以我不涉及歌曲创作。我的创作涉及除歌曲以外的所有体裁，并不是我排斥写歌，而是我喜欢使用音符来加以设计、拓展甚至计算，运用音乐特有的旋律、和声、织体、音色的要素来表现情感和思想。为电影《晚钟》配乐时，我和吴子牛讨论时便达成一致：片中不用歌曲表现，而使用纯器乐。

王：一个作曲家的风格从其音乐作品上便能充分体现出来。这种风格包含方方面面：思想感情、人生理想、审美爱好、技术手段等。所以，在你们那代人的身上，能够体现传统与现代、共性与个性、机遇与挑战、继承与创新，必定在音乐创作领域留下承前启后的作用与价值。有媒体评论："很多人没想到，这一批年轻人会成为华人作曲界的中流砥柱，不管是对中国还是世界音乐界，都产生巨大影响。"①

马：我的同班同学，有的活跃于世界乐坛，有的引领着国内音乐创作，有的专心于人才培养，每个人都有鲜明的创作风格，又富有时代特征。音乐是很个性化的艺术，所谓"新潮音乐""现代派艺术"都是一个个作曲家在创作上的理想追求的具体表现。我在早期创作的几部作品里面都有"偶然主义"因素，但是当时也不知道什么是"偶然主义"，就不自觉地运用到自己的作品中，成为作品的有机组成部分和音乐发展的手段之一。例如，1984 年我为北京舞蹈学院建校30 周年创作的《屈原》中有一段就是"偶然主义"音乐的具体运用。音乐为了刻画人物，体现高潮，展现古代文人的风骨，就运用了音乐的不确定性和即兴特征，这是一度创作，如果二度创作把握住了，就能充分表现出音乐的特性，否则，就会出现另外一种意向。这就对乐队指挥或者演奏家有较高的要求。因此，这部作品在录音时，演奏者对作品理解准确与否至关重要。

王：从北京到海南的地理跨度很大，您的音乐创作似乎也发生了转变，从交响音乐创作转向了钢琴小品创作，海南对于您的创作有何影响？

① 《回望·1978 年春节 8 | 振奋，活跃，众声喧哗》，澎湃新闻，https://baijiahao.baidu.com/s? id = 1593060336141100612，2018 年 2 月 22 日。

马：你说得很对。来到海南，我的音乐创作的确发生很大变化。这里主要有几个原因：其一，我最初来海南的目的是为音乐会筹款。海南建省不久，作为全国最大的经济特区，经济开放，市场活跃，经朋友孙翩教授介绍来这里为自己的音乐会筹集资金，恰逢此时有机会出国深造，便去美国学习了半年，回来后便调到了海南大学任教。当时海南建省时间不长，音乐文化活动相对贫乏，没有专业的交响团体，所以没有条件写一些较大的作品。其二，我到海南来以后就生病了，第一次脑梗已经影响我写作了，那一次大病后我就不想写大作品了，因为大作品非常耗时间、耗精力，我觉得写小作品好一点，而且这边还有人能够演奏，能让人听到。其三，海南与其他省有很大不同，这里气候湿润，景色宜人，人们呼吸着纯净的空气。自由地生活在这片净土上，我的心灵得到一种慰藉，我的精神能回归平静，自己好像找到了生命纯美的本源，因此后来我的创作也就集中在精致的艺术体裁上面了。

王：那我们就说说来海南后的创作与教学吧。您的钢琴作品《纯真集》共收编了30首钢琴作品，这些作品百分之九十都是在海南进行创作的。之所以取名为《纯真集》也是基于创作思路的转变。过去作品中那些焦虑、恐惧以及莫名的愤怒、撕裂般的狂噪、歇斯底里的呐喊不见了，取而代之的是一种童趣与温情、感悟和纯洁，是一种和谐、宁静与优雅。

马：追寻生命的本真是一个人的本质需求，艺术家更要终身去面对与探索。无论是在北京还是在海南，我的作品里都体现出了这种追问。这其中有一个基本要求，那就是真诚，对祖国、对人民、对艺术都要真诚。仔细聆听我的作品，可清楚地感受到：人的一生始终有两种势力在斗争着：假、恶、丑与真、善、美，而真、善、美是一定能战胜假、恶、丑的，但其过程交织着挫折与痛苦、天真与喜悦、简单与复杂、现实与理想……例如，钢琴曲《跳皮筋》，当第一个乐音跳出来的瞬间，整个屋子马上就流淌起欢快的旋律。阳光下，孩子们嬉闹的声音，灵动的身影，随着皮筋节奏上下跳动，孩子们仰起的笑脸，清脆的笑声，一一呈现在乐声中，童年时美好的回忆，刹那间浮现脑海，一种感动油然而生。《纯真集》中的《曲调》系列，以舒缓、行云流水般的意境开场，明媚的阳光，微风拂过的绿地，空气中散发出甜美的味道，犹如清晨中第一滴露珠，清新而自然，又如晨空中第一缕阳光，轻柔而灿烂。轻轻敲响的琴键，似乎也怕惊醒了这清晨的美梦，在千回百转的诉说中，隐含着一份悟透世事的淡然。在《纯真集》众多乐曲中，几乎每首曲子里都总会跳出那么一个顽皮的声音，总显得与周围的乐声有些格格不入，但一旦少了这个声音，你可能就会觉得这些曲子索然无味。想来这其实应该算是一种对现实进行反抗的声音，每个人的心中都会有一个梦，但并非人人都可实现自己心中的梦想。人们面对现实的无奈，在那么一个突然跳出来的音符中得到慰藉，于是《纯真集》又多了一份现实的意味。在《摇篮曲》中，有着一老一少两种乐音，顽皮的小孩子不肯入睡，祖母便哼着歌谣，哄着他。温婉的旋律，低声私语，又跳出一个小高音，这是孩子的嘟哝。《纯真集》

中的《民间舞曲》系列，将极具当地风情的海南黎族歌舞加入现代音乐元素，两种曲风相互融合，浑然天成，令人回味无穷。

王：这就是说，由于生活环境发生变化，您的创作倾向逐渐关注到钢琴音乐小品。这种精致的艺术体裁，短小精悍，音乐形象集中，易于记忆，便于流传，所以深受广大听众喜爱。20 世纪 30 年代，以贺绿汀的《牧童短笛》为代表的中国风格钢琴作品开始涌现，以民歌或著名歌曲的旋律为基础，加以变奏发展和钢琴化处理，成为之后相当长一段时间中国钢琴音乐创作的基本手法。

马：的确，作曲家贺绿汀开创了中国钢琴音乐创作之先河，《牧童短笛》成了 20 世纪中国钢琴音乐的代表。20 世纪 80 年代起随着中国社会逐渐开放，音乐表现手法趋向多元，创作风格更加具有个性，这也体现在钢琴音乐作品中。有专家认为："近年来我国出版的钢琴乐谱林林总总，但集中反映新时期我国钢琴音乐创作成果的并不多见。"[①] 四川音乐学院邹向平教授收集 13 位中国著名作曲家近年来创作的代表性钢琴作品，汇编成《中国当代钢琴曲选（1980 年以后）》出版发行，说明了在当下推广这一体裁的必要性和价值所在，其中也收录了我的作品《狂想曲》。

王：贺绿汀生前曾给予"21 世纪中国儿童钢琴曲征集评选活动"高度赞誉与肯定："弘扬民族文化，繁荣新世纪儿童音乐创作，推进钢琴艺术普及教育，提高下一代审美素质。"[②] 您的作品《跳皮筋》获得三等奖，《小号手·小鼓手·小笛手》获得琴童喜爱奖，《摘星星》获得入围奖。

马：世纪之交，这次活动被新闻界称为"新中国成立以来规模最大的一次儿童钢琴曲征集活动"，得到了音乐创作领域的积极响应，专家评委杨立青、王建中、赵晓生等，在"儿童性、艺术性、应用性"的评选原则下，从 406 首应征作品中，认真筛选出初评入围作品 50 首。这次活动的确起到了积极作用。有媒体评价："立足于中国传统文化背景，采用娴熟的钢琴作曲手法，极具民族特色，兼具艺术性和实用性。"[③] 随后，入选钢琴作品编辑成册，[④] 以教材形式出版发行，予以推广，有很多作品已经成为新世纪儿童钢琴的经典曲目，并经常在各种儿童钢琴比赛中被使用。

王：无论是交响作品还是钢琴小品，您都试图在寻求一条传统与创新、技术性与音乐性交融的创作之路，如早期的交响作品《白光——为弦乐队而作》和钢琴作品《雨歌》等，有学者专门予以评价，您怎么看？

① 邹向平：《中国当代钢琴曲选（1980 年以后）》，北京：中央音乐学院出版社，2006 年版。
② 王歆宇：《牧童短笛后继有人——记"21 世纪中国儿童钢琴曲征集评选活动"》，《钢琴艺术》，2001 年第 1 期，第 52－53 页。
③ 杨慧：《浅议 21 世纪中国儿童钢琴作品创作》，《人民音乐》，2010 年第 1 期，第 27－28 页。
④ 王歆宇：《21 世纪中国儿童钢琴优秀作品选集》，上海：上海音乐出版社，2001 年版。

马：传统技法只是创作音乐的手法之一，但是随着时代的变迁，人的思想观念也在变化，这也就是要人们追寻传统，但不拘泥于传统，而是要创新。1991年3月23日，被誉为"迟到，但也欣慰"的音乐会（一台迟来的音乐会在北京音乐厅拉开了帷幕，这台音乐会与同班同学的瞿小松、谭盾等人相比，当然是一台迟到了的音乐会），演出了我创作于1984年至1989年间的五部作品，也正如杨善朴评论那样："他没有受时尚的影响，也没有把技术和观念当作唯一的追求，而在于他的作品中显现的并不十分清晰可见的一种有待发展的创作倾向，即在纯粹音乐创作意义上的建设性，我想这与近年来创作反思的目的应该是一致的。总之，马剑平的音乐作品受到社会音乐界人士的高度赞扬与肯定。"①

王：您曾为多部电影配乐，其中，1989年您为电影《晚钟》创作的音乐获得了第九届中国电影金鸡奖最佳音乐提名。电影音乐创作也是您创作生涯的重要组成部分，您怎么看待电影音乐？

马：在《晚钟》之前，我和导演吴子牛就有过合作，为电影《鸽子树》创作音乐。《晚钟》是八一电影制片厂在甘肃拍的，我为此还专程去剧组体验生活，和导演、演员交流。导演吴子牛的话很少，他的影片充满了象征意味和哲学上的思考，这与我早期的创作风格十分吻合。当时，吴导演只是告诉我剧情哪里需要音乐，大致要反映什么情绪，便放手让我去写，这给我了极大的空间。和吴子牛的合作是我涉及电影音乐创作以来最愉快的经历，但此后他迫于市场压力，开始转变风格，与我的合作也中断了。

王：您曾为一部名为《神秘的女人》的电影创作音乐，虽然同为反法西斯题材，但是这部电影更注重故事性和可看性，而音乐成为烘托气氛的附属品，因此您感觉受到的约束太多，对这部电影的音乐感觉不满，也从此中断了电影音乐创作。

马：我认为写电影音乐，作曲家不能只跟着剧本走，否则音乐作品就会缺少独立性。只有把握大的情绪或情感需要，让电影音乐服务于电影，但是又脱离电影，这样一来，既能满足导演的需求，也能体现音乐的艺术独立性。

王：您已退休多年，却依然关注国内音乐创作和教学领域，如今时代变化很快，您对当下音乐创作有什么看法？

马：目前音乐创作领域两极分化严重，即要么技术化，要么庸俗化。一个是纯粹讲技术，有些人进入专业学院学习作曲技术理论，过度追求技术理论，思想没有倾向性，作品缺少音乐性。另一个就是庸俗化，好的音乐作品并不是为了迎合社会，而是要超越社会。虽然我们经常提出雅俗共赏，但雅要有高度，俗需超

---

① 杨善朴：《迟到，但也欣慰——青年作曲家马剑平交响作品音乐会听后》，《中央音乐学院学报》，1991年第2期，第95页。

凡脱俗，只有这样的作品才能流传。现在有很多应时之作，空洞乏味，每年出现的音乐作品很多，但经典之作很少，一个是过度追求技术化，就是空洞、没有实质，再就是作品庸俗化，为了迎合世俗。作曲家首先要有创作欲望，不能别人要求你怎么写，你就被动地去创作。创作只是手段，而不是目的。

（注：海南师范大学教师周吉书，硕士研究生朱俊颖、张文然一同参与交流，特此致谢。）

附：马剑平主要作品目录

1. 1976 年，《单簧管五重奏》

2. 1977 年，《弦乐三重奏》

3. 1977 年，《钢琴前奏曲》

4. 1977 年，《钢琴变奏曲一号》

5. 1978 年，《钢琴变奏曲二号》

6. 1978 年，两首独唱

7. 1978 年，合唱、无伴奏合唱《山泉》

8. 1979 年，古筝独奏《秋》

9. 1979 年，小提琴独奏《村舞》

10. 1980 年，小提琴《俄罗斯风格曲》

11. 1980 年，《一个瘦小的女人》

12. 1981 年，《第一单簧管奏鸣曲》

13. 1981 年，交响诗《呐喊》

14. 1981 年，大提琴独奏《引子与回旋》

15. 1981 年，《第一弦乐四重奏》

16. 1983 年，《第一交响曲》

17. 1983 年，《幻想序曲一号》

18. 1984 年，舞剧《屈原》

19. 1984 年，《幻想序曲二号》

20. 1984 年，《第二交响曲》

21. 1986 年，交响诗《六月雪》

22. 1986 年，《第三交响曲》；钢琴曲《跳皮筋》《狂想曲》《第一舞曲》《第二舞曲》

23. 1987 年，五首乐队前奏曲

24. 1989 年，《白光——为弦乐队而作》

25. 1989 年，《云南印象》

26. 1989 年，《旋律》

27. 1989 年，《结构 I》

28. 2000 年，《南方组曲》

29. 2001 年，《船之梦》

30. 2002 年，钢琴独奏《托卡塔二号》

31. 《第三幻想序曲》《第四幻想序曲》

32. 《速度》

33. 《马剑平实用钢琴音阶练习教程》，1996 年海南出版社出版

34.《纯真集》，2001 年海南出版社出版

35.《小提琴协奏曲》

36. 钢琴《幻想曲》

37. 声乐《摘星星》《梅花》

38.《结构Ⅱ》

39. 2006 年，《鼓韵——为乐队和打击乐而作》

十五 秦粤 "碰撞"

——访著名作曲家张晓峰

作曲家张晓峰

张晓峰简介

张晓峰，华南理工大学艺术学院作曲专业教授。曾在西安音乐学院、上海音乐学院学习作曲与作曲技术理论，师从饶余燕、陈铭志、林华、杨立青等教授。

主要作品有《第一交响曲——劈山救母》（1994 年获陕西省交响乐比赛优秀奖）、《寻觅》（合作，1994 年获第三届全国民族管弦乐展播比赛特别奖）、长笛协奏曲《春的幻想》（2008 年意大利佛罗伦萨首演、2009 年获第十四届中国"文华奖"）、木管五重奏《猎人和小精灵的游戏》、幻想交响序曲《凤愿》（2009 年获广东省交响乐比赛铜奖）、琵琶与交响乐队《弦上秧歌》（2009 年获广东省交响乐比赛金奖；2011 年获全国第十六届交响乐比赛三等奖）、民族管弦乐《丝路遐想》（2014 年西安艺术学院音乐厅首演并获文化部艺术基金支持）、小提琴协奏曲《黄河之水天上来》（2013 年首演），2016 年担任艺术学院原创大型交响清唱剧《先行者——孙中山》（第二幕）的创作等。主要论文有《九音作曲技法新探》《"九音现象"于粤乐与秦乐的比较运用》等。

采访人：邓勋，澳大利亚昆士兰大学硕士研究生，星海音乐学院教师
采访时间：2019 年 12 月
采访地点：广州，华南理工大学

采访人邓勋与作曲家张晓峰（右）

邓勋（以下简称邓）：张教授您好，很感谢您百忙之中抽空接受我们的访谈。我们最近在对岭南乐派的一些作曲家进行采访，可以请您给我们介绍一下您的成长经历与音乐学习经历吗？您是如何接触到音乐的呢？

张晓峰（以下简称张）：在我四五岁的时候，我们一家人在西安的一个四合院里跟我的舅舅住在一起，我舅舅是西安市演奏二胡的一位名家，我的音乐启蒙其实是从那时候开始的。舅舅每天要练两三个小时琴，每次他只要一练琴我就在他门口用墨水瓶子给他敲节奏，他不希望别人打扰，我一敲瓶子他就气得赶我走，但他只要一走开我就还在那里敲，这就是我朦朦胧胧的音乐启蒙。我记得有一件很有趣的事情，我那时候趁舅舅不在就溜进他的房间，看他每天练的琴，看到他每天擦的松香，但是我那时候也不知道松香是什么东西，就看这个东西黄亮黄亮的，我以为是什么糖，就"咔"地一下给咬了一半，一下把我的嘴麻着了，后来舅舅回来还把我骂了一顿。还有一个人就是我的表哥，他会演奏大提琴、吹竹笛，我的竹笛就是跟表哥学的。在上学前，这两个人带给了我音乐启蒙。

邓：除了您的舅舅和表哥给您的音乐启蒙，在音乐学习和成长道路上，还有哪些对您产生过重要影响的人和事呢？

张：我上小学后就正儿八经地开始跟我表哥学竹笛，快上中学的时候我表哥就把我领到西安市一位特别有名气的老师那里继续学习，我后来找工作、考大学，都和这位老师有很大的关系。这位老师姓侯。侯老师对我后来的音乐成长起到了决定性的作用。当时他把我领到了西安一个叫劳武巷的学校，这是一个文艺学校，学校从幼儿园一直到高中都开办了，就像我们现在的音乐学院附中。当时西安市有几所这样有名的学校，市里举办的一些重大活动或者接待外宾我们都会去演出，那时候我们还接待过周总理。就从那时起，我在那里扩展了音乐方面的

视野，还学习了很多乐器，因为我的专业是笛子，读书的时候要进乐队，乐队里还有比我高一级的两个同学没有毕业，他们占着笛子手的位置，所以只能把我安排在长笛的位置，而我是个左撇子，长笛是在右边，就需要重新学习，可是我又酷爱笛子，知道这个消息之后我都快急哭了，但是既来之则安之，经过一年多的练习我也适应了。我们除了有一个混合乐队外，还有两个乐队，分别是管弦乐队和民族乐队，我就参加了管弦乐队，在里面我学习了大提琴，拉过低音大提琴，那时我接触了各种乐器，并开始对作曲、配器产生了浓厚的兴趣。但是相比之下，我还是更喜欢笛子，终于等到那两个高年级的同学毕业了，我就顶了上去。后来跟一个拉小提琴的老师学了点配器，还一起给一台晚会里面一场舞蹈表演的乐队编了配器。但我还是忘不了笛子，那会儿年龄小也不懂，就觉得长笛不能吹民族风格的东西，直来直去没意思。这就是劳武巷阶段。

毕业以后，侯老师就把我介绍到西安市一个杂技团的乐队里面吹笛子，我在那里待了两年，演奏低音大提琴，还配点杂技曲子。

到了1977年恢复高考，我就去参考了，这次侯老师又把我领到西安音乐学院教笛子的袁修和老师那里学习，第一年时间比较紧张，我只学了几个月，准备不充分所以没考上，第二年再考就考上了，所以我是1978级的。考上西安音乐学院以后，可以说这是我人生旅途的一个转折点，我考上了真正专业的音乐学院。在这期间我就对作曲产生了浓厚的兴趣，开始觉得笛子有点单调了，虽然后来笛子不怎么吹了，但每次考试也都名列前茅。然后我就开始在学校作曲系进修，去旁听和声课、配器课，同时也没有舍弃笛子，很矛盾，但我觉得其实也不矛盾，作曲以后还可以为笛子写东西，为其他乐器写东西。当时写了一些作品，也给别人配器。毕业的时候我还写了一部笛子与乐队的作品，这是在大学期间。

毕业后我留校了，对我人生影响最大的第三位老师——我们的老院长鲁日融对音乐学院的民乐系有一个设想，他当时就成立了一个民族音乐编创教研室，我当时也开始变相地搞创作了。这个教研室是我们系继弦乐教研室、弹拨教研室、管乐教研室、打击乐教研室之后的第五个教研室，有三位老师，一位是我，一位是梁欣，还有一位叫周煜国。我教民族音乐配器，周老师教复调，梁老师教民族音乐曲式。我留校以后继续在音乐学院作曲系进修，正儿八经地在作曲系上课。

到了1985年，鲁日融院长就把我送到上海音乐学院学作曲指挥，但主要是学作曲。通过音乐朋友的介绍，我在那儿接触到了很多知名的教授，像上海音乐学院作曲系主任、全国著名复调专家陈铭志、杨立青，还有林华等教授，他们当时是全国作曲界有代表性的老师。当时是我第一次大量接触西方现代音乐，当时杨立青教授从国外带回来十几盘磁带，有欣德米特、潘德列茨基、施托克豪森等十几位现代作曲家的作品，通过这些资料，我了解和学习到了很多现代技法。上海的那次进修可以说是我作曲生涯中的重要转折点。

邓：您从接触作曲开始，写了大量优秀的作品，可否请您介绍一下您的一些重要作品？

张：我在上海音乐学院学习一年多，学成回校后，就继续投入工作，这个时候慢慢地开始创作了。1987 年、1988 年确实是我的一个创作高产期，刚好 1987 年举行了第四届"羊城音乐花会"，邀请了全国九大院校和专业团体到广州来进行音乐邀请赛。那时候我们对广东音乐没什么概念，就觉得听起来像小调。那次比赛包括演奏和创作。我跟周煜国老师被鲁日融老师叫去参加这个比赛，我们当时不懂广东音乐，都不知道怎么创作，只好先拿素材开始创作再说。大概用几天时间搞出一个雏形，取名叫《吟月》。甘尚时是广东高胡演奏家，我们音乐学院为了参赛把他请过来听我们作品，给点意见。甘老师提供了一段素材，还有其他情绪的东西，使得这部作品比较完美。这部作品准备了半年，最后是周煜国老师和鲁日融老师带队，大概十个人去参赛，回来就报喜讯，说咱们是演奏二等奖，作品是创作奖第一名。人家问我是用啥写的，其实就是红线女的《昭君怨》的一个主题动机，我把它作为创作的主题和动机，里面加了一些新的手法和技法，当时算比较新，可听性比较强，配器手法比较丰富，就拿了个第一名。其实我们演奏也可以拿到第一名的，但是为了平衡，就给了我们演奏二等奖。不过这是当时的一个小道消息，他们回来说的，也不知道是真是假。这就是我第一部在国家层面比赛获奖的作品，当时我们学校有个老师还写了一篇论文分析这部作品。

我们学校有一位德高望重的作曲家、复调大师，叫饶余燕。饶老师是第四位对我走上作曲道路起关键性作用的老师。到了 1988 年，我们学校就开始招作曲研究生了，我就跟着饶老师开始准备考研究生，1989 年考上了饶老师的研究生，1992 年毕业时我开了一场毕业音乐会，里面有几部作品，其中有《第一交响曲——劈山救母》、古筝与乐队《潮》，这两部的作品算是研究生期间下了功夫的力作，我觉得也是习作，是在学习过程中创作的，还不是特别成熟。我还有一篇论文叫《九音作曲技法新探》，这个"九音"其实国外早就有了，但如何将传统元素，特别是陕西地域性音乐元素和西方现代作曲技法融合在一起，就成了一个新的课题。《第一交响曲——劈山救母》正是这一技法的重要实践作品，这部作品对我个人音乐创作来说是具有里程碑意义的，我通过对九音作曲技法的新探，逐渐形成和发展出了个人的风格。

其实 1991 年全国作曲比赛我也得了一次奖，全国有三首得一等奖的曲子，其中一首是我和王方亮老师一起合作的民族室内乐《秦韵》。这个比赛是中央电视台、中央人民广播电台、中国民族管弦乐学会三家共同主办的，全国有几百首，当时选出来三首金奖、十首银奖，这次获奖可以说是我在作曲上的小成就。

邓：您从读书到工作就一直在西安音乐学院，相信您对西安音乐学院有着浓浓的情感，那您是因为什么契机来到广州的呢？

张：在西安音乐学院的后十年我就在作曲系上课了，这十年我就没怎么写作品，一直都病恹恹的，肠胃也不好。到了 2001 年的时候，我就想到南方看看，去了几次觉得很适应南方的天气、饮食都很好。那时候我觉得身体要紧，所以就联系了几个地方，通过朋友介绍调到了佛山艺术馆，相当于从一个专业的音乐院校到了一个搞群众音乐文化的地方。我觉得只要能写出好东西，在哪里创作都可以，所以在佛山待了两年半。但我没有忘记专业创作，在那期间写了一部两个乐章的长笛协奏曲。

2002 年华南理工大学成立了艺术系，西安音乐学院来了一大批老师，到了 2004 年，广州番禺区大学城建好，正好华南理工大学成立了艺术学院，迟铮和米和平到佛山看我，说："你别在佛山待了，你一个搞专业的待在这里别把你浪费了。过来我们这里，我们需要人。"然后我就开始办手续，2004 年就正式调到华南理工大学艺术学院。我大部分的作品都是在华南理工大学这十几年间创作的，大概有 20 多部。

邓：您来到广东之后，创作了哪些比较有代表性的作品？

张：我觉得比较有代表性的有几首，第一首是琵琶与交响乐队《弦上秧歌》，这部作品是当时北京音协委约的，为 2009 年的一个新春晚会写的作品。这部作品演奏完时也有录音，我觉得北京交响乐团还是很棒的，演奏家是我同学的爱人，叫杨静，中国音乐学院的教授。2010 年，广东省举办了一个交响乐比赛，这部作品得了金奖，同时还有四部作品都拿了金奖，这部作品排在第一。这之后的第二年就是全国交响乐比赛，全省各部门、各学校只要是搞作曲的人就往上报作品，又请了各地的音乐家来品评，最后把我这首《弦上秧歌》还有当时另外几部获金奖的作品也报送上去，送上去以后我这部作品就得了全国三等奖。

我的室内乐木管五重奏《猎人和小精灵的游戏》，这个和长笛协奏曲都报名参选了"文华奖"，可惜没有入围，只得了两个优秀奖。我后期还写了一些比较用心的作品。一部是新加坡委约、三个乐章的笙协奏曲《弄筝》，这是我比较倾注心血的作品。另一部是三个乐章的小提琴协奏曲，叫《黄河之水天上来》，主要是西北音调，这两部作品的时间长度都在 30 分钟左右。还有一部民族管弦乐《丝路遐想》，刚好是在"一带一路"倡议提出的时候，2014 年陕西省民族广播乐团委约的作品，也是三个乐章，将近 30 分钟，这个得到了 2014 年国家艺术基金资助。还有一部《海上丝路》，是由赵季平先生领衔、七位作曲家合作创作的，是广东省委宣传部当时比较重视的项目。当时给我分配的是第四乐章，主题是《异域》。我当时创作了一部印度风格的作品，但是被"枪毙"了，就重新写。最后我就分了三部分，一部分是东南亚风格，一部分是印度风格，还有一部分是阿拉伯风格的，三部分串在一起。这个乐章跟其他几个乐章风格都不一样，是整部作品的过渡点，但还是融入了一点广东音乐在里面。这就像中国的一艘宝船在海上游，游到哪里，哪里的主题就出来。当时用了广东音乐素材和印度音乐素材，这两个风格有时候有点像，融在一块还挺有意思的。这部作品在国家大剧院上演过，反响也不错。

后面还给华南理工大学的清唱剧《先行者——孙中山》写了第二幕。当时由何平、梁军、马波、刘丁还有我五个人合作，总共五幕，这部作品也在很多地方表演过。我还有一部作品参加了文化部"丝绸之路"（敦煌）国际艺术节，叫《秦粤时空》。这部作品也拿到了国家艺术基金资助，2019 年 12 月在广州大剧院表演结项。其间我还写了很多单乐章的作品，每年都会写一些与其他人合作的作品。

邓：您有创作过一些关于岭南地区的音乐吗？您在创作期间有遇到什么难题吗？

张：我也写了一些岭南音乐，除了之前写的《吟月》，还有一部叫《漫步荔枝湾》，这是一部民族管弦乐作品，2013 年在星海音乐厅首演。还有一部弹拨乐合奏《云山远望》，在 2014 年获广东省"群众音乐花会"金奖。我写的广东作品不是太多，能想起的就是这些了。

我写过一篇论文叫《"九音现象"于粤乐与秦乐的比较运用》，在文章中我提到粤乐和秦乐的共通性，虽然两者听起来大不相同，秦乐苍凉大气，粤乐似春日柳莺，但其实两者有相通的音级和相似的调式，我通过在创作当中归纳出的"九音现象"来探寻秦乐和粤乐两者之间进行现代创作的可能性。

我不是土生土长的广东人，要创作广东音乐风格的作品，对于我来说，只能先拿人家的素材来作为音乐的主要素材进行创作。我也只能拿别人现成的主题，把它他变成更多的动机来进行展开，这是传统创作的思维。

邓：您对其他广东地区作曲家及其音乐作品有何评价？

张：我印象比较深的是蓝程宝、房晓敏、曹光平写的广东音乐，我写得比较少，我比较喜欢写一些我们家乡的东西。1987 年创作的《吟月》是一个偶然现象，算是一个例外。我上面提到的那些老师，确实写了很多广东音乐，对广东音乐的发展做出了贡献，我觉得广东音乐还有很大的发展空间，还有很多年轻的老师也写了很多作品。像之前我提到的《秦粤时空》，里面也是有两个乐章写到了广东。

其实广东有很多优秀的音乐家，像蓝程宝其实也是西安音乐学院毕业的，但他来得早，他对广东音乐更熟悉。还有星海音乐学院的曹光平教授、相西源教授也是我们广东省重要的作曲家，他们也写了很多很棒的作品。学校近几年也引进了很多年轻的老师，他们创作的一些现代的东西也很棒。

我觉得只要喜欢，静下心来做，还是有做头的。不喜欢、不动，肯定没有发展。大胆创新才有新的东西，不能"老调重弹"，可以用一个动机进行发展。创作有好几种手法，有一种是直接运用素材，还有一种是根据音阶特点、根据地方音乐语言的特点去重新构筑一个主题；一种是用人家的素材，一种是听完消化之后你自己创造出来的。每个地方都可以这样，粤剧是很有特点的，虽然它的起源不是太早，大概是在明末清初，和其他地方的戏种相比还比较年轻，但它的调式和曲牌从古到今都比较开放，乐队里面什么都加，如小提琴、萨克斯，这都和当时沿海地区风气的开放有很大的关系。既然开放就很可能比别的音乐走得更远，但关键是你做不做，做了就能走得更远。

附：张晓峰主要作品目录（2004 年以后）

1. 民族管弦合奏《大漠遐想》（合作），2004 年在新加坡首演

2. 琵琶与民族管弦乐队《玉女情》，2004 年 9 月在西安音乐学院音乐厅首演

3. 扬琴、马林巴、大提琴三重奏《音洄》，2005 年 10 月 16 日在北京首演

4. 木管五重奏《猎人和小精灵的游戏》，2006 年 3 月 19 日在星海音乐厅首演

5. 琵琶二重奏《对花》，2006 年华南理工大学音乐厅首演

6. 民族管弦乐《狮城序曲》，2007 年 6 月在新加坡华乐团音乐厅首演

7. 大型弹拨乐合奏《少年狂想》，2007 年 8 月 4 日在香港文化中心音乐厅首演

8. 长笛协奏曲《春的幻想》，2008 年 2 月 21 日在意大利佛罗伦萨首演

9. 琵琶与交响乐队《弦上秧歌》，2008 年 2 月 20 日在北京中山音乐堂首演

10. 板胡与乐队《撼庭秋》（合作），2009 年 6 月 26 日在香港文化中心音乐厅首演

11. 二胡与民族管弦乐队《中原情思》，2010 年 12 月 30 日在中央音乐学院音乐厅首演

12. 埙与弦乐队《风竹》，2011 年 3 月 4 日在国家大剧院首演

13. 埙与交响乐队《弄泯》，2011 年 12 月 15 日在国家大剧院首演

14. 笙与民族管弦乐队《弄竽》，2012 年 2 月 17 日在新加坡华乐团音乐厅首演

15. 琵琶三重奏《辫子圆舞曲》，2013 年 6 月

16. 小号与大管协奏曲，2013 年 6 月（未公演）

17. 小提琴协奏曲《黄河之水天上来》，2013 年 7 月在线首演

18. 民族管弦乐合奏《漫步荔枝湾》，2013 年在星海音乐厅首演并获银奖

19. 中胡与民族管弦乐队《月下独酌》，2014 年 2 月在星海音乐厅首演

20. 民族管弦乐合奏《丝路遐想》，2014 年 9 月 13 日在西安音乐学院音乐厅首演

21. 大型民族交响音画《海上丝路》第四章《异域》，2014 年 12 月完成，2015 年 9 月 5 日在国家大剧院首演

22. 弹拨乐合奏《云山远望》，2014 年 12 月获广东省"群众音乐花会"金奖

23. 男女混声合唱《枫桥夜泊》，2015 年 4 月完成，10 月 17 日在广州白云国际会议中心首演

24. 板胡弦乐合奏《走西口》，2015 年 5 月完成（未首演），11 月 5 日在北

京首演

25. 竹笛、柳琴与民族管弦乐队《月下歌》，2016 年 3 月完成，4 月 19 日在星海音乐厅首演

26. 民族室内乐《碗腔》，2016 年 8 月，10 月 27 日西安音乐学院音乐厅首演

27. 清唱剧《先行者——孙中山》第二幕，2016 年 9 月 20 日在广州首演

28. 二重奏、笛、古筝与小乐队《水舞皓月》（新编版），2017 年 9 月在第四届国际"丝绸之路"艺术节首演

29. 室内乐《长安—婆罗门》，2017 年 9 月在第四届国际"丝绸之路"艺术节上首演

30. 室内乐《忆长安·九月》，2017 年 9 月在第四届国际"丝绸之路"艺术节上首演（华南理工大学音乐学院获"丝绸之路"贡献集体奖）

31. 混声合唱《暮江春》，2018 年 3 月于华南理工大学音乐厅公演

32. 混声合唱《唱到花好月光圆》，2018 年 10 月于广州大学城华南理工大学音乐厅首演

33. 室内乐扬琴与几件乐器《迹》，2018 年 12 月 10 日于广州大学城华南理工大学音乐厅首演

34. 大型交响乐合唱组曲《我的家，我的国》序曲与尾声，2019 年 8 月完成，同年 9 月在星海音乐厅首演

十六　火热的创作激情

——访著名作曲家梁军

作曲家梁军

梁军简介

梁军，作曲家、博士、华南理工大学艺术学院院长，作曲、合唱指挥专业教授，硕士研究生导师，中国合唱协会会员，广东省音乐家协会副主席、广东省合唱协会副会长。1998 年 7 月毕业于江西师范大学艺术学院，主修作曲。2002 年 9 月考入中国音乐学院指挥系，师从著名指挥家吴灵芬教授，攻读合唱指挥专业的硕士学位。2005 年考入星海音乐学院攻读作曲专业的硕士研究生学位，师从作曲家陈述刘教授。2012 年考入上海音乐学院攻读作曲专业的博士研究生学位，师从作曲家高为杰教授。

主要作品有合唱音画《壮士》、交响组曲《鄱湖组曲》、弦乐四重奏《山歌》、交响幻想曲《滕王阁》、交响诗《雨忆》以及室内乐等 50 多部作品。其中，交响幻想曲《滕王阁》与交响诗《雨忆》分别获广东省"星海音乐奖（交响乐作品）"金奖、优秀奖；交响幻想曲《滕王阁》获第十六届全国交响音乐作品评比小型作品组优秀奖。民族管弦乐《舞动花城》获广东省"岭南风格新作品"比赛铜奖等。

作为指挥，他 2006 年获"中山杯"全国首届合唱指挥大赛 B 级组一等奖；2008 年、2009 年两次代表广东省参加中央电视台的比赛、演出；指挥华南理工大学艺术学院合唱团获得广东省第二、第三、第四届大学生艺术展演合唱比赛一等奖，获 2016 年广东省第十二届"百歌颂中华"合唱比赛金奖等。

主持各类科研项目 5 项，在《人民音乐》《黄钟》等期刊上发表论文十余篇；出版个人作品集《走向灿烂的明天　华南理工大学题材音乐作品集》。

先后于 2015 年、2016 年获得华南理工大学"我最喜爱的导师"荣誉称号；获 2015 年华南理工大学优秀教学"南光奖"；获 2014 年、2016 年华南理工大学"优秀共产党员"荣誉称号。

采访人：高玉翔，星海音乐学院硕士研究生
采访时间：2020 年 4 月
采访地点：线上

采访人高玉翔与作曲家梁军（左）

高玉翔（以下简称高）：梁老师您好，很荣幸有机会可以采访您，由于新冠肺炎疫情，我们无法进行面对面的访谈，只能通过网络来对话。我们知道，您从江西师范大学开始读的作曲专业，后来读至博士毕业，在这之前，您是如何走上学习音乐和音乐创作道路的？

梁军（以下简称梁）：我从小比较喜欢音乐，初中毕业就考了中专的音乐班，再后来就考了大学。在大学里，创作是我一直比较喜欢做的一件事情，我在中专的时候自己就写了很多小作品，所以一直对创作有兴趣。

高：兴趣是最好的老师，您认为这一路走来，对您的学习和创作影响较大的人或事情有哪些，能具体说一下吗？

梁：我觉得一路走来我是挺幸运的，因为碰到过几位对我影响大的老师，他们一直鼓励我。比如说 2005 年的时候，咱们星海音乐学院的陈述刘老师看到我的作品后对我进行鼓励，这给了我很大的信心。2007 年底的时候，我去北京见中国音乐学院的高为杰老师，因为我想写他的作品以作为研究生的毕业论文。去之前我没和高老师联系，我就先写了一篇文章给他看。高老师非常客气，看到我的那篇文章以后说："你在没有采访我的情况下就能把文章写出来，我很赞赏你这种做法。"然后他说："你一定要严谨地做学问，做事情要主动。"所以高老师对我的影响也是很大的，包括后来在我的一些研究和创作方面，高老师都给我很多鼓励。当然还有早期的像我的本科导师王怀建教授，他刚从上海音乐学院毕业回到江西师范大学的音乐学院，我是他的第一批作曲学生之一，所以他对我特别用心，我们经常上课上到晚上 11 点多，正是王老师对我的关照，让我在音乐创作方面能够进步得更快一些。

高： 在您的众多作品当中，您觉得最具代表性的作品是哪一部？其创作的初衷、思路又是怎样的？

梁： 应该是我的交响幻想曲《滕王阁》吧，这部作品是我的研究生毕业作品，也是在陈述刘老师的指导下完成的。为什么要写这部作品？首先因为我是江西人，其次因为我去过滕王阁，所以想写一部以江西地域为题材，同时运用江西地区的音乐素材去创作的作品。这部作品其实就是反映江西历史的兴衰及其对后世的一些启发。这部作品的构思采用江西的弋阳腔，还有敦煌的音乐素材，因为滕王阁是唐朝建的，还有江西籍的音乐家姜白石——姜夔自度曲的音调。同时在这部作品最后的段落部分，运用王勃《滕王阁序》其中的一部分作为合唱的歌词，当然中间还有女生独唱部分，用高音来演唱《滕王阁序》的诗句。这部作品的曲式结构上，我采用了对称曲式布局，总体来讲，还是花了很多心思。

但是后来参加全国的比赛时因为有时间限制，我就对它进行了修改，删去了很多段落，从 25 分钟剪到 12 分钟，实际上删了一半多，然后结构上面也做了很大的调整，形成了一个序曲，所以在这个作品的列表上面会出现交响幻想曲《滕王阁》和交响序曲《滕王阁》。这个作品因为比赛进行较大调整，结构也变了，变成一个序曲的感觉。

高： 在您创作的作品当中，像《广州映像》《舞动花城》等作品都运用了一些岭南音乐的素材，能谈谈您眼中的岭南音乐吗？

梁： 我是 2018 年来到华南理工大学工作的，所以对于广东的音乐还是有一些了解，但不能说是很深入。我个人认为，广东音乐有它自身的体系和特点，而且广东音乐包罗万象。我所理解的广东音乐不是狭义的广东音乐，而是广义的。当然，狭义的广东音乐其实就是指广府地区的音乐，比如说过去的"私伙局"这些。我所理解的广东音乐是广义的，我认为应当以广东地区的概念来理解今天的广东音乐，像广州"私伙局"的器乐合奏"五架头"这些，同时也包括粤剧，再扩大一点就是广府歌曲、咸水歌、汕尾渔歌、潮州音乐，我觉得客家音乐都可以纳入广东音乐的范畴里面，现在的广东音乐概念应该更扩大一些。广东音乐非常丰富，比如说粤剧的感觉和广州的器乐音乐，也就是原来的狭义上的广东音乐其实有很多的联系，因为唱腔的问题、伴奏的问题、锣鼓的问题等，也有不同的地方。所以我们在创作的时候就会考虑到这些不同因素所带来的影响。我也写过一些作品，里面有运用一些潮州的音乐素材，还有传统的广东器乐、广府歌曲、客家音乐以及渔歌等。

总体来说，广东音乐圆润、生活气息浓厚，我的理解是这样的。所以近几年我写了一批这样风格的广东音乐作品，也受到了大家的一些好评。

高： 在广州生活、工作这么多年，您都去过哪些地方采风？印象最深刻的是什么？

梁：最近这十年的时间，我采风的地方比较多，像广东境内基本上都跑遍了，比如说潮州、汕头、湛江、粤东北、粤西北都去过，最近还去了江门。从全国来讲，我也去过很多地方，2013年暑假我在上海音乐学院读博士的时候，当时我们一批博士生到西藏去采风，这是我印象最深刻、最震撼的一次采风。像我这种从来不发朋友圈的人，在那将近半个多月的行程当中，几乎天天发朋友圈。西藏让人难忘的是地形、地貌特征和人文情怀。对我来说，西藏的音乐对我的触动是非常大的，甚至对我关于人生的一些看法都产生很大的影响，所以说西藏的采风对我的影响是最大的。

后来在2016年的暑假我们去了西北地区，沿着河西走廊绕道青海湖，又去了敦煌等地，这次的采风也是印象深刻的。在我看来，采风一是要听民间的东西，二是感受当地风土人情，这同样也是一种采风，一种更深意义上的采风。

在广东采风后我发现，现在对广东的民间音乐和传统音乐的研究、理论化程度和推广是不够的，这也促使我这几年写了一些广东风格的作品。同时我也在关注潮汕音乐，如汕尾渔歌、江门、中山咸水歌。对于一些影响力不大的地方戏、戏曲，比如说汕尾的正字戏、西秦戏和白字戏等，我对这些的关注度都不是很高，这里其实有很大的空间值得我们去探索和研究，这些都是需要专业人士去做的事情。

高：您对岭南音乐未来的发展、创作、表演等方面有何见解？

梁：这是一个比较大的问题，可以分几个方面来说。我认为广东音乐的发展应该要分为传统和创新两方面。首先，传统就是指广东音乐的各个门类应该在传统的路上继续传承和发展。比如说现在有一些广东音乐在传统中求改变，但是往往改得就不是特别地像，或者说丢失了原来的一些味道，其实这是值得商榷的事情。我认为广东音乐的传承是非常重要的，就是在原有的一些良好基础上进行传承，不要改变太多，可以适当地进行一些改变，但是要保留其精髓。比如说将传统的广东音乐的器乐合奏进行多声部改编，或者在创作上借鉴西方的作曲技法去改、去创新，这样一改会将原来的味道变了许多，如果说一些传统的旋法、音响效果也都变了，这样听起来会有一点不太一样。

其次就是创新，这也是我现在正在做的一件事，多用一些广东的音乐元素进行现代技法的创新。这件事是必须要做的，但两件事尽量不要重叠。传统就是传统，创新就是创新，要把它们分开进行发展，这样的话，我们就能把老祖宗留下的东西很好地保留下来。如果不把这两条路分开的话，那么慢慢地传统的东西就变了，或许若干年以后，我们的子孙后代根本不知道传统的是一种怎样的感觉。创新可以用到传统的元素，有一些取之不尽、用之不竭的素材可以用来进行再创作，然后生产具有广东风味、广东风格、广东品格的作品，这也是对广东音乐进行发展、创新的最好的出路之一。同时，如果这种作品多了，创作方面慢慢成熟了，今后这些作品就会慢慢成为新的广东音乐。我记得广东省老一辈的指挥家、珠影乐团团长丁家琳先生，他用传统的广东音乐《雨打芭蕉》这个作品创作了一个合唱曲《听泉曲》，运用了《雨打芭蕉》的音调进行创作，很受大家欢迎，同时也不影响原来的《雨打芭蕉》的传承。所以我赞同用这样的方式保留传统，在这个基础上从另一条道路去创新。

高：我赞同您的观点，您是一名作曲家，更是一位合唱指挥家，尤其在指挥方面颇有影响力，多次带领华南理工大学艺术学院合唱团在音乐赛事中取得优异的成绩。近年来彩虹合唱团的一些作品深得大众喜爱，而学院派的新的合唱作品仍不被人们熟知，您如何看待这一现象？

梁：其实彩虹合唱团的作品被大家所熟知，是因为这个团有比较自由的演出舞台，它不像学校的合唱团受到课程、舞台、时间的限制，所以演出机会也比较少，这多多少少会影响到一些学院派合唱作品的推广。但是也不是绝对的，比如说云南艺术学院的刘晓耕老师的作品很受大家喜欢，他的作品的知名度不亚于彩虹合唱团的。所以，学院派的作品也可以有很高的知名度。现在的情况是，大部分学院派的作品创作出来后，演出的机会不是很多，就像我，即便有自己的合唱团，因为时间、课程的一些原因，学生不可能经常去演出，所以在作品的推广上有所欠缺。同时学院派的作品在创作技法方面可能难度稍微高一些，然后出现曲高和寡的现象，这也可能是学院派要走出的困境。

对我来说，我想在作品的创作技法、演唱方面和音乐的通俗性等方面去寻找比较合适的方式，但这并不意味着放弃自己创作的目标和道路，是能够让自己的作品获得更多的听众，让合唱团获得更多的演出机会。

高：从事音乐创作的对年青一代的作曲家，您有什么想对他们说的话吗？

梁：其实没什么，我觉得根据自己的兴趣、爱好、感觉发展就好了，有自己的个性和风格，走出一条属于自己的人生道路。

高：非常感谢梁老师您在百忙之中接受我的采访，通过与您的对话，我受益匪浅。

附：梁军主要作品目录

1. 1998 年，交响组曲《鄱湖组曲》

2. 1999 年，混声合唱《新世纪的光芒》

3. 1999 年，民乐三重奏《挑夫恋》

4. 2000 年，交响合唱《走向灿烂的明天》

5. 2004 年，女声独唱《人民爱戴你》

6. 2005 年，钢琴独奏《婚庆》

7. 2006 年，弦乐四重奏《山歌》

8. 2006 年，室内乐《残影》

9. 2007 年，合唱音画《壮士》

10. 2007 年，男中音独唱《妈妈》

11. 2008 年，交响幻想曲《滕王阁》

12. 2009 年，交响诗《雨忆》

13. 2012 年，民族管弦乐《舞动花城》

14. 2013 年，女高音独唱《布达拉宫的爱》

15. 2013 年，室内乐《卡诺拉的云》

16. 2013 年，民族室内乐《羊卓雍错的雨》

17. 2014 年，民族室内乐《纳木错的幡》

18. 2014 年，木管三重奏《慕善之屇》

19. 2015 年，电子音乐《梦魇》

20. 2015 年，管弦乐《声之茧》

21. 2016 年，交响清唱剧《先行者—孙中山》

22. 2016 年，女高音与弦乐四重奏《回望》

23. 2017 年，室内交响乐《扶胥港·远帆》

24. 2017 年，钢琴独奏《岳麓听雨》

25. 2018 年，混声无伴奏合唱《广州映像》

26. 2018 年，混声无伴奏合唱《潮州映像》

27. 2018 年，混声合唱《鹧鸪天·元夕有所梦》

28. 2018 年，女声合唱《长相思》

29. 2019 年，交响组曲《我的家我的国》

30. 2020 年，混声合唱《冬去春会来》

十七 "不想在哀叹中死去，要在痛苦中觉醒！"

——访著名作曲家丁铃

作曲家丁铃

丁铃简介

丁铃，广西艺术学院音乐学院教授、作曲系系主任，广西音乐协会会员，广西青年音乐协会副会长。五岁开始学习钢琴，十五岁考入南宁市第二中学文科重点班，并开始随父亲丁丕业学习作曲和作曲技术理论，以总分第一的成绩考入广西艺术学院音乐系作曲专业，继续师从丁丕业，连续四年获学院最高奖学金，获广西壮族自治区"优秀大学毕业生"称号并留校任教。后继续攻读该学院作曲专业硕士研究生，师从梁浦基教授，获广西壮族自治区"优秀研究生"称号。现担任作曲主课、和声、旋律写作、"序列音乐写作基础"、"20 世纪音乐概论"等课程的教学工作。

第一部公演的交响乐作品是《太平天国》第三乐章《庆定都》。代表作有：钢琴独奏《夜歌》（2012）；室内乐重奏《铜鼓魂》——为长号、钢琴、打击乐而作；钢琴独奏《火之舞》（2018）；单乐章交响乐《叹》（2018）中国—东盟音乐周交响专场音乐会公演。

采访人：冯林涛，广西艺术学院硕士研究生
采访时间：2019 年 9 月；2020 年 5 月
采访地点：广西艺术学院

采访人冯林涛与作曲家丁铃（左）

冯林涛（以下简称冯）：丁老师您好，很荣幸能得到本次采访您的机会。作为您的学生，我们得知，您是以总分第一的成绩考入广西艺术学院音乐系作曲专业的，那么在此之前，您是从什么时候开始接触或者学习音乐的呢？

丁铃（以下简称丁）：我五岁左右就开始接触钢琴了，因为我父亲是中央音乐学院作曲系毕业的，然后被分配到广西工作，我哥哥三岁就开始学钢琴了。我正式开始学钢琴是在 15 岁，大概是读高中的时候，当时我考进了省重点高中，起初我并不是很想学习音乐，并且有点抵触音乐，极度想逃离音乐学习的这种环境。我的父亲并没有强迫我，他当时是想让我学和声，也希望我学音乐，但是他并没有逼迫我去学。后来我自己也感觉和声挺有意思的，因为就算我不想学作曲，想写点小作品也是离不开和声的，所以那时候我就说好吧，那我就当作业余爱好学一下也是可以的。因为当时我发现很多人不会作曲，如果我学会的话，就会跟其他人有些许不同。

所以那时候我就开始尝试着写一些作品，刚开始写的是声乐作品。由于我学的是钢琴，我的父亲也会教我写一些钢琴的小作品，他也帮我做了一些动机展开的训练，后来不知不觉中，我就已经慢慢开始学着作曲了。

到了考大学的时候，我的父亲希望我考作曲专业，当时我肯定是抗拒的。后来，我父亲跟我说可以试着考考，但是读不读可以自己选择。其实我从小就很爱我的父亲，当时他说的最让我难忘的一句话是："如果你不读音乐、不学作曲的话，我这些书和作品交给谁？"所以最后我还是选择了考广西艺术学院，因为种种原因，我放弃了我向往的广西大学。当时我的文化课考了 500 多分，专业课跟文化课都是第一名，并且还拿了最高奖学金。从这个时候开始我就正式接触作曲的学习了。

冯：丁老师，请问您学习音乐的主要经历有哪些？何人在您学习音乐的道路上起到重要的影响？

丁：我十五岁考入南宁市第二中学文科重点班，并开始随父亲丁丕业（跟从李焕之先生学习作曲，后考入中央音乐学院作曲系，先后师从赵行道先生、吴祖强先生）学习作曲和作曲技术理论，以总分第一的成绩考入广西艺术学院音乐系作曲专业，继续师从我父亲，连续四年获学院最高奖学金，获广西壮族自治区"优秀大学毕业生"称号并留校任教。

后继续攻读本学院全日制作曲专业硕士研究生，师从梁浦基教授，获广西壮族自治区"优秀研究生"称号，取得硕士学位。曾担任乐理、"民族民间音乐概论"、钢琴基础等课程的教学工作，现担任作曲主课、和声、旋律写作、"序列音乐写作基础"、"20世纪音乐概论"等课程的教学。在我学习音乐的道路上，当然是我的父亲对我起到很重要的影响。

冯：丁老师，我们得知您创作了许多作品，我听过您讲过《叹》这部作品，那么您还记得您的第一部作品吗？

丁：我可能记不太清楚了，记忆中我第一部公演的交响乐作品是《太平天国》第三乐章《庆定都》。《庆定都》能够演出，还是源自我跟当时新调任音乐学院担任广艺交响乐团团长的冯斌副院长的一次谈话。正在读研究生三年级的我，跟冯副院长吐槽："作曲的人写了交响作品，也找不到演出的机会，写了也白搭。"他的回答令人兴奋："我们正准备开一场音乐会，演奏广艺老师的乐队作品。"我的《庆定都》正好已经完成了，我就把乐谱送到冯老师手上。他接过乐谱，问我时间多长，我一下子愣住了，忘了看软件上的时间条，我一时语塞……他翻开乐谱，说了一句："四分半左右吧。"我又愣了一下，"您怎么知道？"他笑了，说："看看速度，看看小节数，再算算，差不多就知道了！"我立马觉得被上了一课，都说音乐是时间的艺术，我数学倒是很好的，就是原来没有意识到作品时长其实是可以计算的……我突然感受到了指挥的职业习惯，从此，我对作品的时间有了更清晰的概念。后来这部作品演出时长就是四分半，我从心底里佩服冯院长！这是一部回旋结构的作品，旋律音调采用了桂南八音的特色曲调，气氛欢快热烈，是一种欢庆场面的描绘。

冯：丁老师，请问在您的作品中，哪一部是您最满意的？是不是交响乐《叹》？

丁：目前最满意、最喜欢的作品是《叹》，这部作品所要表达的主题就是："不想在哀叹中死去，要在痛苦中觉醒！"另外一首是《老友》，这是一首混声合唱，有着双关的语义：一层含义是特指广西南宁的特色美食——老友粉，另一层含义是对老朋友这份友谊的赞颂，抒发对人生的感慨。作品将传统与现代的和声手法相结合，并融入了广西壮族歌调特点，饰以壮语特有的衬词"尼"（意为"好"），乐曲轻松愉快，综合运用了主调与复调作曲技术，在音乐会上获得广泛好评，受到当地观众的喜爱，作品中所蕴含的壮乡人民的热情大放异彩。

冯：在我们刚步入大学期间，课堂中有接触到中西方音乐史的知识，了解到了许多中外作曲家。您最喜欢中外哪一位作曲家？他对您有无重要的影响？

丁：我最喜欢的作曲家是我的父亲丁丕业。我的父亲一生热爱音乐，自幼学习手风琴和钢琴，1953年（16岁时）开始踏上音乐创作道路，共创作各种声乐、器乐作品347首（部），作品编号达98号，公开发表了108首（部），成果丰硕。其中有交响诗《糯王与偻俵》，交响组曲《界山恩仇》等三部，广播剧配乐《寻访龙隐洞》等六部，声乐套曲《侗寨醋歌》等六部，钢琴音乐会练习曲《苗山三首》，钢琴小品《双声部民歌主题钢琴小品五首》，钢琴组曲《水墨画》，说唱性叙事套曲《红色小车伙》，舞蹈音乐《旅途之歌》等12首，电视剧配乐《百灵鸣春》等众多不同体裁的作品。他完成了十余万字的编述与论著，发表了论文《论器乐曲创作中的板块结构感》、《歌曲创作札谈》等。编有《钢琴即兴伴奏》《民族管弦乐法》等教材。当然，我的父亲对我的音乐生涯起到最重要的影响。

我在研究生阶段研究了很多外国作曲家的作品，我喜欢的外国作曲家有巴托克、德彪西、六人团等。六人团对我来说比较有吸引力，因为我觉得法国人的音乐相对来说感性多一些，更细腻，它不像德奥那种纯理性的音乐。因为我也是一个比较感性的人，所以我会比较喜欢像六人团等作曲家的音乐风格。法国音乐对我的创作影响更大，我也会更多地借鉴法国音乐元素。

冯：丁老师，请问您是如何看待技法与艺术创作的关系？

丁：两者都很重要。技法没有高下，只要合适就好。我们创作肯定不是为了炫技。我们发现学生的作品中多多少少都会带有转调，有一些专家就会说："你不要以为你会转调就是作曲专业的。"我作为作曲系系主任，我就说："我们作曲专业的学生，他们从一开始就会接受转调训练，学生写作品的时候，并不是刻意地要求他们去转调，而是到了这个阶段，学生内心的听觉已经走到那个位置了，这是他们通过职业训练的结果。"学生肯定会在众多的作品中选择一个他们觉得比较具备技术含量的来进行展示。

业余的作曲作品也可以用转调，很多非作曲专业的学生，我在他们的作品中都看到了转调，只是没有记谱标明出来而已。

技术肯定是要关注的一个问题，作品的技术含量代表了学术的高度。我们写曲子的时候，得有服务大众的作品，也得有代表学术高度的。

冯：丁老师，请您举例说明您创作的音乐作品中有哪些特殊技法的运用。

丁：我为男中音、埙、箫和古筝所作的室内乐作品，或许也可以叫艺术歌曲，我采用了一些夸张的吟诵调，突出诗句中的一些重要字词，这不同于传统的歌曲写作，受到的是勋伯格的吟诵式演唱的启发，应该可以算是有一些特殊技法的运用。钢琴独奏《花竹帽》，初始设计中就采用了半音关系的双调性叠置，并且在作品的不断发展过程中，将叠置调性与交替调性混合使用，并没有拘泥于民间歌调旋律的简单运行。而管弦乐《叹》这部作品，则更多地使用了和声的半音化运行，把民间歌调与近现代和声技法相结合。

冯：丁老师，请问您是如何看待音乐作品的民族性、世界性问题？您在创作中如何处理现代作曲技法与民间音乐元素之间的关系问题，它们能否相对统一在一部作品中？

丁：我们要展现民族的东西的时候可能需要一种提炼、升华，它才能同时具有世界性。但是要做到雅俗共赏是一件很难的事。例如，我的作品《老友》受邀参加 ISCM 2017 年国际现代音乐协会世界新音乐节公演，是因为它是世界性语言的写法，这部作品是基于欧洲传统音乐创作的，但是融入了民族的元素在里面，所以更易被世界级的平台接纳。

民族性的和世界性的当然可以统一在一部作品中，如我的作品《叹》，民族音乐的东西你如果原样来用它会很难用，你必须提炼。《叹》中就对民族音乐进行了发展，并且在曲式方面也并不是只运用传统作曲技法，同时还运用了一些现代的作曲技法。

冯：丁老师，您所有的创作中最重要的体裁是哪一类？
丁：都有，不过我更注重交响乐、声乐、钢琴写作。

冯：丁老师，请问岭南风格在您的作品中占多大比例？您认为作曲家是否应该具有地域性特点？
丁：如果把广西音乐也算在里头的话，岭南风格在我的作品中占据一半的比例。我觉得作曲家应该具有地域性特点。未来岭南音乐的发展是处在上升趋势的，我去采风过的地区有很多，包括桂北、桂西、桂南等地区。我印象最深的是采风过程中碰到了苗族的葬礼，在仪式中有鼓舞，同时对当地自然景观的印象也很深刻，葬礼仪式中的哭丧对我创作《叹》有一定的影响。

冯：丁老师，您如何看待艺术音乐正面临着流行音乐充斥市场的现状？
丁：两者本身是没有矛盾的，只不过我们应该怎么去寻找一个契合点，雅俗共赏基本上从这来，所以说通俗音乐如果也能有职业的高度就好了。

冯：丁老师，请问如何走出所谓的音乐创作的瓶颈阶段？
丁：多听音乐，多去积累，这是我觉得最实用的方法。

冯：丁老师，您认为政府应该对音乐艺术发展提供哪些方面的支持？

丁：我觉得应该给资金、给场地、给演出场次，支持专业音乐乐团。

冯：丁老师，请问您对未来岭南音乐艺术发展有哪些希望？音乐创作人才的培养应该注重哪些方面？您能否对正在学习音乐的年轻人提出一些建议？

丁：要多多交流，不管哪个地区、哪个国家，交流都能提高我们的创作高度。应该注重培养基础。我觉得年轻人应该好好向大师们学习，有太多的前人经验可供借鉴，你在学习过程中要学会消化，我最反对的是照抄，创作是不可以篡改的。

冯：感谢丁老师百忙之中抽空接受我的采访，在与您的访谈的过程中我受益匪浅，期待老师更多的新作品。

附：丁铃主要作品目录

1. 歌曲《下课铃响了》，收录于《广西优秀少年儿童歌曲选》，北京：接力出版社 1999 年版

2. 为歌曲《刘三姐的家乡山歌多》配钢琴伴奏，收录于《广西艺术学院建院六十周年音乐作品集》，北京：接力出版社 1999 年版

3. 歌曲《小河淌水的地方》，发表于《歌海》，2002 年第 12 期

4. 交响乐《太平天国》第三乐章《庆定都》，收录于 2003 年《广西艺术学院新作品音乐会》CD，广西民族音像出版社 2003 年版

5. 钢琴组曲《铜鼓之梦》，收录于《鹿鸣集——广西艺术学院茵茵学院教师作品集》，北京：接力出版社 2006 年版

6. 歌曲《你我同在》，收录于《大爱无疆》歌曲专辑，桂林：广西民族音像出版社 2008 年版

7. 合唱《坚强的中国》，收录于《流淌的旋律——广西艺术学院音乐作品集》，北京：接力出版社 2009 年版

8. 歌曲《母校》，收录于《全国优秀原创金曲选》，北京：中国音乐家音像出版社 2009 年版

9. 合唱《彝山酒歌》，发表于《歌海》，2009 年第 5 期

10. 合唱《北部湾的风》，发表于《音乐创作》，2009 年第 6 期；收录于《广西校园民族歌曲》，桂林：广西民族出版社 2011 年版

11. 歌曲《歌声飞扬》，收录于《和韵悠扬》原创音乐作品选 CD，桂林：广西文化音像出版社 2010 年

12. 埙与民族室内乐队《天籁集成》，收录于《天籁集成》李海生埙演奏专辑，桂林：广西金海湾电子音像出版社 2010 年

13. 歌曲《爷爷的那首歌》，发表于《歌海》，2010 年第 6 期

14. 歌曲《心连心，手挽手》，收录于《广西校园民族歌曲》，桂林：广西民族出版社 2011 年版

15. 歌曲《大地和天空》，发表于《歌海》，2011 年第 6 期

16. 钢琴组曲《铜鼓之梦》，收录于《广西钢琴作品选集》，桂林：广西美术出版社 2011 年版

17. 歌曲《睡莲》，发表于《音乐创作》，2012 年第 5 期

18. 室内乐重奏《铜鼓魂》，收录于《梦之源——中国当代室内乐作品选（第一辑）》，北京：知识产权出版社出 2013 年版

19. 2015 年为歌曲《芒果的故事》配写钢琴伴奏，发表于《音乐创作》，2015 年第 7 期

20. 2015 年为歌曲《天琴唱我壮家梦》配写钢琴伴奏，发表于《音乐创作》，

2015 年第 7 期

21. 歌曲《好壮乡》，发表于《歌海》，2016 年第 1 期

22. 歌曲《拦路的歌，拦路的酒》，发表于《歌海》，2016 年第 1 期

23. 歌曲《罗妹》，发表于《歌海》，2016 年第 1 期

24. 混声合唱《老友》，发表于《音乐创作》，2017 年第 4 期

25. 歌曲《海上丝路》，发表于《歌海》，2017 年第 4 期

26. 钢琴独奏《夜歌》，发表于《音乐创作》，2018 年第 1 期

后　记

随着社会的发展和学术研究的推进，各学科研究领域的细化程度越来越高，就中国当代音乐研究而言，针对某特定区域内包括作曲家及其创作的研究已成为研究热点之一。尤其是近十年来，不但有关某区域当代音乐研究的各类项目立项数量快速增加，而且期刊论文、学位论文、著作等相关研究成果也大量涌现。以广州、香港等珠三角城市为中心的岭南地区的当代音乐创作研究正是在此背景下应运而生。

《岭南乐韵：岭南当代作曲家访谈录》是广东省教育厅（基础研究及应用研究）重大项目（人文社科）2017年度项目"岭南地区当代音乐创作研究"的主要研究成果之一。研究过程中，由中青年学者、作曲家、研究生组成采访组，2~3人一组，分别对施咏康、曹光平、钟峻程、陈永华等20多位长期生活在广东、广西、香港、海南等岭南地区的当代作曲家进行采访。访谈内容主要包括：作曲家本人的音乐学习和创作经历；代表性作品的创作背景、创作构思、主要技法和演出、录音等相关信息及概况；作曲家对岭南当代音乐及其发展的个人观点和对岭南音乐创作人才培养的建议，等等。之后，每位作曲家的访谈和主要作品目录由一位主采访人负责整理成文字，并从中选出17位作曲家的访谈，最终整理汇集成访谈录出版。本项目的整体研究思路和访谈录的结构框架等由杨正君、相西源两人共同讨论商定；绪论由杨正君执笔；全书统稿由杨正君完成。

在长达三年的研究过程中，前后共30多人参与其中，除正式访谈外，还进行了大量非正式的面谈、电话与线上交流等，搜集、整理了各位作曲家的作品乐谱、音乐音频、访谈录音录像等一批资料。作曲家对相关访谈问题的回答以口述史的形式将其创作思维、观念及具体技法手段等与音乐创作相关的方方面面加以记录。一方面可以为后续的当代岭南音乐文化及其相关研究保留口述史资料；另一方面也可以为岭南当代音乐创作、表演、传承等方面的发展提供实践参考和理论支持。

研究过程也是学习过程，项目组始终立足岭南，致力于中国当代音乐研究，由于时间、精力以及突如其来的新冠肺炎疫情等因素的限制，难免留有遗憾，如雷雨声、林品晶、杜鸣等曾经或目前仍活跃于乐坛的岭南地区作曲家，尤其是香港、澳门地区的很多作曲家没有来得及接受采访或尚未完成访谈文本。曾宇佳、王珂琳、陈思昂等青年一代作曲家们也已经开始登上乐坛舞台，他们必将成为今后数十年岭南当代音乐创作的主力，理应逐步纳入后续采访研究范围。部分曾短期在岭南地区生活或创作过岭南风格音乐作品的作曲家也对岭南当代音乐创作起到了不同程度的推动作用。当然，还包括那些以歌曲创作和流行音乐创作为主的音乐家……这些在岭南当代音乐发展过程中留下足迹和做出贡献的音乐家及其作品都将会是本课题后续的研究对象，这部分工作目前也已在稳步推进，拟在后期结集出版。

此外，陈培勋、陈怡、叶小纲等一些岭南籍作曲家，虽未长期生活在岭南地区，严格意义上已不属于岭南作曲家群体，但在其部分音乐创作中体现出岭南风格，如陈培勋的高胡协奏曲《广东音乐主题》、黄飞立改编的混声合唱《我爱你，中国》、陈怡的《中提琴协奏曲——弦诗》（1983）和叶小纲的《广东音乐组曲》等。甚至是并未在岭南地区长期生活过的丁善德、储望华、谭盾、刘湲、王宁、张千一等作曲家，他们都曾不同程度地关注过岭南音乐，采用过岭南民间音乐素材，创作过与岭南音乐文化相关的音乐作品，这些虽然暂未包含在本研究的范围之内，但也应该被视为当代岭南音乐不可或缺的组成部分，对其进行专题研究。

最后，要感谢为本课题的按期完成和本书的顺利出版提供支持与帮助的所有作曲家们，感谢他们欣然接受采访，并多次核对访谈初稿和作品创作年表，这在很大程度上保证了访谈录内容的准确性与权威性，以便作为后续研究的基础与参考资料。

还要感谢著名音乐学家赵宋光先生与著名作曲家陈怡教授欣然应允为本书作序，他们的认可与推荐也是对我们后续研究的支持与鼓励。感谢暨南大学出版社张晋升社长、策划编辑武艳飞、责任编辑王辰月等在出版、编辑等过程中的大力支持与认真负责！感谢星海音乐学院科研处、校领导及学校相关部门、老师对本项目的关心与支持！

杨正君

2021 年 5 月